古墳を訪ねて

箸墓古墳 （p50）
最古の前方後円墳で、卑弥呼の墓かとされる箸墓古墳の全景

ホケノ山古墳 （p50）
箸墓古墳より古い纏向型古墳を代表する帆立貝型古墳

稲荷山古墳

古墳群の中ではもっとも古く、金錯銘鉄剣が出土した

さきたま古墳群

（p106）

空から見た「さきたま古墳群」（上）

写真提供：さきたま史跡の博物館

将軍山古墳から出土した馬冑（左）

写真提供：さきたま史跡の博物館

金錯銘鉄剣の115文字には、多くの情報が刻まれていた　（上が表、下が裏）

写真提供：さきたま史跡の博物館

二子山古墳
「さきたま古墳群」の中で最大の墳長を持つ二子山古墳

丸墓山古墳
日本最大の円墳で、石田三成の忍城攻めでは陣屋となった

日葉酢媛陵

（p80）
大正時代に盗掘を受け、珍しい構造であることが確認された

日葉酢媛陵のある盾列古墳群は、平城京の近くに築造されている

藤ノ木古墳は斑鳩の法隆寺の近くにあり、江戸時代まで祭祀が行なわれた痕跡が残る

藤ノ木古墳

(p180)
この円墳の石室には、精巧な鞍など大量の副葬品があった

牽牛子塚古墳

(p 204)
石室の口が現われた牽牛子塚古墳

牽牛子塚古墳は人家のない畑地の丘の上にあった

発掘調査の公開につめかけた人たち

石室は隔壁で二室に分かれていた

斉明天皇を仮埋葬したとする岩屋山古墳

墳丘の裾から整列した切石が出てきた

天武・持統天皇合葬陵

(p224)
盗掘を詳述する古文書の発見により、天武・持統天皇の合葬陵と決定された檜隈大内陵

墳丘は宮内庁の規格により整備されている

明治大学リバティアカデミーの受講生とともに、兵庫県赤穂市有年原・田中遺跡を訪れ、古墳出現前夜の葬制を説明する筆者(右端)

「考古学」最新講義

古墳と被葬者の謎にせまる

大塚初重
Otsuka Hatsushige
（明治大学名誉教授）

はじめに

戦争が終わり、捕虜《ほりょ》生活から解放されて祖国日本の土を踏んだ時、私は日本の未来像がまったく考えられず、明日のわが身はと心の中でおののくばかりだった。六七年前のことである。神国日本は必ず勝つ、神風が必ず吹くと子どもの頃から教え込まれてきたのに、私の学んだ建国の歴史とは何だったのかと思う毎日だった。

こうした悩みとか後悔が、私をして考古学の道へと進ませたのであった。

昭和二十二年（一九四七）秋、静岡市登呂《とろ》遺跡調査から帰京した私に、恩師後藤守一《ごとうしゅいち》教授から「古墳の発掘に行ってみないかね」と声を掛けられた。「古墳とは何か」さえ知らなかった私は直ちに「連れていってください」と懇願《こんがん》したのだった。

今時の小学生なら前方後円墳や高松塚古墳についても、ひとかどの話はするだろうが、昭和ひとけた代の小学生だった私には、古墳についてはまったくの白紙状態であった。その古墳、とりわけ前方後円墳を発掘するというのであるから、鳥肌が立つ思いだった。

古墳とは、古代豪族の墳墓であるというくらいの浅い知識しか持っていなかった私は、千葉県長生郡《ちょうせいぐん》長南町《ちょうなんまち》芝原《しばはら》の能満寺《のうまんじ》古墳の前に立って、これから自分の人生の道を自分で歩き始めるのだ。「研究一途」などと自分で呟《つぶや》くばかりだった。

発掘調査の前に墳丘測量が行なわれ、前方後円墳の墳丘形態にも変化があり、時代による特徴が存在することを知った。スコップや移植ゴテと竹べラを使い分けて墳頂部の発掘が始まって三〇分を経過した頃、土師器《はじき》の細片が発見された。それが墳頂部での葬送の祭祀《さいし》用土器片なのか、墳丘構築用に運ばれた土の中に含まれていたものか判断がつかず、墳頂部での討論会になったりする。

墳丘の土は水平に層状に積まれるもので、発掘が進むと土層の色と性質が変化する。そのたびごとにその変化の状況を記録する。発見される土器片についての正確な知識がないと器形も土器型式も、ついては年代も知ることができない。これは容易ならざることだと現場で思い知るのである。

古墳と古墳時代の研究の基礎は、何としても考古学上の諸事実に精通することだと思う。千葉県能満寺古墳では墳頂から一・七メートル、赤土層の中から木炭が現われた。まったくの粉炭《こなずみ》の層が拡がり出したのである。延々と拡大する木炭層は全長七メートル、幅二メートル、厚さは〇・五メートルを超える、これが私の木炭槨発掘の最初であった。

一体、古墳とは全国にどの位存在するのであろうか。確実な数は文化庁でも把握できていないであろう。二五万基とも二〇万基ともいわれるが実数はよくわからない。前方後円墳が全国で約六〇〇〇基といわれているが、新発見もあり、公共工事によって失われる例もあるから確定した数字は難しい。

「古墳とは」と問われれば、一般的には大阪府堺市百舌鳥《もず》古墳群の大山陵《だいせん》すなわち仁徳《にんとく》天皇陵とか、羽曳野《はびきの》市の誉田御廟山《こんだごびょうやま》古墳すなわち応神《おうじん》天皇陵を挙げて、その形態・規模など、これまでに知られている事実を解説する場合が多い。

大山陵（仁徳天皇陵）についていえば、明治五年（一八七二）の九月に、自然災害のため前方部の中段あたりが崩壊して石室と石棺が発見され、応急的な調査によって石室・石棺のスケッチや副葬品の配置図までが遺されていたので、現今、大山陵についての考古学的な分析が可能なのである。

明治・大正・昭和から平成へと十九世紀後半から二十一世紀にかけて、約一五〇年間の古墳時代研究は大きく進展した。古墳の編年研究の進歩は前・後二時期に分類する方法から現在は前方後円墳だけでも十期に細分する方法がとられている。

古墳副葬品の研究も、新資料の発見によって大きな変化を遂げつつある。とくに昭和二十三年（一九四八）の、鉄道工事中に偶然発見された京都府椿《つば》井《い》大塚山《おおつかやま》古墳からの、約四〇面を越す三角縁神獣鏡《さんかくぶちじんじゅうきょう》の発見、平成九年（一九九七）には、奈良県黒塚《くろづか》古墳から三角縁神獣鏡三三面の発見など、古墳出現期の鏡をめぐる問題は、邪馬台国《やまたいこく》論とも関連して、いまや弥生時代と古墳時代の相互関係の理解に新しい視点が生まれつつあると言ってよい。

奈良県桜《さくら》井《い》市の箸墓《はしはか》古墳とその周辺の纏向《まきむく》遺跡群、とくに纏向型前方後円墳との関係は、箸墓古墳の年代論がＡＭＳ（加速器質量分析計）測定法によって、二四〇～二六〇年という具体的な暦年代が提示されるに及んで、奈良盆地東南部、桜井市域の古墳時代の開始は、今や三世紀前葉の時代まで遡《さかのぼ》らせて考えられるようになってきている。

もしこれが正しい年代論となれば、明治時代以来、現今まで延々と甲論乙駁《こうろんおつばく》が続いている邪馬台国問題は、弥生時代の事例ではなくなり、古墳時代出現期の課題だということになる。従って桜井市の箸墓古墳が、全長二八〇メートルという膨大な土木量を投入した墓づくりの、歴史的な意義を改めて討論しなければならない。

さらに箸墓古墳に先行して纒向地域に出現する石塚《いしづか》、勝《かつ》山《やま》、東田大塚《ひがいだおおつか》やホケノ山古墳など、三角縁神獣鏡を持たない一〇〇メートル前後の前方後円型の墳丘墓とその社会のあり方を深く追求しなければならない。

このテーマについては、さらに厳密な土器型式の編年と、纒向遺跡の総括的な発掘調査が是非とも必要になってくる。

平成の時代となって、日本の社会は少子高齢化が指摘され、事実、高年齢者の意識も大きく変化してきている。ご自身の人生にとっての「学ぶ」ことの大切さを、実に多く

明治大学リバティアカデミーの受講生と島根県出雲市を訪れ、西谷３号四隅突出墳丘墓の突出部で説明する筆者

の方がたが意識して、「勉学」と実践することの意義に感じている方がたが年々増えている。『古事記』『日本書紀』の世界も重要だが、目の前に提起される古代の事実、考古学上の事実から何を学ぶか、牽牛子塚古墳《けんごしづか》を明日香村《あすか》が発掘したその成果と、目前に展開する地中から姿を現わした墳墓の状景と『日本書紀』の記述との整合性のことも大問題である。

明治以来、全国的に明らかにされてきた古墳の内実を知ると、遺跡に出かけて古墳の姿を見る時、古墳の特徴のみでなく、古墳の時代的背景から葬礼に関与したであろう時代の人びとの姿までが想い出されてくるのである。

古墳時代の貴人たちが被っていた金銅《こんどう》製の冠など、全国で七〇例ほども発掘されているが、まったく同一の冠はない。おそらくオーダーメイドの冠が大王から与えられたのではないかと考える。こうした考古学資料の理解と解釈は、ご自身の学びの極意になるものだと私は思う。

二年間にわたって、明治大学の講座で取り上げた古墳の、ごく一部の古墳を今回は話題にした。できればご自分一人で、あるいはお仲間たちとともに、古墳の現地にあって、歴史の一コマを自ら創造されることを願っている。

平成二十四年八月

明治大学名誉教授　大塚初重

「考古学」最新講義　古墳と被葬者の謎にせまる

目次

編集協力／株式会社渋柿舎
カバー装幀・本文図版／グループイストゥワールF2

序　古代古墳の基礎知識

古墳とは何か

古墳とは〝古代の墳丘のある墓〟ということですが、横穴墓を含めた数量は、全国的に二〇万基とも二五万基とも言われています。

古代の墓であればすべてが古墳かというと、そうではないのです。日本の考古学研究ではもう少し限定的な用い方をしています。古墳は〝高塚《たかつか》〟という呼び名があるように、規模の大小は別として、自然の丘陵を削ったりして土や石を積み上げた墳丘を有しています。高塚は全国に約二〇万基前後あるものと推測されています。

高塚であれば中世や近世の塚も古墳と言うのかといえば、そうでもないのです。研究者によっていろいろと古墳の定義があるようですが、一般的には前方後円墳を古墳の典型として、前方後円墳の影響を受けたと考えられる円墳・方墳を古墳としてあつかうということです。

前方後円墳は、倭《わ》国内の諸首長間に連帯が成立した三世紀前葉ないし中頃に、弥生時代の墳丘墓の伝統を引き継いで出現したと考えられています。北海道や沖縄を除く、当時の倭国の影響があった地域の首長層や、その配下で強力な者の墓として造営されました。

前方後円墳は日本独特の墳形とされています。ところが近年、韓国南部の全羅《ぜんら》南道《なんどう》を中心に、一三基の前方後円墳が存在することが確実となったので、かつては日本の前方後円墳の起源は韓国にあると提議されたこともありました。

しかし、韓国側によって数基が発掘調査された結果、これらは五、六世紀の築造であり、ヤマト政権と百済《くだら》王朝との政治的な交流に関わった有力者の墳墓であったと見られています。

外部構造

【古墳の形態】

前方後円墳

前方後円墳という名称は、江戸時代後期の宇都宮出身の儒学者で尊皇家の蒲生君平《がもうくんぺい》が、文化五年（一八〇八）に出版した『山陵志《さんりょうし》』の中で、墳墓の形態を〝前方後円〟と表現したことからのものですが、実際にはどちらが前なのか後ろなのか、正面はどこかは不明です。しかし、中心的な埋葬施設は必ず後円部にあります。古墳の研究では、近畿・中国・四国および山陰・

北陸・東海など、広範な地域における弥生墳丘墓の中から、前方後円墳や前方後方墳が出現してくる状況が次第に明確になりつつあります。

前方後円墳の墳丘は、大仙陵《だいせんりょう》古墳（仁徳《にんとく》天皇陵）や誉田御廟山《こんだごびょうやま》古墳（応神《おうじん》天皇陵）など、五〇〇メートル近い主軸長のものがあるかと思えば、目立たないほど小さなものまであります。これらは大きさに関係なく特定の個人のために築造されたもので、大きいからと言っても共同墓地として造ったものではないのです。

古墳の規模は、動員できる労働力に比例しますから、被葬者の地位や権力の大きさが古墳に現われます。百舌鳥《もず》古墳群や古市《ふるいち》古墳群は、大仙古墳や誉田御廟山古墳という巨大な前方後円墳を核としていることから、その背景には古墳時代の有力な政治権力の存在が想定できます。

全国的に見ても、二〇〇メートルを超える巨大前方後円墳が集中して出現する時代と地域は、近畿地方でもとくに奈良県と大阪府に集中しています。この「大和《やまと》」「河内《かわち》」の地方が三世紀前葉から四、五世紀にかけて、ヤマト政権の中枢地域として発展したことを有力に物語っているものです。

現在、全国で約六〇〇〇〇基の前方後円墳が確認されています。巨大なものは近畿地方に集中しますが、数では関東地方北部や東部に多く分布しています。横穴墓も含めると古墳は千葉県と茨城県では、それぞれ一万基を超えています。墳丘のある、いわゆる高塚古墳だけに限定しても、千葉県には約八〇〇〇基があるのです。

日本列島の160メートルを超える巨大古墳分布

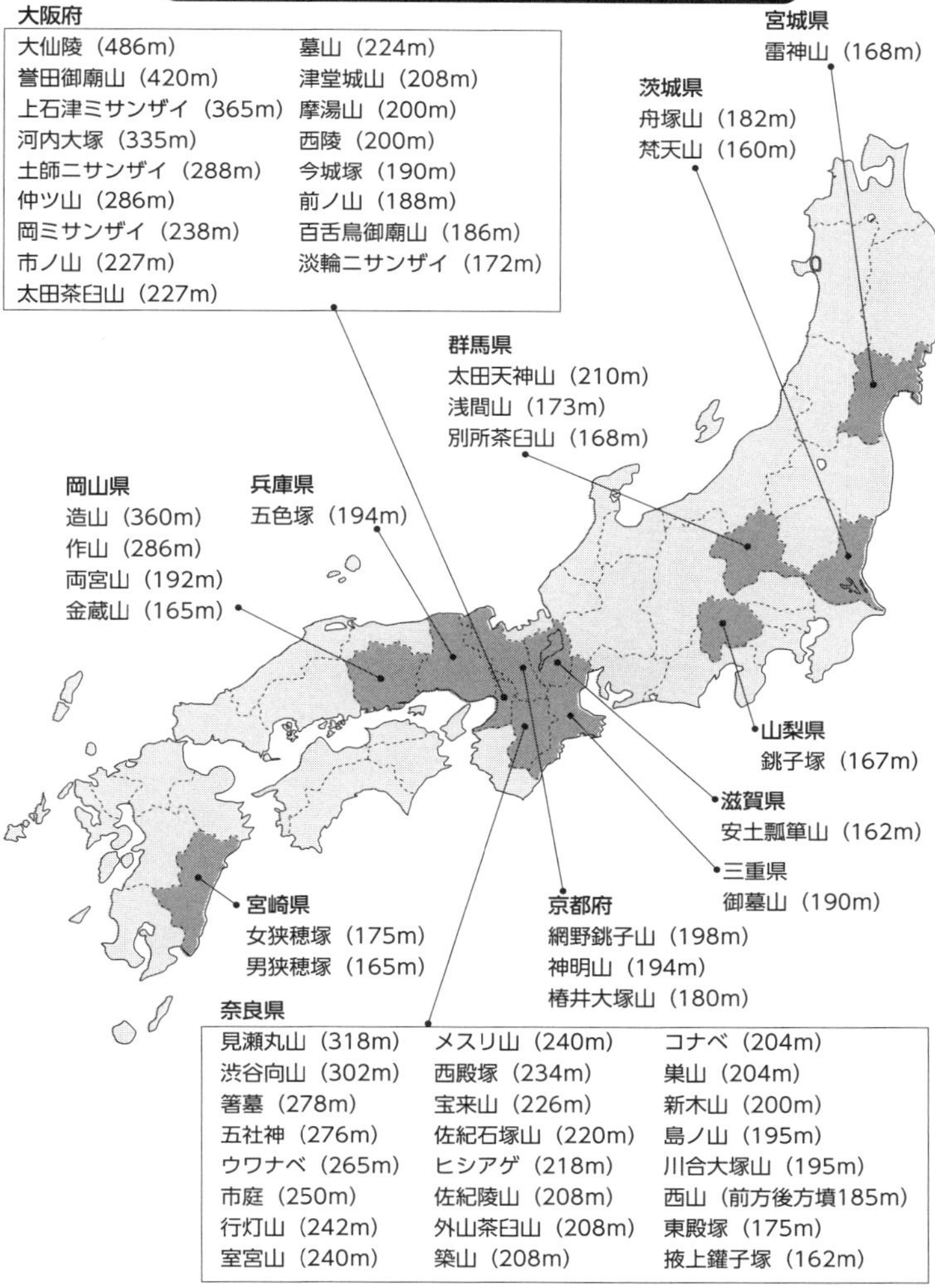
大阪府
大仙陵（486m）
誉田御廟山（420m）
上石津ミサンザイ（365m）
河内大塚（335m）
土師ニサンザイ（288m）
仲ツ山（286m）
岡ミサンザイ（238m）
市ノ山（227m）
太田茶臼山（227m）
墓山（224m）
津堂城山（208m）
摩湯山（200m）
西陵（200m）
今城塚（190m）
前ノ山（188m）
百舌鳥御廟山（186m）
淡輪ニサンザイ（172m）
宮城県
雷神山（168m）
茨城県
舟塚山（182m）
梵天山（160m）
群馬県
太田天神山（210m）
浅間山（173m）
別所茶臼山（168m）
岡山県
造山（360m）
作山（286m）
両宮山（192m）
金蔵山（165m）
兵庫県
五色塚（194m）
山梨県
銚子塚（167m）
滋賀県
安土瓢箪山（162m）
三重県
御墓山（190m）
宮崎県
女狭穂塚（175m）
男狭穂塚（165m）
京都府
網野銚子山（198m）
神明山（194m）
椿井大塚山（180m）
奈良県
見瀬丸山（318m）
渋谷向山（302m）
箸墓（278m）
五社神（276m）
ウワナベ（265m）
市庭（250m）
行灯山（242m）
室宮山（240m）
メスリ山（240m）
西殿塚（234m）
宝来山（226m）
佐紀石塚山（220m）
ヒシアゲ（218m）
佐紀陵山（208m）
外山茶臼山（208m）
築山（208m）
コナベ（204m）
巣山（204m）
新木山（200m）
島ノ山（195m）
川合大塚山（195m）
西山（前方後方墳185m）
東殿塚（175m）
掖上鑵子塚（162m）

参考：『ジャパン・クロニック　日本全史』（講談社）

前方後円墳や前方後方墳が、王陵《おうりょう》を含めた各地方の有力首長の墳丘であったことは間違いないでしょう。そして各地の前方後円形の墳墓は、中央の大和王権と政治的な関係のもとに築造されたと考えられ、前方後円墳の立地や形態も時代の推移によって変化します。

各地の前方後円墳には、古くから地元で銚《ちょう》子塚《しづか》とか二子山《ふたごやま》と呼ばれているものも多くあります。後円部に対して前方部が、お酒を入れる銚子のように口が細く狭くなった徳利《とっくり》形であったり、横から見ると前方部が後円部と同じくらいの高さがあり、二子山のように見えるところから呼ばれたものでしょう。

初期の前方後円墳は、前方部の先端が三味《しゃみ》線《せん》の撥《ばち》のように湾曲しながら広がっており、時代の新しいものは前方部の幅が後円部の直径よりも広くなっています。

後円部が三味線の撥のように広がっている箸墓古墳

前方部と後円部の接続部あたりの墳丘に接して、方形の壇を設けているものもあります。これは「造出《つくりだ》し」と呼んで、祭儀の場と考えられていますが、ここにも埋葬施設が造られている例もあります。前方部が細長いものは柄鏡形《えかがみがた》古墳、短いものは帆立貝形《ほたてがいがた》古墳と呼びます。

最北の前方後円墳は岩手県奥州市胆沢《いさわ》区の四五メートルの角塚《つのづか》古墳です。最南は鹿児島県の大隅《おおすみ》半島志布志《しぶし》湾岸の塚崎《つかざき》四〇号墳（花牟礼《はなむれ》古墳）という八九メートルの古墳です。

古墳のいろいろな形

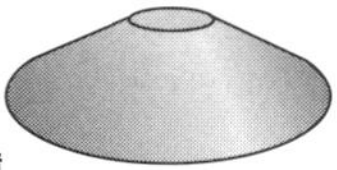

円墳
弥生時代から古墳時代を通じて造られた

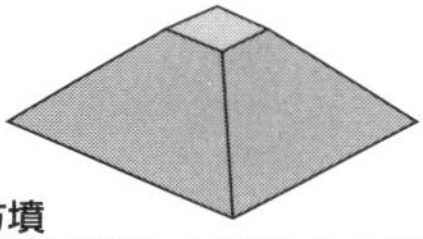

方墳
近畿と関東に大規模なものが多く、古墳時代を通じて造られたが、前方後円墳が造られなくなった後に、有力者はこの墳形を選んだようだ

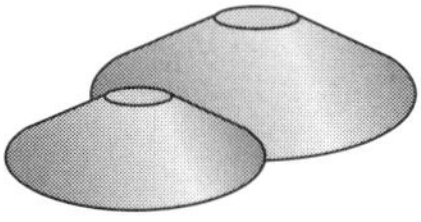

双円墳
大阪市河南町の金山古墳が代表的なもので、方墳が連結した双方墳もある

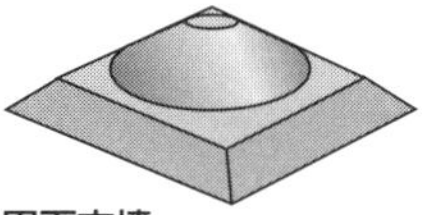

上円下方墳
古墳時代終末期のもので、全国で5例と少ない。明治天皇、大正天皇、昭和天皇の陵墓はこの形である

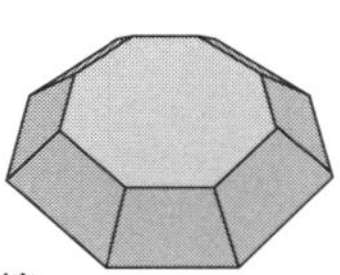

八角墳
大王専用の形式とされ、七世紀中頃から登場。天智天皇、天武・持統天皇の陵墓はこの形式とされる

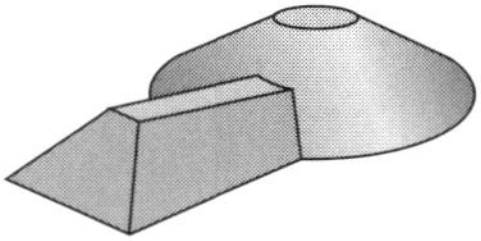

前方後円墳
日本独自の形の古墳とされる

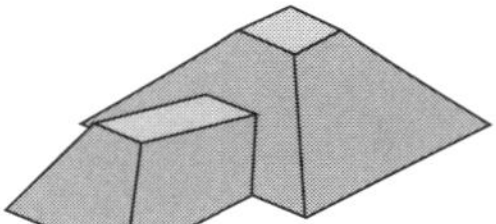

前方後方墳
古墳時代の前期に主に中部・関東地方で造られた。前方後円墳よりも小さく、数も少ない

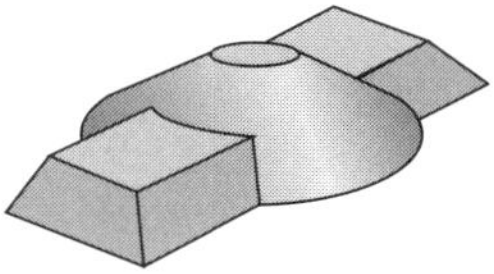

双方中円墳
奈良県天理市の櫛山古墳など古墳時代の前期に見られ数も少ない

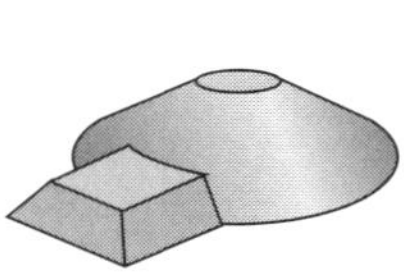

帆立貝形古墳
古墳時代中期から後期前半のものが多い

前方後方墳

前方後方墳の存在は、弥生時代の方形周溝墓《しゅうこうぼ》に関係があると思われます。大正十四年（一九二五）に島根県と栃木県で確認され、全国に数基が知られるに過ぎなかったのですが、今では全国に約五〇〇基以上の存在が確認されています。とくに東日本各地に多く分布することに注目されています。

帆立貝形古墳

帆立貝形古墳は、前方後円墳の前方部が短くなったという考えもありますが、円墳に造出し（突出部）を付けたものとする方が自然と思われます。この造出し部の長さの規定は明確になっていませんが、奈良県乙女山《おとめやま》古墳は後円部直径一〇四メートルに対し、造出し部の長さは一一メートル、幅二三メートルです。また群馬県女体山《にょたいさん》古墳は後円部径八四メートルに対し、造出し部の長さ一六メートル、幅一八メートルで、後円部直径の三分の一以下の長さというところでしょうか。

帆立貝形古墳の出現は五世紀になってからで、首長墳と見られる大型前方後円墳に従属するように出現する傾向が見られます。これまでに発掘した帆立貝形古墳を見ますと、副葬品に鉄刀・鉄剣をはじめ鉄製甲冑《かっちゅう》が多く見られ、武器・武具を所持していた武装集団のリーダー的性格の被葬者が想定できます。

帆立貝形の古墳が出現することも、五世紀代における中央政権と地方首長との、政治的な支配従属関係の強弱とか濃薄による規制に基づくものと考えられます。五世紀代といえば、倭の五王の時代であり、巨大古墳が相次いで列島に登場する時期です。帆立貝形古墳のみならず、この時代に出現する大型方墳や円墳の存在も注目すべきであると思います。

円墳・方墳

円墳と方墳は単なる墓制の好みによるものではなく、身分・地位など一定の規制によったものでしょう。方墳を主体とした古墳群も存在していることから考えると、墳丘の形態にこだわる地域首長の集団が存在していた可能性がありますが、詳細はなお不明の点が多いのです。

前方後円墳の変遷

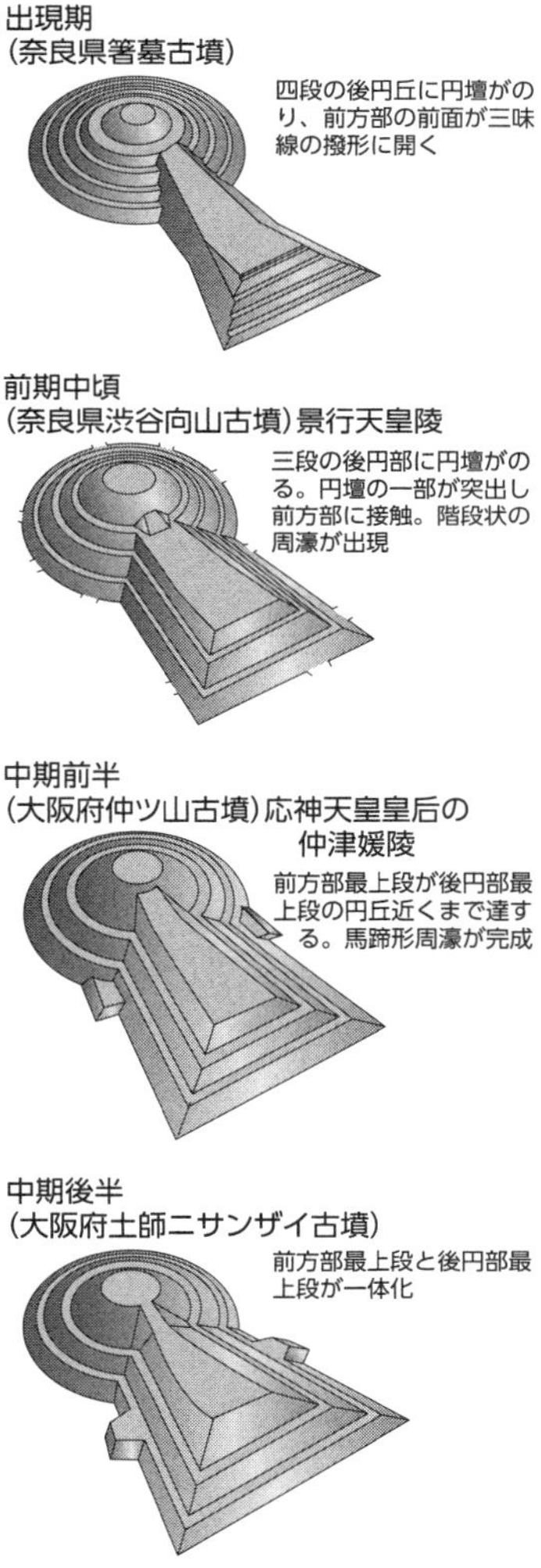
出現期
(奈良県箸墓古墳)
四段の後円丘に円壇がのり、前方部の前面が三味線の撥形に開く
前期中頃
(奈良県渋谷向山古墳) 景行天皇陵
三段の後円部に円壇がのる。円壇の一部が突出し前方部に接触。階段状の周濠が出現
中期前半
(大阪府仲ツ山古墳) 応神天皇皇后の仲津媛陵
前方部最上段が後円部最上段の円丘近くまで達する。馬蹄形周濠が完成
中期後半
(大阪府土師ニサンザイ古墳)
前方部最上段と後円部最上段が一体化

参考：週刊朝日百科『日本の歴史』（朝日新聞社）

円墳や方墳は、弥生時代の墓制に円形周溝墓や方形周溝墓があるところから、墳丘をより高く築き上げるという意識によって、古墳として出現してきたものと思われます。

古墳の編年

昭和の年代になってから、古墳の変化を目安として前・中・後期という三期区分が採用され、前期は三〜四世紀、中期は五世紀、後期は六〜七世紀という年代区分がなされていたのです。一九六〇年代後半頃から、古墳時代を前後二期に区分し、前・後期をそれぞれ三期区分して全体を六期区分したり、前三期、後四期として全体で七小期に区分する方法が採用されました。一九九〇年代つまり平成の時代になって、全国の前方後円墳の墳丘測量図の集成事業が進められ、これを契機に一〇期編年が提起されました。ところが古墳の出現年代が古くなり、また終末期古墳の年代が八世紀初頭まで下がる傾向が確実となって、出現期とか終末期という時期区分が用いられているのが現状です。

典型的な前方後円墳の出現が、奈良県桜井《さくらい》市の箸墓《はしはか》古墳であるならば、その周辺に分布し、先行する纒向型《まきむくがた》前方後円墳は、弥生時代終末期とするか古墳出現期とするか研究者によって見解が分かれるところです。私は「墳丘墓」として、古墳出現期として把握しています。したがって前方後円墳による一〇期区分についても、将来なお検討すべき点があるといってよいでしょう。

古墳の終焉

古墳時代の後期といえば一般的に六、七世紀の時代を言います。後期古墳の大きな現象は、六世紀をもって前方後円墳の築造が停止されるということで、横穴式石室の登場があります。朝鮮半島からの新しい墓制の波及があって、北部九州では五世紀には新しい墓制が出現します。この時代には新興工芸技術や乗馬の風習などが伝えられ、後期古墳文化の華が開くのです。

第三十代の敏達《びだつ》天皇陵は前方後円墳で、『日本書紀《にほんしょき》』によれば敏達天皇十四年（五八五）に崩じていますから、六世紀末葉まで前方後円墳が採用されていたことになります。

次の第三十一代用明《ようめい》天皇陵と三十三代推古《すいこ》天皇陵は方墳です。その間の三十二代崇峻《すしゅん》天皇陵とされているものは古墳とは見なしがたく、有力候補とされている赤坂天王山《あかさかてんのうざん》古墳が真の崇峻天皇陵だとすると、一辺四五メートル、高さ九メートルの大型方墳です。

三十四代舒明《じょめい》天皇陵になると、三段からなる大型の方形壇施設は特異ですが、主墳は八角形墳であり、以下斉明《さいめい》（皇極《こうぎょく》）天皇陵、天智《てんぢ》天皇陵、天武《てんむ》・持統《じとう》天皇陵などは八角形の墳丘を呈していて、終末期古墳とされる天皇陵はほとんどが八角形です。

前方後円墳に続いて上円下方墳・八角形墳などが採用されたのであり、七世紀後半から八世紀初頭にかけての日本の終末期古墳は方墳系列が中心となり、全国の各地域においても前方後円墳から大型円墳や方墳へと変化していきました。東国でも千葉県富津市の内裏塚《だいりづか》古墳群の割《わり》見塚《みづか》古墳や印旛《いんば》郡栄町の岩屋《いわや》古墳のように、二重の周堀《しゅうぼり》を廻《めぐ》らしたもので、周堀を含む全体の規模は一辺一〇〇メートルを超えるほどの大型となっています。

日本列島に古墳が出現してから、最古の前方後円墳といわれている奈良県箸墓古墳ほか、王陵に属す宮内庁治定《じじょう》の有力古墳のほとんどが前方後円墳であったものが、宣化《せんか》・欽明《きんめい》・敏達天皇陵を最後に姿を消したのです。

現・敏達天皇陵とされる大阪府南河内郡太子町の「太子西山古墳」は全長九四メートルの前方後円墳ですが、埴輪《はにわ》が存在していたり、南側のくびれ部分に長さ二〇メートル、幅約一二メートルの大型造出しが存在しています。敏達天皇は崩御して、五年八ヵ月間という長期の殯《もがり》期間を経て、崇峻天皇四年（五九一）に母の石姫皇女《いしひめのひめみこ》を葬る磯長陵《しながのみささぎ》へ埋葬されたとされています。となると古墳の築造が六世紀末葉となり、現・敏達天皇陵の墳丘形態が六世紀前葉の特色を示している点で、敏達天皇陵という治定には疑問が残ります。

東日本における前方後円墳の終末は、近畿地方より多少年代のズレがあり、七世紀初頭頃と考えられています。一例をあげれば、茨城県ひたちなか市の壁画のある虎塚《とらづか》古墳のように、すでに埴輪の使用はなく、凝灰岩《ぎょうかいがん》板石組の形式化した横穴式石室を有する五五メートルの前方後円墳となっています。

周堀

古墳築造時に墳丘域と他を区別する溝が掘られ、多くの場合、古墳には周堀《しゅうぼり》が廻っています。

私は明治大学の後藤守一《ごとうしゅいち》先生の弟子だから、古墳の周りの堀を周堀という言葉を使っていますが、関西系の皆さんは周濠《しゅうごう》と言っており、水が入っている場合は「濠」、水がない場合は「壕」の字を用いています。

現在、平野部にある巨大前方後円墳の堀は水を湛《たた》えていますが、本来は空堀だったと考えられています。奈良県などの墳墓の周堀の水は、中・近世以来、農耕用の灌漑用水とし貯水されたのかも知れないのですが、詳しいことは不明と言わざるを得ないでしょう。

丘陵の末端や傾斜地に前方後円墳が築造された場合には、墳裾に高低差が生じるため、行燈《あんどん》山《やま》古墳（崇神《すじん》陵）のように周堀に段差をつけ、渡り土手を設けていることもあります。これは築造当初から貯水することも考慮したと思われます。

大型古墳には、堀の測線が直線となって盾《たて》形の周堀が造られます。周堀の土を墳丘に盛り上げているのですが、大型の墳丘ではそれだけで

周堀が残る飛鳥の石舞台古墳

は土の量が足りず、相当量の土が周辺地域から運ばれたと推定されます。逆に近年になって田や畑に土を入れるため、墳丘から土を取ったことで湮滅《いんめつ》してしまった古墳も多くあります。

奈良県明日香村《あすかむら》の蘇我馬子《そがのうまこ》の墓とされる石舞台《いしぶたい》古墳のように、七世紀代の方墳にも周堀は見られますが、全体として重点は内部主体の精美な構造に移って、墳丘も周堀も規模が縮小していきます。もはや古墳の外面的な荘厳化を必要としない社会体制に変化したのでしょう。

葺石《ふきいし》

前方後円墳の発生以来、古墳の墳丘斜面部を礫《れき》で覆う葺石が用いられます。石材は古墳の採礫地によって違いますが、丸みのある河原石や割石が用いられています。

葺石の目的は、墳丘の土砂の流出を防ぐことだけ

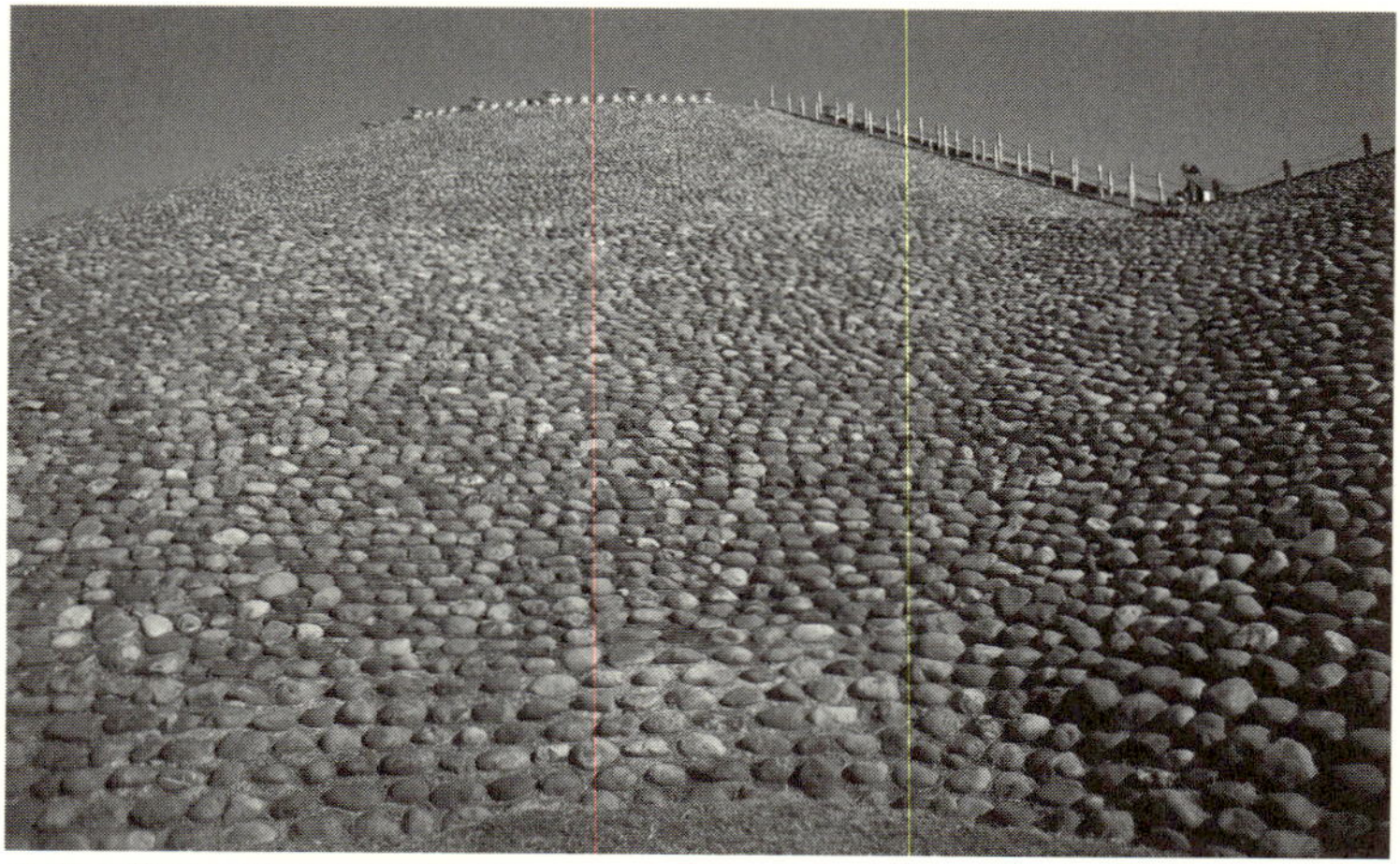

見事に葺石が並ぶ五色塚古墳

ではありません。たとえば、兵庫県神戸市の五色《ごしき》塚《づか》古墳を見ると、葺石が墳丘斜面全体を覆っており、明石《あかし》海峡を通過する船からは裸石が陽光を受けて輝き、荘厳さを演出したと考えられています。また大阪府の津堂城山《つどうしろやま》古墳などは、墳丘だけでなく内堀や中堤にまで葺石を施して墳域が荘厳化されていて、強大化された首長権が表現されているものと思われます。

中・小の古墳には墳端のみに石が葺かれたものもあります。地山の隆起部を利用して墳端を成形した古墳では、地山と盛土の境界の高さに、鉢巻き状に石を配しているものもあります。

墳丘の斜面下部などに、石面を墳丘斜面に並行して埋め込んだりしているものもありますが、これは石材の大きさや工法の違いから、貼石《はりいし》と呼んでおり葺石とは区別しています。

積石塚《つみいしづか》古墳は、古墳の表面に礫が露出している点

今城塚古墳に並ぶ円筒埴輪と形象埴輪

で葺石と似ていますが、盛土墳は墳丘斜面の表面を石で葺くのに対して、積石塚古墳では土の代わりに、墳丘の芯からのすべてを礫を積み上げていて、まったくの別物です。朝鮮の三国時代に積石塚があるため、渡来人と関連させる考えもありますが、日本では土よりも石が容易に得られる地域に多く、石に土を混ぜて内部構造を覆う例もあって、土石混合墳と呼ばれています。

埴輪

埴輪は、大きくは形象埴輪と円筒埴輪に分けられます。円筒埴輪は古墳時代の開始とともに出現して、古墳時代の終焉に先立ってなくなるのですが、その間に形態や製作技法に変遷があり、編年がなされています。

円筒埴輪は、かつては柴垣《しばがき》であるとか、墳丘の土留《どど》めという説があったのですが、最近では岡山県の都月坂《とつきざか》の古墳から出土したように、弥生時代後期に岡山あたりを中心にして発達した壺などを載せる器台形土器が母体と考えられ、器台形土器〜特殊器台形土器〜特殊器台形埴輪と発展がたどられます。

特殊器台とそれに載せる壺を一体化し、円筒部上の端を強く外反させてラッパ状にしたものは、昭和の初期に後藤守一先生が朝顔形《あさがおがた》円筒埴輪と名付けました。円筒埴輪よりも器高が高く、朝顔形の部分が上に突き出るようになります。

一般的な円筒埴輪は古墳の荘厳と結界を意図したものと考えられ、表面に数条の箍《たが》状の突帯《とったい》が廻って、突帯の間に円形や方形の透孔《すかしあな》がありますす。墳丘の段築《だんちく》や周堀の外縁などに大量に配列され、要所に朝顔形円筒埴輪が配されます。

京都大学出身の川西宏幸《かわにしひろゆき》氏が、『考古学雑誌』の64巻に「円筒埴輪総論」という論文を書いたんです。円筒埴輪はⅠ期からⅤ期までの五段階に分かれていて、古墳を発掘しなくても全国の古墳を歩いてみると、墳丘に埴輪の破片が落ちているので、その破片を採集して円筒埴輪の箍の状態だとか、あるいは埴輪を作る成形技法の刷毛目《はけめ》の使い方だとか、あるいは焼成での黒斑《こくはん》があるかないかとか、そういうことから埴輪の古さが判るという論文なんです。

それ以来、日本全国の埴輪がわりあい

朝顔形埴輪を前にした著者

細かく見られるようになりました。宮内庁が継体《けいたい》天皇陵とする大阪府茨木《いばらき》市の太田茶臼山《おおだちゃうすやま》古墳を宮内庁が調査したら、なんと六世紀の前半であるべき継体天皇陵から五世紀の中頃前後の埴輪が出てきたのです。時代が違うことは宮内庁も知ってるんですよ。知っていれば早く変えればいいのに、変えないところがまた宮内庁ということなんですけども、そういうこともあります。

形象埴輪には各種の家の形をした家形埴輪、甲冑《かっちゅう》や盾などの武具、船や蓋《きぬがさ》などの器財埴輪、馬・猪・鶏などの動物埴輪、各種の人物埴輪など多様な種類があります。これらは誇張しているものもありますが、生前の被葬者の生活や古墳祭祀《さいし》の実態と性格を考える上で重要な資料となります。

『日本書紀』垂仁《すいにん》天皇三十二年の条に、人物埴輪をはじめとする形象埴輪の起源説話（89ページ参照）がありますが、この説話は考古学上の埴輪出現の知見と対応しないので、陵墓造営や埴輪製作に従事した土師《はじ》氏が、祖先顕彰のために創造したものだろうとされています。他にも中国の秦始皇帝《しんのしこうてい》陵の兵馬俑《へいばよう》などのような俑に起源を求めたり、北部九州の石人《せきじん》・石馬《せきば》の関係から、中国の石人・石獣《せきじゅう》の影響を考える説もありますが、何が起源なのかは不明です。

土製でない埴輪もあります。石人・石馬は石製ですが、木製の葬祭具も墳丘に並べられていて、畿内を中心に出土します。

器財埴輪の蓋というのは、高松塚《たかまつづか》古墳の壁画にありますように衣張《きぬば》りをした天蓋《てんがい》のような傘です。行列する貴人の後ろから差し掛けたもので、四～五世紀代には威儀を高める重要なものでした。また、埴輪としての発見例は少ないのですが、長い柄のついた団扇《うちわ》のような翳《さしば》も重要な威儀具です。これらは奈良県の日葉酢媛《ひばすひめ》陵古墳などでは、後円部の円筒列の核になる地点に立てられていたようです。

もっとも種類が多いのが人物埴輪です。古墳時代の男女の服装や装身具、武器・武具の着用の実際を知る上で、貴重な資料になります。女性像では、巫女《みこ》や乳児を抱く母親などがありますが、台などに座っているものが多く立像は少ないようです。

内部構造

棺

古墳の遺骸を埋葬する施設を古墳の内部主体と呼びますが、これも遺骸を納める棺《かん》、棺を納める槨《かく》、それらの全体を収める石室という三種類に大別できます。

棺は材質によって木棺、漆塗木棺、漆を塗った麻布を数十枚も貼り合わせた夾紵棺《きょうちょ》、埴輪棺、陶棺などに分類され、棺の構造や形態でも分類できます。木棺には丸太を半分に割って中を刳《く》り貫《ぬ》き、両端に板材を当てて閉鎖した割竹形《わりだけがた》木棺、棺の両端下部を舟の舳先《へさき》のように削り出したものを舟形木棺、六枚の板材を組み合わせ四面を囲い、鉄釘を用いた箱形木棺などがありま

す。木の材質の多くは高野槇《こうやまき》を使っています

木製ではなく石製の棺が石棺ですが、縄掛突起《なわかけとっき》が付けられています。長持形《ながもち》石棺や棺の蓋《ふた》が寄棟《よせむね》造りの家の屋根に似た家形石棺があり、畿内地方の長持形石棺の多くは兵庫県の加古川《かこがわ》下

棺の種類

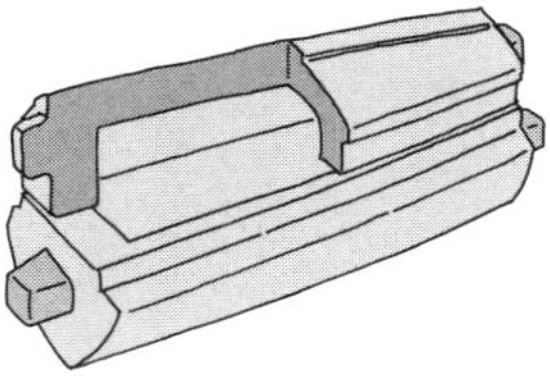

割竹形石棺

割竹形や舟形の木棺の形を石で造ったものである

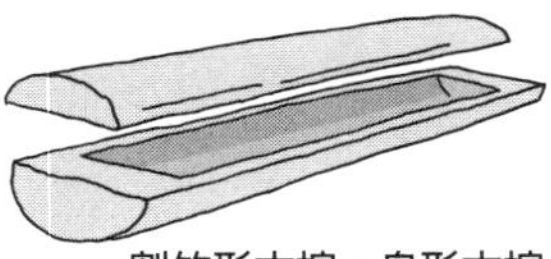

割竹形木棺・舟形木棺

丸太を縦割りにして、中を刳り貫いたものが棺と蓋になる。竹を割った形のものが割竹形である

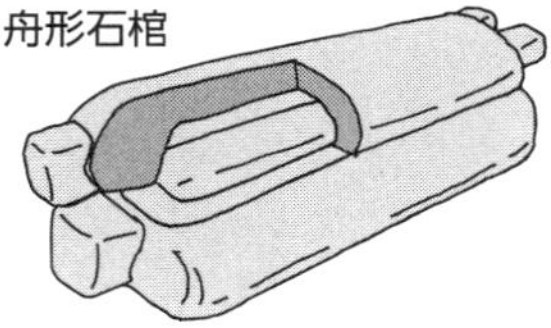

舟形石棺

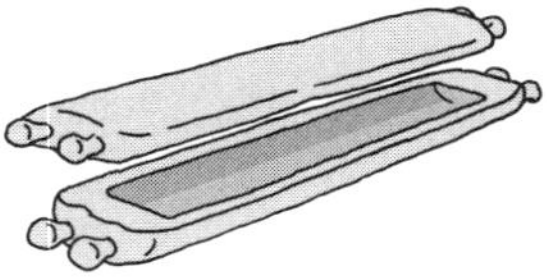

図のように棺の両端が舟の舳先のように加工したものが舟形木棺である。木材は割竹形も舟形も高野槇を用いているものが多い

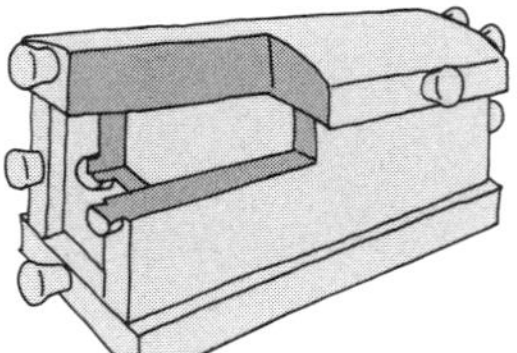

長持形石棺

衣服などを納める長持ちに似た、石製の棺

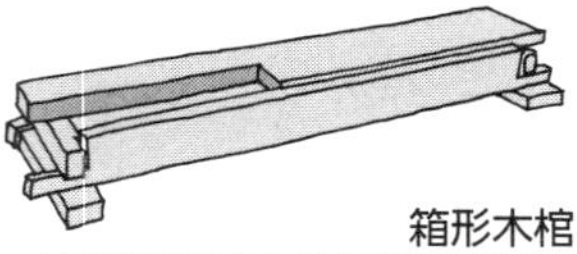

箱形木棺

木の板を組み合わせた箱状の棺で、古墳時代の初期には見られない。木部は腐蝕してなくなるが、釘が出土することが多い

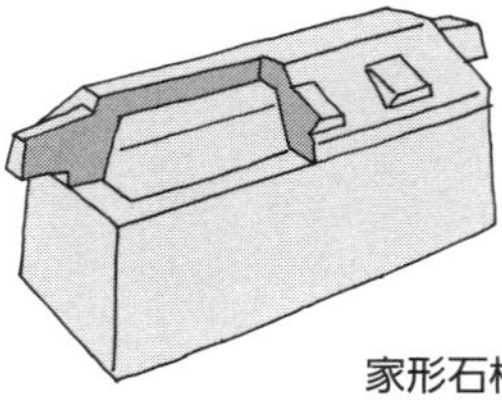

家形石棺

棺の蓋が、寄せ棟造りの家屋の屋根に似ているので、家形石棺と呼ばれる。刳り貫き式と組合せ式がある

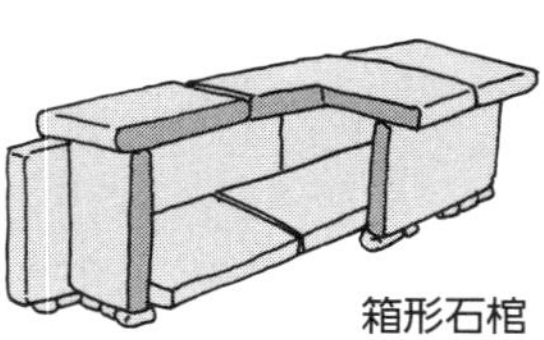

箱形石棺

板石を組み合わせたもので、石造りの棺としては、簡単な構造のため、世界の各地で見ることができる。日本の古墳時代の全時期に見られる

参考：『古墳ガイドブック』大田区立郷土博物館

流右岸地域で産出する竜山石《たつやまいし》（龍紋岩質凝灰岩）が用いられています。

弥生時代には埋葬用に甕棺《かめ》が製作されています。古墳から出土する甕棺の例は少ないですが、大きな甕を棺として代用しています。埴輪棺は円筒埴輪を棺に転用したものと、埴輪の材質を円筒形の棺に作ったものとがあります。陶棺の棺身は箱形で下端に円筒の脚が並んでいます。蓋の形状から亀甲《きっこう》形陶棺と屋根形陶棺に分かれますが、棺身も蓋も前後に二分して焼き上げています。

槨

槨《かく》は中国の『周礼《しゅらい》』によると、棺を覆ったり包み込むものを指していますが、規模も構造も日本の古墳とは違っており、日本の考古学研究では木棺を覆う材料によって分類して、木棺を直接に粘土で包み込んだものを粘土槨、木炭で包み込んだものを木炭槨、礫の場合は礫槨と呼んでいます。

粘土槨の構造

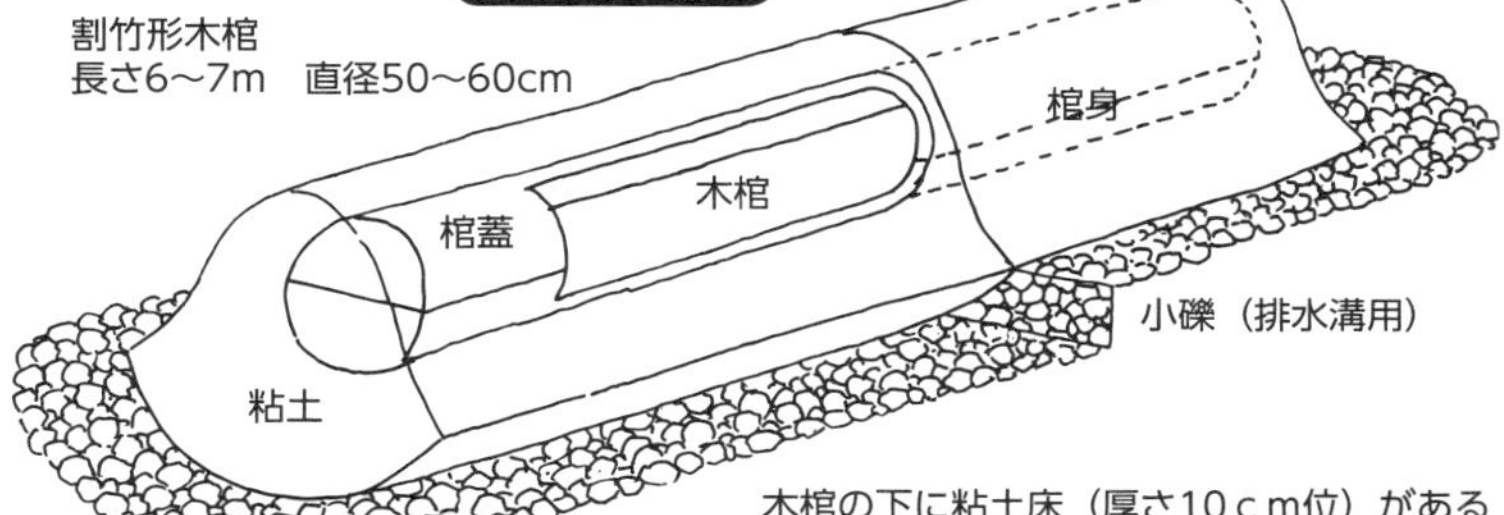

木棺の下に粘土床（厚さ10ｃｍ位）がある

参考：『日本古墳大辞典』東京堂出版

竪穴式石室

竪穴式石室《たてあなしき》は、木棺や石棺を覆うために四方の壁を扁平な板石や塊石で積み上げ、最後に天井石（蓋石）を載せて密封するものです。

築造の手順としては、墳丘の上方から墓壙《ぼこう》を掘り、底に礫を詰めた排水溝を設け、その上に木棺を安定させるため粘土や礫床で棺床を作り、石室の下半分を造ります。主として割竹形木棺が安置された後、蓋石を載せて石室上部を造ります。木棺と天井石の間に空間があり、天井石で蓋をしてその上を粘土でカバーして、墓壙を土で埋めたもので、石室内部に赤色顔料が塗られたものが多く見られます。

横穴式石室

横穴式石室は、石室の一方（主として南方）の壁面に外部に通じる出入口があります。入口の開閉ができるため追葬や合葬が可能で、朝鮮を経て伝来した外来の葬法であるとされます。

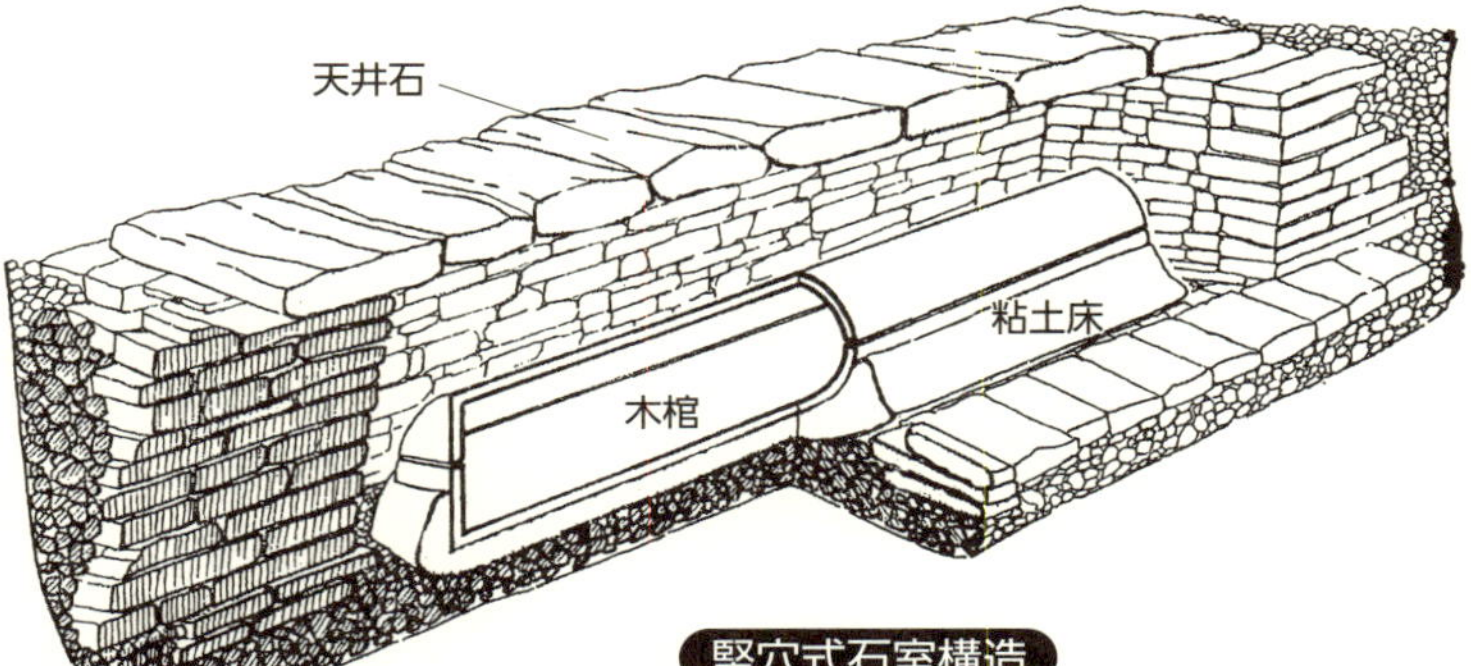

竪穴式石室構造

参考：『日本古墳大辞典』東京堂出版

五世紀初めに北九州で出現し、西・中日本に伝播《でんぱ》し、六世紀前半には東日本にも採用されるようになり、八世紀初頭まで築造され続けます。

石室の構造は、遺骸を安置する玄室《げんしつ》と、玄室の通路である羨道《せんどう》からなります。玄室と羨道の間に前室や後室を持つものもあり、羨門を封鎖した扉や石室の前面に祭祀をする前庭部があります。各区画を仕切る柱状石などに呼び名がついていて、時代が新しくなるにつれ精緻な構造になります。

石室壁面の石の積み方が時代によって違い、おおむね横長割石を持送《もちおくり》積《づ》みにしたもの、大型の野石を乱石積にしたもの、丸い河原石を用いたもの、大小の切石を積んだものという順に出現しています。大型の野石を積む段階から、もっとも奥の壁を鏡石《かがみいし》という巨石が置かれるようになります。

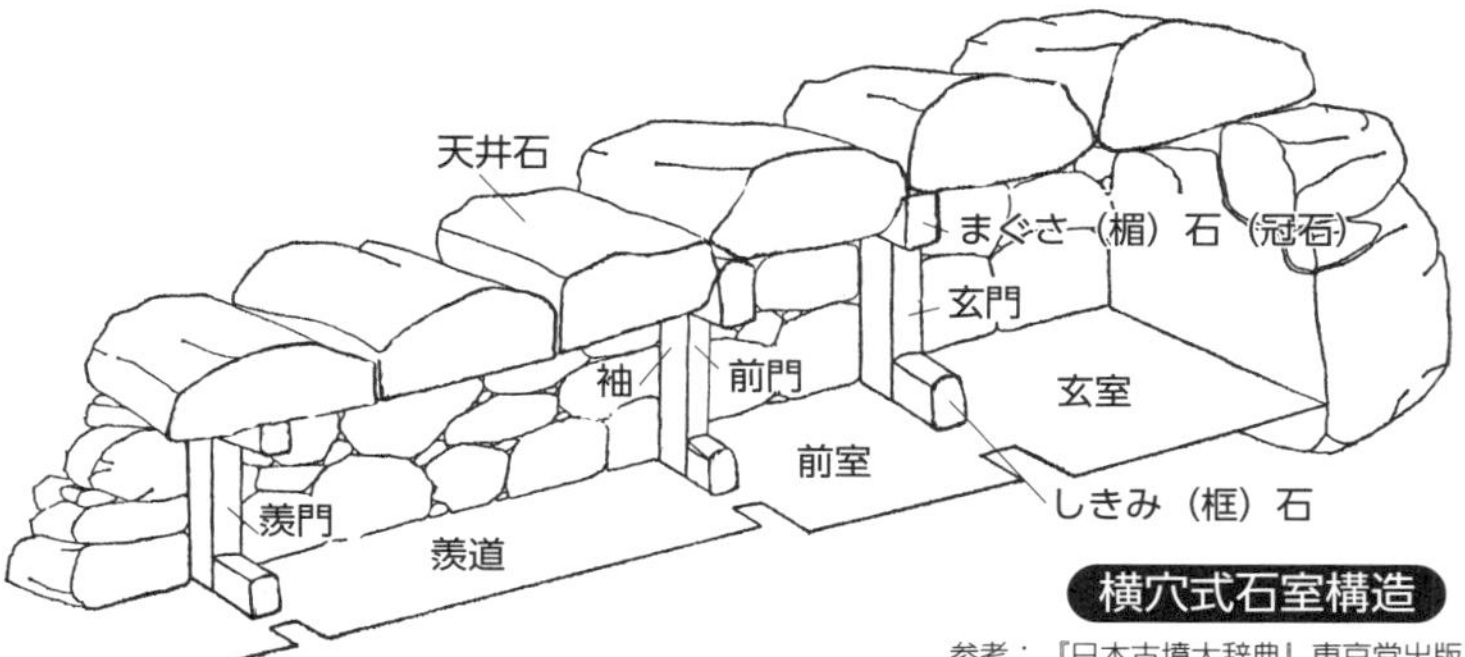

横穴式石室構造

参考：『日本古墳大辞典』東京堂出版

副葬品

銅鏡

古墳時代前半期の副葬品の中心を占めるのは銅鏡で、後世にはガラス製もありますので青銅や白銅で製造したものを銅鏡と言っています。中国製が日本に移入されて副葬品となったものは舶載鏡《はくさい》と呼び、日本製と考えられるものを倣製鏡《ほうせい》とか仿製鏡《ぼうせい》と呼んでいます。

鏡背面の模様で分類すると二〇〇種類以上にも分かれます。代表的なものに「内行花文鏡《ないこうかもんきょう》」があります。これは内区の幾何学文様を花弁に見立てたもので、弧の文様の間に吉祥句《きっしょうく》を配していて、外周は有節松葉文帯《ゆうせつしょうようもんたい》を廻らしているのが一般です。

「四神鏡《ししんきょう》」は内区の主文様が青龍《せいりゅう》、白虎《びゃっこ》、朱雀《すざく》、玄武《げんぶ》の四神と、それに追従する霊獣を表わすものを総称しています。「神獣鏡《しんじゅうきょう》」は内区の主文様が神仙と霊獣により構成されています。卑《ひ》弥呼《みこ》の鏡と騒がれた「三角縁神獣鏡」は、縁の断面が三角形になっています。文様や銘文の内容からは舶載鏡としてもいいのですが、肝心の中国には出土例がなく、仿製鏡も多く出ていますので、中国製ではないんじゃないかとする意見が主流になりつつあります。

奈良県の箸墓《はしはか》古墳群の、ホケノ山古墳から出た鏡に「画文帯《がもんたい》神獣鏡」があります。、画文帯神獣鏡は中国の漢代の終わりの後漢代から三国代にかけて、中国で作られた鏡なんです。後漢は西暦二二〇年に滅亡していますから、その後漢の終わり頃からの二世紀代から三世紀末、あるいは四世紀の初めくらいまでに造られ続けています。

文様がある方が鏡の裏です。画文帯神獣鏡は、日本の弥生時代の終わり頃から椿《つば》井《い》大塚山《おおつかやま》古墳とか桜《さくら》井《い》茶臼山《ちゃうすやま》古墳、あるいは天理の黒《くろ》塚《づか》古墳という出現期の前方後円墳に、三角縁神獣鏡とともに内行花文鏡や画文帯神獣鏡が一面か二面入っているんです。だから、古墳時代の前期古墳の研究をする場合に、鏡に関心のある方は、画文帯神獣鏡と呼ばれる鏡はちょっと注目しておく必要があるのです。

鏡の真ん中に鈕《ちゅう》という紐通《ひもとお》しの丸い突起があり、長方形の穴が開いています。鏡は内区と外区とに分かれています。一段低くなったところが内区、高くなっているところが外区といいます。そして内区に中国の神仙思想や宇宙観に基づく神仙像を表

ホケノ山古墳から出た画文帯神獣鏡　『ホケノ山古墳』報告書より

現していています。

上に首をちょっと曲げた神像があり伯牙《はくが》とも弾琴《だんきん》ともいいます。平たい板は琴なんです。琴を弾いているので伯牙弾琴という言葉があり、伯牙弾琴像と言っています。この伯牙の下にお付きの脇侍《わきじ》がいます。

真下にいる一人の神像は黄帝《こうてい》と呼ばれ、首を曲げています。黄帝は中国の始祖神というもので、中国人は「われら黄帝の子孫は……」と大袈裟に言うそうです。黄帝の両側にも二人侍《はべ》っています。その下に渦巻き文を持った貝の神様だといわれている動物がいます。

鈕を挟んだ左右にも、神仙思想に基づいた東王父《とうおうふ》を右に、西王母《せいおうぼ》を左に描いています。この周りにも脇侍がいます。そして、そういう人物像の間に架空の動物文様があるわけです。

なぜ画文帯神獣鏡かというと、周りの一番外側の縁に菱形の文様と雲文を混ぜた菱雲文《ひしうんもん》がありますす。この菱雲文もまた時代によって、菱形が正方形に近くなったりといろいろあるんですが、菱雲文が廻っている外区の内側に、獣や亀などいろんな動物が走っているんです。

かつて後藤守一先生は、飛禽走獣文縁《ひきんそうじゅうもんえん》の神獣鏡と言ったこともありますが、この頃は、帯のようにめぐっているので画文帯と言い、六匹の龍が時計回りに、こちら側を向いて走っているような図柄なんです。

雲車《うんしゃ》というのですが、車のような雲にいろんな動物が乗っているのです。亀も亀の子までいます。六頭の龍が雲車を引っ張っています。飛禽走獣文とか、画文帯というのはそういう文様で、月か太陽が二カ所にあって、飛天がこの縁文を捧げているという基本的な文様を持っているのを、現在は画文帯の神獣鏡と言うのです。

さらに仿製鏡の中に、周縁に鈴を付けたものがあり「鈴鏡《れいきょう》」と言います。鈴の数は四鈴から十鈴まであり、四鈴鏡や十鈴鏡と呼んでいます。関東や中部地方に分布が多く、北関東地区を製作地域とする考え方もあります。人物埴輪像で巫女の持ち物となっている例があり、祭具としての性格が考えられています。

装身具

古墳から出土する装身具は多種多様で、前期には弥生時代の伝統を引き継いだガラス玉や碧《へき》玉《ぎょく》などの、腕飾りや頸《くび》飾り類が主流ですが、中期以降になると金、銀、銅を用いたきらびやかな金属製品が登場します。これらは朝鮮半島からの移入技術によるもので、百済や新羅《しらぎ》・伽耶《かや》などとヤマト政権との関係を示すものです。

武器・武具

攻撃用戦闘用具の武器には刀、剣、槍、鉾《ほこ》、弓、矢などがあります。

刀剣は片刃のものを刀、両刃のものを剣と区別しています。かつて後藤守一先生が、反りのない直刀を「大刀《たち》」、反りを持つ刀を「太刀《たち》」と分類しましたので、古墳から出るものには反りのないものが多いので「大刀」と表現しています。古墳時代前期には大刀よりも剣の副葬量が多く見られることもありますが、次第に逆転して後期には大刀の方が圧倒的に多くなります。

前期には身幅が広く、重ねが厚く長大なものが見られますが、次第に重ねが薄くなっていき、外装も華麗になっていきます。特徴的な変化を示すものに把頭《つかがしら》があり、環頭《かんとう》大刀、圭頭《けいとう》大刀、頭椎《かぶつち》大刀などが代表的飾大刀です。

甲冑や鉄製の武器は三世紀代からあります。防御用戦闘具の冑《かぶと》なんかは、三世紀代の中頃からもぼちぼち出てくるんですが、そういう冑や鎧《よろい》も年代によって形式が変わってきます。主として眉庇《まびさし》付冑と衝角《しょうかく》付冑という二つの種類があります。

それよりもっと前に、鉄製の小札《こざね》を革綴《かわとじ》したやや特殊な冑などは、京都府木津川《きづがわ》市の椿井大塚山《つばいおおつかやま》古墳だとか、奈良県天理《てんり》市の東大寺山《とうだいじやま》古墳などから出ています。主として日本の古墳から小札冑が出るのは五世紀代です。

鎧も形式によって年代の差があります。まず短甲《たんこう》があります。使用する鉄板の形態によって、竪矧板・方形板・長方板・三角板・横矧板に分類され、革綴技法と鉄鋲留技法とに分かれます。

横矧板鋲留《よこはぎいたびょうどめ》短甲は、五世紀後半代に日本で非常に流行した甲です。短

頭椎大刀

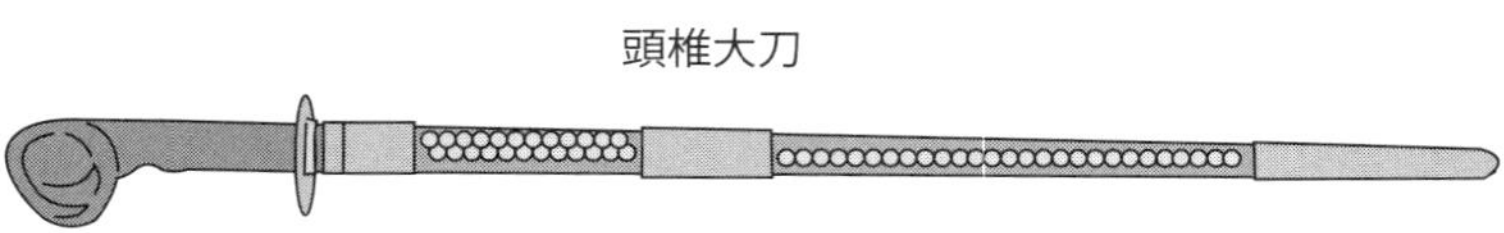

環頭大刀

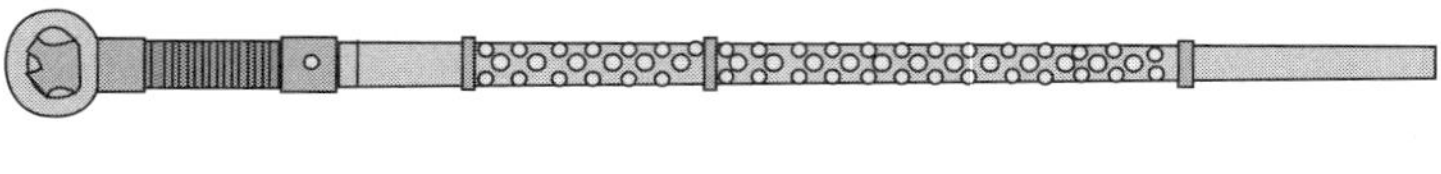

甲を身に着けると袴の方に草摺《くさずり》という防具があって、両手には篠籠手《しのこて》や筒籠手などの籠手があって、肩甲《かたよろい》と臑当《すねあて》もあります。そして冑も頸《くび》の後ろを守るために錣《しころ》の鉄板の防具が付くなど、いろんな装備が出てきます。

日本列島の地形の中で、平野部に両軍の騎馬部隊が交じり合って騎馬戦をすることがあったかどうかは明言できません。そして五〇〇～六〇〇人なりの兵隊全員が、甲冑を身に着けていたかどうかは考古学的にも証明できておりません。

短甲装着図

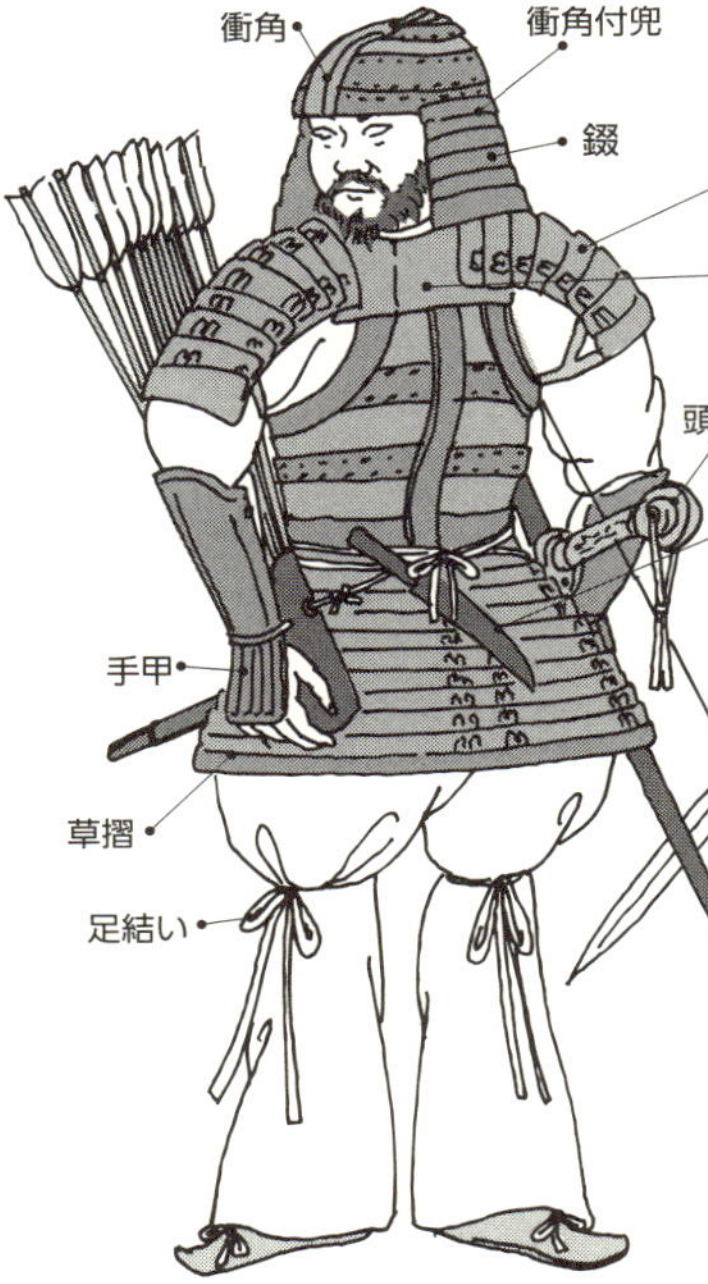

挂甲装着図

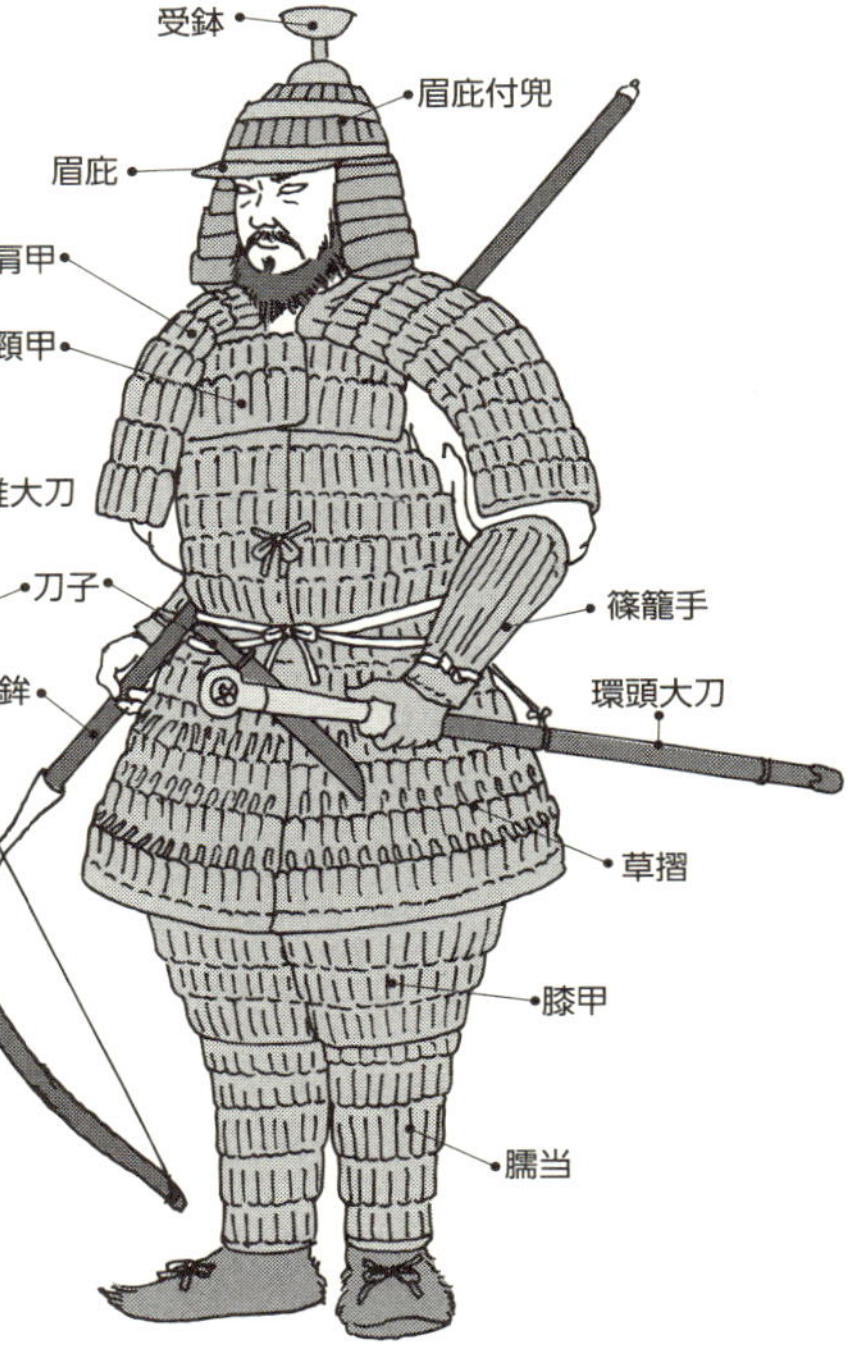

おそらく指揮官だけじゃないかと思うんです。馬に乗るようになると、こんどは動きやすい甲になります。つまり鉄の小札を綴じ合わせた可動性のある挂甲《けいこう》という甲が出てきます。

こういう鉄製の武器や武具などを作るには、鉄板がないとできませんが、鉄は当時の日本からは採れなくて、朝鮮半島の南の伽耶などから鉄を盛んに求めたのです。鉄製品の練鉄《ねりがね》ともされる鉄鋌《てってい》（鉄板）は朝鮮半島の慶州の天馬塚《てんまづか》、皇南《こうなん》大塚南墳あるいは釜山《プサン》の福泉洞《ふくせんどう》1号墳、金海の礼安里《れいあんり》52号墳という墳墓からたくさん出ています。

日本でも奈良県の大和6号墳からは、鉄鋌約八〇〇枚が出土しています。日本の甲冑の原料である鉄は、朝鮮半島から輸入されていたと思うのです。

中央と地方の武器・武具量の格差

これまでに甲冑が多く出た古墳というと、大阪府堺市にある黒姫山《くろひめやま》古墳です。これは森浩一《もりこういち》氏が末永雅雄《すえながまさお》先生と一緒に掘った古墳です。

森浩一氏は中学生の頃から考古学少年で、戦争中に爆撃なんかで学校が休みになると、一人で百舌鳥《もず》古墳群なんかを歩いてた男ですから、黒姫山古墳の後円部の上に鉄片が落ちていて、なんだこれはと採集して、橿原《かしはら》考古学研究所に行って「末永先生、こんなの採集しましたよ」「どこで採集した」となって、それが発掘に繋《つな》がるんです。

黒姫山古墳は前方後円墳の後円部に内部主体があって高射砲陣地なんかを造ったので壊され

てますけども、後円部から前方部にいく鞍部の近くに副葬品専用の竪穴式石室があって、その中になんと短甲と冑二四領がセットになって綺麗に並んで納められていました。これが現在のところ古墳出土例で日本最大量です。次は羽曳野《はびきの》の古市古墳群の野中《のなか》古墳で短甲と冑が一一領。その次は九州の福岡県うきは市吉井町の長持形石棺を出した月の岡《つきのおか》古墳で、短甲と冑八領があり九州で一番多いです。それから大阪堺市の履中《りちゅう》天皇陵の陪塚《ばいづか》の七観《しちかん》古墳で短甲と冑が七領です。

北関東で一番多く甲冑が出たのは、群馬県太田の鶴《つる》山《やま》古墳で短甲三領と冑二領です。私が住む千葉県でも我孫子《あびこ》古墳群から出ていますが、短甲だけ一領とか冑だけ一領とかそういうものですよ。東京世田谷の野毛《のげ》の大塚古墳からも甲冑が出ており、東日本の関東辺りの五世紀代を中心とした古墳は、甲冑を持つような状況になったと、明らかに言えると思います。しかし、甲冑を持ってはいるけども、甲と冑がセットであればいい方です。

私が昭和三十年（一九五五）に掘った茨城県の三昧《さんまい》

墳丘は巨大だが、甲冑の量では畿内におよばない太田天神山古墳

塚《づか》古墳では、石棺の脇に木の箱に入れて副葬品だけ別に出てきました。それは短甲一領、挂甲一領、挂甲の上に衝角付冑が一つ乗って、草摺は石棺の中にあって一セットだけです。これだけでも出れば茨城県では多い方です。つまり、東日本の五世紀から六世紀の初めくらいの、各地域の有名な首長が墓に入れて、あの世へ持っていく甲冑は一領ずつでも揃っていればいい方で、鎧だけとか冑だけというのも多いという感じですね。

五世紀代の東国各地の有力な首長たちの軍事的な装備は、畿内の王権の中心部に近い人たちが持っていたものとは、量的にも雲泥の差です。群馬県太田市に、東日本最大の二一〇メートルの墳丘を持つ前方後円墳の天神山《てんじんやま》古墳があります。もし発掘が行なわれると、甲冑が一〇セットくらい出るかもしれませんが、現在のデータから推定しても中央のヤマト王権との軍事的装備の差は問題にならないでしょう。

東日本や各地域の首長が持っている冑や甲や鉄製の武器・武具という装備は、各地の首長が製作工人集団を掌握して自分たちで生産していたのかとなると、今のところの状況からすると、それは無理だと思うのです。やっぱり中央の強力な支配というかコントロールがあったとしか見られないのです。そういうところから、ヤマト王権がどういうふうに日本列島を支配していたかが、見えてくるように思います。

鉄製の武器・武具を通じて見た状況からも、多分、百舌鳥古墳群や古市古墳群に見られる大王権力は、その周辺の摂津《せっつ》、河内《かわち》、和泉《いずみ》などの有力な首長層によって支えられていたことは明らかです。おそらく、そういう大王権力なり支配機構が、五世紀の応神天皇陵などの大きな墳丘を造り、いろんな設備を持っていた大古墳を造るということです。それは四世紀から五世紀における日本列島の鉄の問題がかなり大きく底辺にあると思っています。

これだけの膨大な鉄の甲や冑や鉄製の武器類が国産なのかどうかですが、私は弥生時代から古墳時代にかけての膨大な鉄製の武器や武具が、すべて朝鮮半島で製品として作られて日本にもたらされたとは考えていません。かなりの量が国産だと思います。ただ、武器・武具を作る原料である鉄は、おそらく朝鮮半島から輸入されたことは大いにあったでしょう。

奈良県の佐紀盾列《さきたたなみ》古墳群のウワナベ古墳の陪塚の大和6号墳が、長さが四四センチを超える大型鉄鋌を八七二枚という膨大な量の副葬をしていました。あの世に旅立つのに墳墓にすべてを埋納しては軍事力が低下しますから、所有するごく一部しか墓に入れていないはずで、その何倍もの鉄鋌の蓄積があったはずです。また、大量の鉄鋌があるということは、供給体制が確立しており、鍛冶などの製作集団がいて処理していたということでしょう。

千葉県からも鉄鋌は一枚か二枚ですが出てます。だから数百枚を副葬する大王権力は凄いなあと思うのです。

甲冑論については、韓国の研究者と日本の研究者で活発な意見の交流がありました。鉄製の甲冑は技術的な系譜を辿ればやっぱり朝鮮半島です。しかし、日本の古墳時代の鉄製の甲や冑のすべてが朝鮮半島製かというと、そんなことはないのであって、最近、兵庫県の淡路島で弥生時代後期の鉄製品の小鍛冶の大工房跡が発掘されたと報道されました。

弥生時代から何百年間も日本列島に鉄製品が入ってくるんですが、鉄鋌だけではなく技術者集団も来たでしょうし、ヤマト王権は自らの手で甲冑類を製作するような手段があったに違いないと思うのです。原料の鉄から甲冑や鉄製の武器を作ることが行なわれていたけども、この膨大な鉄器の製造過程や技術的系譜、技術者集団の組織などは、考古学的にはほとんど分かっていないんです。

四世紀から五世紀はヤマト王権はとにかく東アジアにおける朝鮮半島の高句麗《こうくり》、百済《くだら》、新羅との関係の問題もあり、六世紀に入ってくれば中国の唐との関係が出てきて、集団軍事行動を起こしているわけですから、日本がそういう武器や武具を作り出す体制がなければ、半島への兵力派遣などできるはずがないわけです。

奈良県五條市の猫塚の冑は蒙古《もうこ》鉢形冑とされて、まさに日本では前例がない冑です。さらに群馬県高崎の綿貫観音山《わたぬきかんのんやま》古墳の被葬者などは、日本の古墳からは出たことがない剣菱《けんびし》形突起のある冑を持っていました。あれは朝鮮半島から持ってきた冑に間違いないと言われています。そこに銅製水瓶《すいびょう》があり、鏡は百済の武寧王《ぶねいおう》陵と同じ鋳型で作った獣帯鏡の同笵鏡《どうはんきょう》です。

この鏡は、片や武寧王陵、また群馬県の高崎、さらに滋賀県の古墳からも二面出ています。そういう関係から見ると、東国の毛野《けぬ》の地域からも、軍事的行動の一員として朝鮮半島に行った人たちが、相当いるということなんでしょう。綿貫観音山古墳の被葬者が持っている挂甲は二領で、付属品がセットになって副葬されていたのです。

土師器

弥生土器の伝統を継いで、轆轤《ろくろ》を使わずに成形し八〇〇度くらいの酸化炎で焼いたために赤みを帯びた素焼の土器は、古墳時代以降は土師の器もの〝土師器《はじき》〟と呼ばれています。しかし、近年では轆轤を使って製作したものも存在することが分かり、製作技法や焼き上がりによって地域色の濃い土師器の存在も注目されています。

古墳時代の始まりのころの土師器は、日常生活の容器と祭祀的性格の強い器台や高坏《たかつき》などがあり、須恵器《すえき》の生産が始まると関東地方では須恵器の杯を模倣した土師器杯も出現します。

須恵器

須恵器が古墳から出土した場合には、古墳時代後期以降とされてきましたが、大阪の陶邑《すえむら》窯跡群の調査によって、五世紀にまで年代が遡る初期須恵器の存在が明らかとになり、渡来工人の制作した陶質土器も存在して、須恵器の登場は五世紀初頭から四世紀末頃まで年代が古くなりつつあります。また轆轤を使い、一一五〇度くらいで焼かれ、初期には主として甕などの貯蔵容器が多く造られ、やがて高坏や壺、鉢などの供膳の容器が造られています。

『日本書紀』で五世紀中葉の雄略天皇七年の条に、百済から新技術を持った人々が渡来し

〝新漢陶部高貴《いまきのあやのすえつくりべこうき》〟の名があり、須恵器を副葬した古墳の年代も五世紀後半と考えてきましたが、現在では年代よりも古く考えるようになって、墳丘の年代観と一致します。

古墳時代後期から奈良・平安時代を通じて生産された須恵器は、出現時期が比較的明らかで、形や種類の変化も明瞭で、生産跡の把握も容易です。十世紀頃には、須恵器の広域量産体制が進み、各地の須恵器系の窯業へと変化します。

遺跡・遺物の年代測定法

地層による年代測定

地層の下層は上層よりも古く、遺物も同じです。日本列島は火山列島ですから、火山の噴火で積もった火山灰の層ができており、文献や資料のある時代のものは正確に判断できますが、それ以前の地層でも火山灰の分析で年代をほぼ推定できます。

昭和二十一年（一九四六）に、在野の考古学研究者相沢忠洋《あいざわただひろ》氏が、群馬県みどり市の赤城山《あかぎやま》南東の渡良瀬《わたらせ》川右岸地域の小丘陵の切り通しの関東ローム層から黒曜石《こくようせき》の打製石器を発見したのです。明治大学の杉原荘介《すぎはらそうすけ》先生が主導して発掘調査をした結果、二万四〇〇〇年以上前の石器が出土し、日本に旧石器時代が存在することが証明され、岩宿《いわじゅく》遺跡とされたのです。

九州の鹿児島湾と桜島を囲む、直径が約二〇キロの姶良《あいら》カルデラがありますが、これは約二万五〇〇〇年前に大噴火した跡です。岩盤が粉砕されて放出され、霧島市あたりでは最大三〇メートルの厚さで降り積もり、関東地方でも一〇センチの降灰があって、岩宿遺跡でも始良火山灰が確認されているのです。

昭和五十七年（一九八二）に発見された群馬県の黒井峯《くろいみね》遺跡は、六世紀半ばから後半の一五〇〇年前の村が、榛名山《はるなさん》の噴火により二メートルも積もった火山灰と軽石の層の下から出てきました。あたかも「日本のポンペイ」です。このように榛名火山灰を主体とした地層は、榛名有馬火山灰AA（五世紀）、榛名渋川火山灰FA（六世紀初）、榛名伊香保軽石FP（六世紀中頃）に分かれ、遺跡の年代を知る貴重な目安となっています。

土器による年代測定

土器は形や文様が変化していきます。土器の編年作業は根気の要る作業です。地層の下層や上層から出土した土器を比較したり、全体的な形や文様などを観察して、土器の形式の変化や発達順序が分かってきています。

地域の土器の編年ができると、地域と地域を繋げることで、より広域の編年網もできるようになり、縄文時代や弥生時代・古墳時代の時代区分の重要な物差しとなっています。

年輪による年代測定

日本列島には四季があるので木の生長に影響し、年輪ができます。その年輪を数えることで木の樹齢が分かります。また、年ごとの気温や降水量という気象状況によって年輪の幅が変動しますので、一定の地域の同じ種類の樹木なら同一のパターンができます。

奈良文化財研究所では、伐採年の明らかな樹木から始めて、古い木材で同じ変動のパターンを探して繋げていき、現在では檜に関しては紀元前九一二年、杉に関しては紀元前一三一三年までの標準パターンができています。

これにより遺跡の柱材などの伐採年が明らかとなって、木材としての使用はその後となるので、遺跡の築造年代が推定できるようになっています。平成十三年（二〇〇一）に、半世紀前に解体修理して切り取って置いた法隆寺五重塔の心柱の檜を測定したところ、西暦五九四年に伐採されたことが判明しました。法隆寺五重塔は八世紀初めの建立とされてますので、一〇〇年余りの空白期間があることも分かったのです。

放射性炭素による年代測定

炭素原子は重さが異なるC12、C13、C14の三種類があるということです。重さを示すのが質量数12ですが、質量数14のC14は空気中にあって、呼吸や光合成などで生物の体内に取り込まれます。その生物の死後には、放射線を出しながら窒素原子へと変化し、半減するのは五七三〇±四〇年ということが、昭和二十二年（一九四七）に発見されました。

生物が死亡すると呼吸が停止して炭素が固定されるので、木片や骨に残ったC14の量を調べると、その生物がいつ頃死んだのかが分かります。土器に付着した煤《すす》や焦げ跡、炭化した地層や種子などからも年代を推定できますので、多くの文化遺跡の年代変更がされるようになってきています。

一九七〇年代にＡＭＳ（加速器質量分析計）により、C14を直接数えられるようになって精度も効率も高くなっています。しかし、±四〇年という誤差は致命的な誤差になることもあって、正確な年代測定は木の年輪を調べて補足するなど、多くのデータを揃える必要があります。

さらに南極では光合成があまり行なわれないため、古い炭素が植物連鎖でリサイクルされているとか、南半球の大気は北半球よりも四〇年古い年代を示したり、表面海水は四〇〇年以上、深層海水は七〇〇～一〇〇〇年以上古い年代を示すことなども判明し、自動車の排気ガスを吸収した植物は、古い炭素を含む化石燃料によって、有り得ない時代を示すこともあるようです。これらのことを考慮して年代を考えねばなりません。

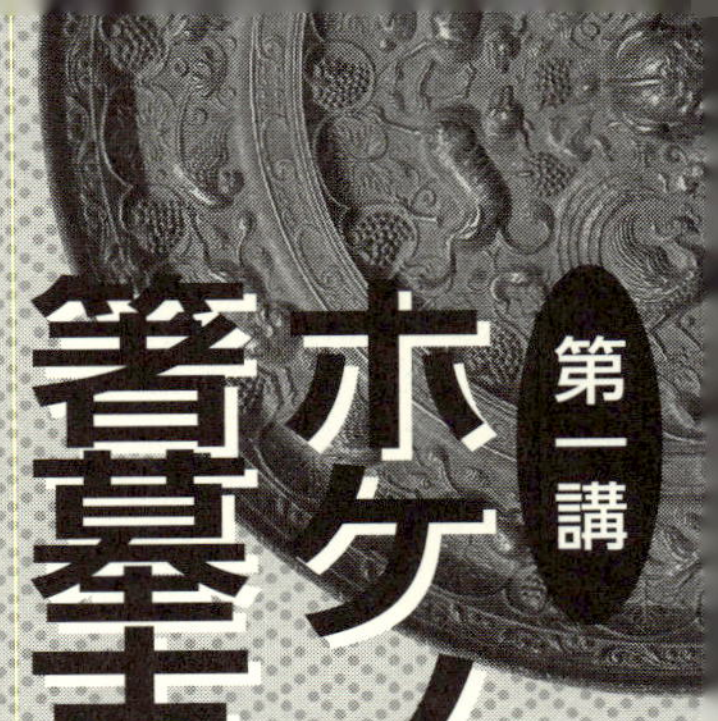

第一講 ホケノ山古墳の発掘と箸墓古墳の被葬者を考える

卑弥呼の墓、邪馬台国論争は簡単に決着はつかない

遅れていたホケノ山古墳の発掘

ホケノ山古墳と箸墓《はしはか》古墳は、邪馬台国《やまたいこく》論争にもかなり関係する遺跡でして、邪馬台国畿内説の基本的な考古学史料として十分に分析する必要があります。

奈良県の桜井《さくらい》市のホケノ山古墳のすぐ近くにある有名な箸墓古墳は箸中山《はしなかやま》ともいい、あるいは『日本書紀』で大市《おおち》の墓という名前を付けていて、その被葬者は箸で陰部を撞《つ》いて亡くなった倭迹迹日百襲姫命《やまとととひももそひめのみこと》であると記されています。この箸墓が卑弥呼《ひみこ》云々《うんぬん》ということになるとやはり問題になると思います。

私は簡単には卑弥呼の墓とは言えないんじゃないかとする慎重派なんですが、学界には箸墓古墳こそ卑弥呼の墓だという考え方の方もいます。

日本の古代国家の成立を解く一つの方法として、考古学的にアプローチをするとすれば、奈良県の大和《おおやまと》古墳群の調査をしなければならないということです。全国では古墳発掘調査をはじめとして、細かな研究はかなり進んでいるにもかかわらず、肝心要《かんじんかなめ》の天皇陵が集中している大和《やまと》盆地の東南部である天理《てんり》市から桜井市にわたる地域の古墳となると、案外と究明されていないのです。

それは何故かというと、宮内庁が管理する天皇陵があるからです。天皇陵

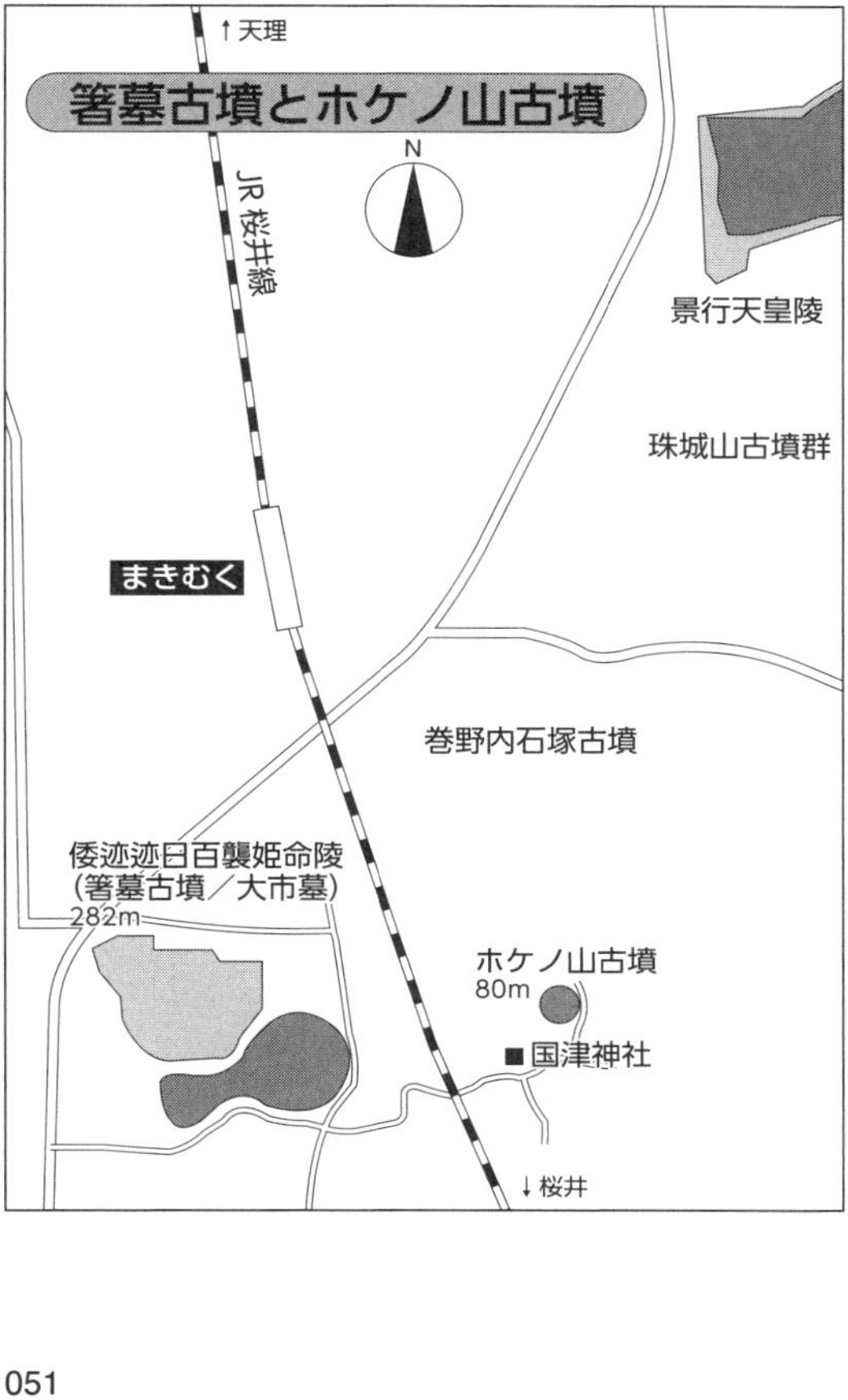

周辺の有力な古墳の学術調査も、江戸から明治、大正にかけて「天皇陵だから大事にしなくては」という地元民の意識もあって、あまり調査をしてこなかったという点で、古墳の研究の中でも一番遅れてた地域だと思っておりました。

そこで、奈良県立橿原《かしはら》考古学研究所（略称＝橿考研）は、実際には平成五年（一九九三）頃から始めたようですが、平成七年（一九九五）から桜井市大字箸中にあるホケノ山古墳の学術調査を開始し、平成十一年（一九九九）九月から平成十二年（二〇〇〇）九月までの一年間をかけて第四次調査をしました。

ホケノ山古墳は長さ八〇メートルの、纏向《まきむく》型といわれている前方後円墳です。典型的な前方後円墳の形ではないのですが、箸墓古墳などの前方後円墳が登場する前段階の古墳としての〝纏向型前方後円墳〟と呼んでいます。

石塚《いしづか》、勝山《かつやま》、東田大塚《ひがいだおおつか》、ホケノ山と

ホケノ山古墳平面図

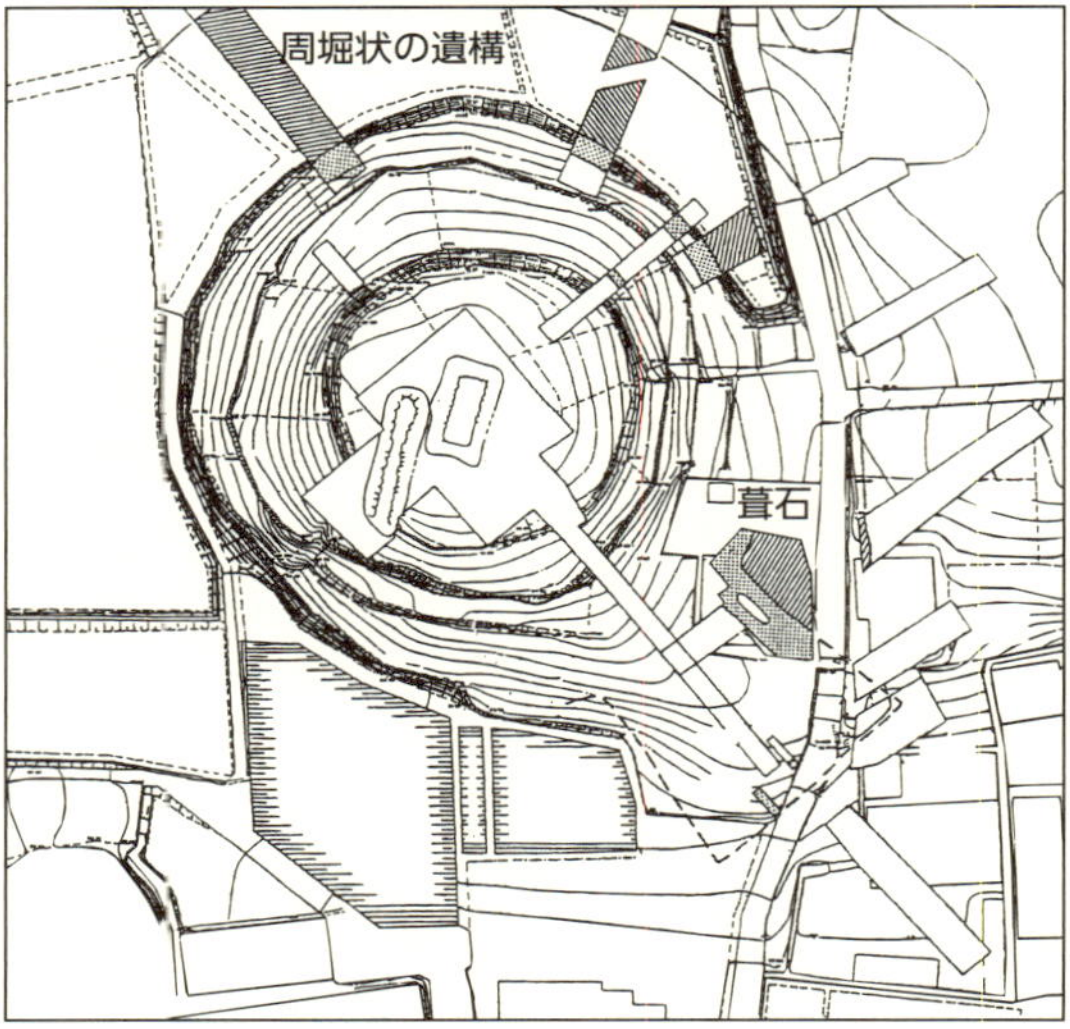

『ホケノ山古墳』報告書より

いくつかの古墳があるのですが、多くは戦争中の高射砲陣地とかになっていたようで、主体部はほとんど掘られてしまっていて、調査するならホケノ山古墳くらいしかないんじゃないかとなったのです。

まず墳丘の裾とか堀の存在とかを調査して、第四次調査ではホケノ山古墳の主体部、中心部分の発掘が行なわれたのです。

ちょうど明治大学の生涯学習コースの皆さんと一緒に、この地域の見学旅行に行っていた時に、桜井市の橋本輝彦《はしもとてるひこ》氏から「いまホケノ山を掘ってる最中だから見て行きませんか」と言われたのです。

でも四〇人の皆さんと一緒に見せてもらうわけにはいかないでしょう。「私だけ見て、一緒に行った四〇人の方を待たせることは、僕にはできない」と気張ったんです。そしたら、橋本氏は「そんなこと言わないで、全員に見せるわけにはいかないから先生だけでも」って言うんですよ。

現在のホケノ山古墳。麓には棺と甕形土器の出土状況が復元されている

「僕だけ見るなんて江戸っ子にはできねえぞ」なんてかっこいいこと言ったら、「そんなこと言わないで」となって、橋本氏は一緒にいた四〇人の皆さんに、三〇分ほどの間を葺石《ふきいし》の発掘状況を説明してくれました。

古墳の周りには高さ二メートルちかくのトタン板の塀が廻らしてあって、外から発掘現場の掘っているところが見えないのです。周りを遮蔽《しゃへい》して掘るなんて、日本の考古学界の学術調査では前例がないんです。橿考研にはホケノ山古墳はそれほど問題になる古墳だという意識があって、あまり人が来たんでは調査が進まないので遮蔽して掘っているということでした。

塀の中で掘ってるわけだから、外からは何をやっているのかまったく分からない。鍵がかかっているので開けてもらって、ホケノ山古墳の主体部の発掘現場へ入りました。そこでは、私が早稲田の大学院で教えた水野敏典《みずのとしのり》君が、橿考研の職員として掘ってるんですよ。私が急に現われたものだから、彼は直立不動で「こんにちは」なんて挨拶《あいさつ》してくれました。

発掘現場には、現在は大阪府立の「近《ちか》つ飛鳥《あすか》博物館」の館長となっている白石太一郎《しらいしたいちろう》さんがいて「なんで大塚さん来たの？」って、つまり橿考研関係者しか入れない所へ、東京の明治大学ＯＢの大塚が何で来たのかって訝《いぶか》ったんですね。私はオープンでないことがちょっと頭にきましたが、突然に現われることも失礼だと思いました。

そうやってホケノ山古墳の発掘現場を見たのですが、その結果が段々と分かってまいります。纏向あるいは桜井といえば、箸墓、渋谷向山《しぶたにむかいやま》という景行《けいこう》天皇陵、その向こうに行燈山《あんどんやま》という崇神《すじん》天皇陵など有名な天皇陵が並んでいます。箸墓古墳の東側三〇〇メートルのところに、円墳にちょっと突出部が付いた形のホケノ山古墳があります。巻向川《まきむくがわ》が作った沖積地の平野のところに、箸墓古墳よりは古い時代の石塚、勝山、東田大塚などの纒向型前方後円墳が点々とあります。ホケノ山古墳は纒向型前方後円墳のラストを飾るものです。

第四次調査でホケノ山古墳の主体部を調査しますと、墳丘には葺石があって南北方向を主軸にしており、墳頂部から五〇センチも掘ったら一一メートルと六メートルくらいの長方形の土壙《どこう》が発見されました。ここにホケノ山古墳の主体部がありました。

この主体部を掘っていくと、いわゆる石囲いの木槨墓《もっかくぼ》が出てきました。木棺を板材の槨で囲んで、その脇に石を積み上げたものです。この木槨墓の調査が進んでまいりますと、高野槙製の木棺があったのです。木棺はほとんどが腐っていますが、鏡とか青銅器が置いてある下のところだけは、銅イオンの影響で木材が残るのです。

さらに調べたら、木棺の底はU字形のように円くなっていて、そして北と南の方は少し反り上がっているので、調査者は舟形木棺と言っています。そして、その円い底に四本の柱穴があります。この柱穴は木の天井の支えになったものでしょうが、穴が四隅にあって面取りをした木材が深く差し込んであり、この周りに長方形の板材を横に渡した木の槨が内側に倒れないように押さえています。

木棺の中に多量の水銀朱が置かれて遺骸が横たえられ、遺骸と一緒に多少の遺物があります。

調査者は頭は北で北枕だと考えてレポートしていますが、調査主任である河上邦彦《かわかみくにひこ》氏は、北の方に鏡はなく、鏡が出てくるのは南の方で逆だろうとしています。

こうした木棺を木材の槨で囲み、外側から礫《れき》で包んだ石積みの木槨墓は、日本ではあまり前例がないと言われているのです。しかし、最近では島根県や宮崎県、瀬戸内から弥生時代の終末の古墳出現期の墳丘墓の中に木槨墓が若干出ています。

このホケノ山古墳は鉄刀や木棺を木の槨で包み、その周りに石を積み上げて、天井に厚い蓋《ふた》をした上にも石を積み、石塚のようにしてあったと思います。鉄剣が五～六本副葬され、棺内中央部付近には多量の水銀朱がある。

そして木棺石囲いの主体部南側から画文帯神獣鏡《がもんたいしんじゅうきょう》が、割れて模様がない鏡の表面を上にして出ています。報告書を読めば、これは復元すると直径一九・一センチになり、人為的に割ったものではなく、鏡を置いたのだが後に木槨が腐って積み石が崩落し、上から落ちてきた石の重みで割れたと解釈をしているようです。この画文帯神獣鏡は鋳上がりが良く、八ミリの方格の中に四文字を鋳上げている精緻さで、完形品で副葬されていたのです。これは鏡の研究家、専門家が見るまでもなく明らかに舶載鏡《はきさいきょう》です。中国で作った鏡が、日本に輸入されてきているということです。鏡の周辺だけ木棺の木材が残っていますので、棺が高野槙製という分析は十分にできます。この画文帯神獣鏡が何時《いつ》、何処《どこ》で、どのように日本に入ってきたかということが問題になるかと思うんです。このあたりが邪馬台国論にも関わってきます。

その他に内行花文鏡《ないこうかもんきょう》の破片が出たんです。その破片を繋《つな》ぎますと、なんと直径二六・三センチという大きな鏡に復元できます。河上氏の文章によると、大きさは全国でも第二四番目の大型内行花文鏡になるだろうとのことです。

もう一つ半肉彫り表現の鏡はバラバラの小さな破片ですが、画文帯神獣鏡の破片だということが判りました。六メートルほど離れたところの鏡片と接合すると、直径が一六センチほどになります。どうやら意識的に破砕して、中にばら撒いたんだろうとされます。

画文帯神獣鏡には、A類とB類という二種類があります。B類は獣の文様が蟠龍《ばんりゅう》といわれる獣で、A類はこの獣の側面を見るようなデザインになっているんです。完形のものはA類で、この破砕された画文帯神獣鏡はB類に属します。國學院大學の資料室に、明治の頃にホケノ山から出たとされる、これと同じ形式のB類の蟠龍文を主文様にあしらった画文帯神獣鏡がありま す。それは〝伝ホケノ山〟としていますが、鋳上がりが良くないのです。おそらく後に作られた踏み返しだろうと評価をする人もいます。つまり、元の鏡を基にして鋳型を作り、それで作るから文様は摩滅したように表現が甘くなるというものです。

河上邦彦氏は、これは自分の考えでは駄目だとしています。駄目だということは〝伝ホケノ山〟であって、ホケノ山ではないんじゃないかとするのでしょう。なぜこの鏡が國學院大學にあるのかということはよく分かりませんが、亡くなった國學院大學名誉教授の樋口清之《ひぐちきよゆき》先生が、奈良県桜井市の三輪《みわ》の出身で、そういう関係があったんじゃないかという意見もあります。

報告書では、ホケノ山古墳の下の小さな石積みの床面を、もっと綺麗に精査すれば、まだまだ破片が増えるのではないかと言っております。そうなると、桜井茶臼山古墳から出た数百片の鏡の破片の出方と共通してきます。

同じ報告書の中で、京都大学名誉教授の樋口隆康《たかやす》先生は、福岡県の平原《ひらばる》にある弥生時代の墳丘墓から出た大型内行花文鏡と、共通するところがあるとしています。さらに、その報告書の中で河上邦彦氏は、ホケノ山古墳の内行花文鏡は国産だと思うとしています。それも、わざと打ち割って中にばら撒いているというのです。おそらくあの世に旅立つ時にわざと完形の鏡を割って、そしてばら撒いて結界を作るとか、この世からあの世に逝《い》くひとつの儀式として、鏡を割って入れたんだろうということです。

このように鏡を割って主体部に入れるという風習は、北部九州糸島市（前・前原《まえばる》市）の原田《はらだ》大六《だいろく》氏が調査した平原の方形周溝墓《ほうけいしゅうこうぼ》から約四〇面の鏡を割って粉々にして溝の中に埋納されていたということがあるので、こういう方式は九州からやってきたんじゃないかとも言われています。

原田氏は榊《さかき》などの木に鏡をぶら下げていたとし、そこへ台風などの風が吹いて割れて粉々になったんだと、だから溝の中に埋葬したっていうのです。だが河上氏はそんなことはあり得ないと言っています。

桜井茶臼山古墳から大型の内行花文鏡の破片が出ていて、これまでの発表では明らかに国産の鏡と理解しています。北部九州の平原の四六・五センチの鏡も国産の鏡だということです。

弥生時代の最終段階から古墳時代の古い頃に、国産の鏡を作る技術があったということになると、ホケノ山古墳の鏡のあり方や桜井茶臼山古墳や、九州の平原との関係論が出てきます。だが、椿井大塚山古墳や黒塚古墳は三角縁神獣鏡が大半なんですが三十数面を完形品で置いているじゃないかとなります。

ホケノ山古墳には三角縁神獣鏡は入っていません。だから、この後に三角縁神獣鏡が入ってきて、各地の有力首長に配られる前の段階となり、この辺の問題をきっちり整理しないと、邪馬台国論は進まないんじゃないかと思うんです。私は鏡と土器の問題をクリアしないと、畿内の大和における前方後円墳の、あるいは纏向型古墳の出現論等について、まだ結論が出せないんじゃないかと思うんです。

そこで私が言いたいのは、ホケノ山古墳で一番問題になるのは、ひとつは鏡だろうと。画文帯神獣鏡というのは、かつては中国の南の方の河南《かなん》で作ったというふうに言われておりましたが、この頃は中国の北部の河北《かほく》でも出ており、魏《ぎ》の時代の年号鏡も若干出ていますから、そういう魏の時代に作られて、おそらく後漢から三国時代に日本に運ばれた可能性は十分にあるということです。

だから画文帯神獣鏡を、卑弥呼が貰った鏡とはとても即断はできませんが、少なくともホケノ山古墳の画文帯神獣鏡は、間違いなく中国製です。この鏡の問題もホケノ山古墳の年代論、あるいは邪馬台国論に絡《から》めた問題として出てくると思うんです。

われわれは、こういう鏡のあり方をどのように理解をするか、受け止めるか、こういう風習のオリジンがどうなのか、ということを究明していけば自ずと邪馬台国論に引っ掛かってくるんです。そういう未解決なことが、まだまだいっぱいあるので、ホケノ山古墳はそういう史料を提供する重要な古墳であるということです。

土器論から見たホケノ山古墳の編年

ホケノ山古墳の正式報告の前に出た概要報告の資料があり、平成五年（一九九三）だと思いますが、第一次調査の時の第一トレンチの層から出た土器について書かれています。

ホケノ山古墳の墳丘の周りを廻っている周堀《しゅうぼり》はだんだん埋まっていきます。だから堀を埋めている最下層の土層の中から出てきた土器は、ホケノ山古墳の堀が埋まっていく段階の最初の頃、つまりホケノ山古墳の築造に近い頃の年代を示す形式の土器だろうとなります。

考古学研究の中で、土器が好きだという人と、嫌いだという人といろいろいますが、このホケノ山の堀から出てきた土器は、やはりその時に日常使われていた土器の特徴を示しているので、この堀を埋めていく最下層から中層、上層の土器の変化は、やはり私としてはマークする必要があると見ています。

関西の研究者に、「この土器はどうなんだよ」と聞くと、纏向遺跡における第三類土器は、奈良県天理市の布留《ふる》遺跡における布留式土器の型式名と対置させると、布留0式ということです。

　下層、中層、上層で多少違いがあるかどうかですが、私が見るところ、これはあんまり違いはないですね。ただ上層の一番上の方の土器を見ると、壺形土器に二重口縁をもった複合口縁の土器があって、その中には口縁部に櫛描《くしがき》で波状文を付けたものや、あるいは篦《へら》で横線文を付けたものもあって、中層、下層の甕形《かめがた》土器に比べてちょっと新しいかなという感じがします。

　しかし、これをどのように形式分類するかは難しく、橿考研の寺沢薫《てらさわかおる》氏が年代論を

土器の出土状況

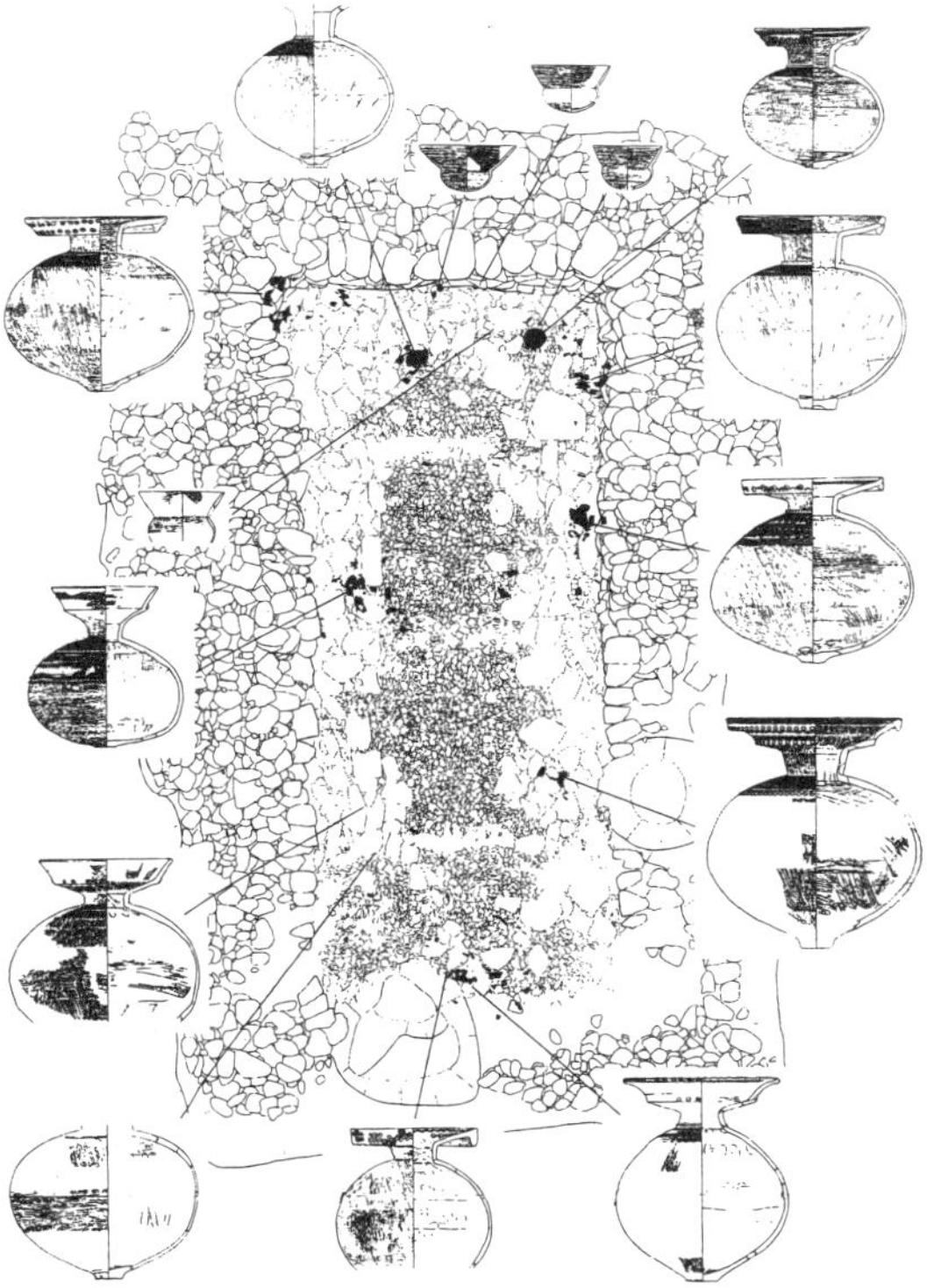

『ホケノ山古墳』報告書より

出していて、布留0式の編年は二四〇～二六〇年くらいだという歴年代を提起しています。だから三世紀の中頃前後の土器だとなります。

最下層の甕形土器は、口縁部がちょっとはね上がったくせがありますが、中層にもそういう傾向がありますから、あまり下層、中層等の年代の差はないだろうと思っています。この土器はある程度、ホケノ山古墳の築造年代を示すことになるかと思います。

ところが、発掘の頃から壺形土器がたくさん出てくると話題になっていましたが、どんな土器だと聞くと、大阪府豊中市で発見された庄内《しょうない》式土器だって言うんですよ。庄内式土器は布留式土器よりも一時期古いとされるものです。

私は庄内式土器は土師器《はじき》だと思っていますが、庄内式土器は弥生時代の最終末のものと考える人もいますから、庄内式土器は弥生時代の最後の土器、あるいは古墳出現期の土器とか土師器と意見が一致していません。

報告書を見ると木棺が腐って崩れ、蓋も天井も崩れて下にベタンと落ち込んでいますが、蓋の上の石積みの上に、少なくとも一一個の完形の壺形土器が、等間隔の長方形に並んでいたんじゃないか。それが、天井が腐って石室が崩れ落ちると同時に、墳頂部に置いてあった祭祀用の土器が転落し、発掘したらこの石囲い木槨の床面から破片で出てきたということです。

この土器はここから、この土器はこの部分から出たという位置関係が分かります。この土器はなかなか難しいですが、土器の底を見ると底がちゃんとあります。桜井茶臼山古墳から出た壺形土器の底は穴が開いている底部穿孔《ていぶせんこう》です。ホケノ山の茶碗の糸尻のように出っ張った底部が付いた物もあるし、底だと分からないくらいの底がついている物もあります。しかも、これはホケノ山古墳の主体部の天井の上の積み石の表面に立っていた可能性が高く、それが落ち込んだというように見られるから、同時共存の土器と言えると思うのです。

　実際に調査をした橿考研の研究者たちは、この土器は三重県伊勢《いせ》の東海地方の特徴があると言うんです。この壺形土器が東海系のもので間違いないとすれば、東海地域の工人が来て作ったか、運んできたか。少なくともホケノ山古墳の出現には伊勢湾地域との関係も考えなければならないだろうともされているのです。

　だけど、主体部から出た壺形土器の型式論は、ほぼ庄内式土器の時期で良いとなれば、布留0式よりは一時期前の土器型式ですから、堀から出てくる甕形土器が布留0式、纏向三類とされる土器の型式論とは必ずしも一致

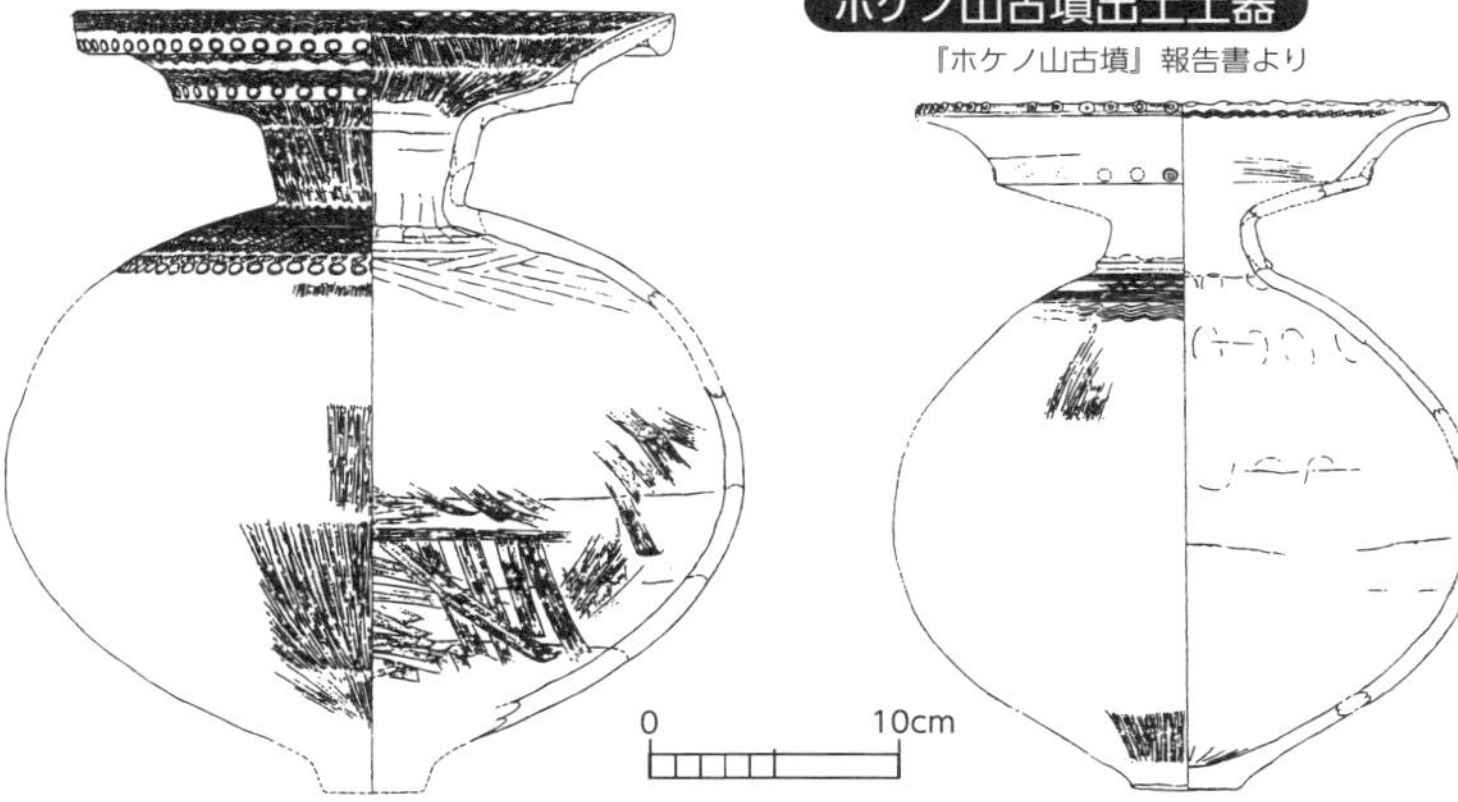

ホケノ山古墳出土土器
『ホケノ山古墳』報告書より

しないのです。

土器の問題で、一一個の土器が庄内式土器であるのはいいんですが、その形とか特徴とかに伊勢湾沿岸の土器との共通性が認められるとすれば、これはまた問題になって、箸墓古墳登場前における纏向古墳群のあり方についても、他の地域との関係論が問題になるんじゃないかと思うのです。

さらに問題なのは、小形丸底土器と呼ばれている土器が四個出ていたことです。

昭和十二〜三年頃に小林行雄《こばやしゆきお》、杉原荘介《すぎはらそうすけ》、吉田富夫《よしだとみお》、藤沢一夫《ふじさわかずお》、藤森栄一《ふじもりえいいち》らの二〇歳前後の青年研究者たちは、『考古学』という雑誌を主宰する森本六爾《もりもとろくじ》氏について考古学をやっていました。

その雑誌『考古学』の中に小形丸底土器論があって、そこには小形丸底土器は古墳時代の前期の土器であって、胎土《たいど》は水濾《みずこ》しした細かい粘土を使っているとあります。埼玉県東松山《ひがしまつやま》の五領《ごりょう》遺跡からも、この小形丸底土器は出ています。共伴する土器は布留式土器です。まさに畿内の典型的な布留式土器のひとつが小形丸底土器といわれてきています。

この小形丸底土器が、ホケノ山古墳のどこから出たのかというと、石囲い木槨内の北の方です。したがって上から落ちたもので、初めからこの場所に置いてあったのではないと報告しています。

平成二十一年（二〇〇九）の五月に、早稲田大学で日本考古学協会の研究発表があり、千葉県佐倉《さくら》の国立歴史民俗博物館の春成秀爾《はるなりひでじ》氏が代表で、箸墓古墳の放射線炭素14（カーボンフォーティーン）の、AMS法の炭素年代の発表をしました。その時に邪馬台国九州説を唱える有名な研究者の方などが、いったいホケノ山古墳の土器論の疑問点はどう考えるんだと、つまり丸底土器の存在をどうするんだということを盛んに問題にしていました。

私は分厚いホケノ山古墳の報告書を読んだのですが、書いてあることが統一されてなく、河上邦彦氏は、この丸底土器四個体は一一個の壺形土器の埋葬儀礼とは違った後の時期に、お祀りでここに置いて落ちたもので、古い型式の布留式土器だとし、だから他の壺形土器と一緒ではなく、土器の形式論から壺形土器と小形丸底土器の時期は違うとしています。だが、そう言えるかどうか。他の研究者の方はそうじゃないんです。われわれは小形丸底土器を、古墳時代の土器という理解でずっとやってきて、何時、何処で、どのようにして出現するのかということはすでに研究が行なわれています。

最近の関西の若手の中堅研究者によれば、一つは吉備《きび》（岡山県）から、もう一つは四国の徳島地域から、弥生時代の最終末に小形丸底土器を生み出す素地があるという論文を、こんどのホケノ山古墳の報告に書いていま

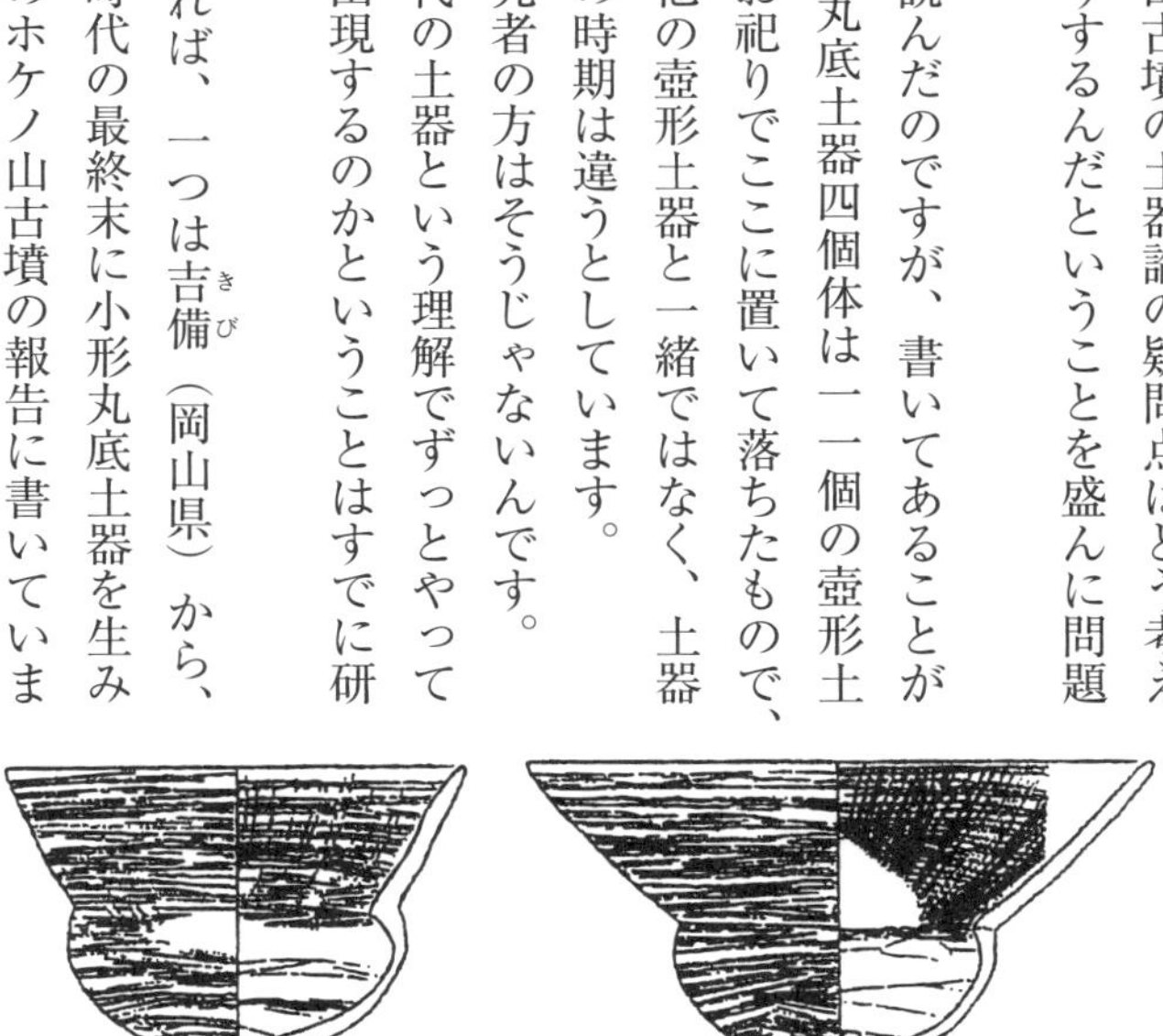

小形丸底土器

『ホケノ山古墳』報告書より

す。

だから、そういう論理でいけば、この一一個の壺形土器を伴ってもいいんだと、小形丸底土器の出現は、もちろん畿内で流行するのですが、それより前に瀬戸内や東四国の徳島などの地域との関係論で、弥生の最終段階頃からこういう小形丸底土器が生まれてくるので、同時期の土器でいいんだとしており、二つの違った説が一つの報告書に出ています。

だから、このホケノ山古墳に伴った小形丸底土器が壺形土器と同時期と見るのか、別の時期とするのか。もし同時期だとすれば、小形丸底土器論の研究成果によってはホケノ山古墳の年代を少し新しくせざるを得ないかもしれない。そういう基本的な問題がまだまだたくさんあるということです。

そういうことが解決しなければ、ホケノ山古墳に続く箸墓古墳の年代論などで、邪馬台国が畿内とか九州とかは、そう簡単に私には言えないですね。だから私はそういう考古学の基本のことを、まずちゃんとやんなさいと言うのですけれども……。

ホケノ山古墳からは、複合口縁を持った完形品の一一個の壺形土器が出ています。胴部が丸いのや、イチジク形や平円形のもあります。そして頸部は直行して口縁部に円形浮文がある。あるいは土器の底の方に意識的に穴を開けているものもあります。

そういう頸部と胴部の接ぎ方、あるいは頸部の上半部の表現の仕方には若干のバリエーションというか、バラエティーがありますが、多くの研究者は、これは畿内の大和に直結する土器の形式や形態の特徴じゃなく、円形浮文や櫛描波状文を付けたりする文様は、東海地方との関係で見た方がいいんじゃないかとしています。

口縁部に上下二段に円形浮文を廻らしているこういう土器は、私はこれまで言われているように庄内式土器のひとつのグループだと見て、布留式土器よりは一時期前であると……。庄内式土器は、私は土師器だというふうに思っておりますけども、弥生時代の最終段階から、古墳が出現してくる狭間に位置する土器になるだろうと思います。

頸部が短いもの、やや長いもの、頸部が斜めに立ち上がるもの、垂直に立ち上がるもの、若干のバリエーションはあります。報告書によれば一一個の土器に付いた横描の波状文の櫛描文のテクニックは一致せず、それぞれ土器作りの工人たちの特徴が出ているようだとしています。轆轤《ろくろ》を時計回りにして模様を付けたとされる一一個の土器は、すべて工人が違うということで、もし東の地域から持ち込んだとすれば、いろんな工人たちのテクニックがここに表われており、ホケノ山古墳の築造に対しては奈良だけではなく、その他の広範な地域からのバックアップ体制みたいなものがあるんじゃないかとも言われています。

考古学本来の基本的な常識では、その遺跡から出土した資料の中で、もっとも新しい時代相を示す特徴を以てその遺跡の年代を示すとするのです。ホケノ山古墳では布留式土器が、庄内式土器の壺形土器一一個と同時共存をしているというのであれば、たとえ庄内式土器の壺が一一個が出ていても、もし一括遺物なら小形丸底土器が示す時期がホケノ山古墳の時期になるんです。

ところが河上邦彦氏は小形丸底土器は埋葬が終わった何年か後の別な時期に、墳頂部でお祀りが行なわれて、そこに小形丸底土器が供えられ、天井が腐って一一個の壺形土器と一緒に落ちたので、小形丸底土器は布留式土器だが他の土器とは違うんだしています。

一方で、瀬戸内や四国徳島等の弥生時代終末から古墳時代への土器の変遷を研究している中堅、若手の研究者によれば、そうではなく小形丸底土器のもっとも古い形だと、その出現は庄内式土器の最終段階でいいのではないかということです。つまり同時期論を言っているのです。

寺沢薫氏は『王権誕生』という本の中で、小形丸底土器は庄内3式土器と言っています。明大の大学院を卒業した古屋紀之君《ふるやのりゆき》は、これは庄内2式から3式で、庄内式の後半としていいんじゃないかと言うんですね。それから関西の米田敏幸氏《よねだとしゆき》は、庄内式土器の範疇《はんちゅう》で捉えていいのではないかと思うとし、亡くなった岡山の近藤義郎氏《こんどうよしろう》は、飾りを加えた加飾壺は布留式ではないか。小形丸底土器と供伴している飾った壺一一個は布留式ではないかとしています。そうすればホケノ山古墳は布留式土器の時期になるんです。布留式土器と見ると三世紀の半ばから後半になってしまう。これは邪馬台国論と相当大きな違いになると思うんです。

まだまだ何人かがいろんなことを言っておりますが、弥生式土器から土師器の研究で、ホケノ山古墳の小形丸底土器を、考古学的にどういうふうに処理するかが問題になるだろうと思います。ホケノ山古墳も箸墓古墳もそんなに古くないというのが、邪馬台国九州説を唱えている方たちの最近の理解の仕方ですから、これは今後、相当問題になるだろうと思うのです。

箸墓古墳と岡山の方形周溝墓は関係があった

近藤義郎氏などが一生懸命取り組んでいた、瀬戸内の岡山・吉備の弥生時代最終末の墳丘墓があります。

鋳物師谷《いぶしだに》とか、宮山《みややま》とか、楯築《たてつき》とか、立坂《たちざか》とかの、瀬戸内の吉備の弥生時代後期後半の墳丘墓の調査が進んで、大型の器台の破片などが出てきて、なんだこれはとなったのです。

それが後に特殊器台とか、特殊壺形土器とかいわれるようになり、弥生後期後半の墳丘墓の上で展開された葬送儀礼に使われた特殊な土器であると分かってきて、やがて円筒埴輪とか朝顔形埴輪等のオリジナルは、岡山の弥生時代の後期後半のそういう特殊器台等にあるということが分かってくるんです。埴輪の起源論として有名な話です。

関西を襲った台風で、箸墓古墳で多くの木が倒れたことがありました。報告によると箸墓古墳の墳丘で二九本の大木が倒れたとされ、倒れて根起きした木によって、たくさんの土器が地上に顔を出したということです。

昭和四十三年（一九六八）の宮内庁『書陵部紀要《しょりょうぶ》』第27号に、宮内庁の書陵部が定期的に管理している天皇陵墓参考地の調査をした報告があります。宮内庁の陵墓官が箸墓古墳に入ると前方部の頂上部の突端辺りから、かなり大きな土器が出ていたので前方部の上を応急調査で掘って調査をしているんです。

『書陵部紀要』第27号に、胴部に突帯が三条廻っている土器の図があり、その時に出てきた特殊器台や特殊壺が、岡山の特殊器台や特殊壺とよく似ているのです。つまり、宮山型や、あるいは岡山大学のキャンパスの一隅にある都月《とつき》1号墳から出ている都月型埴輪壺、器台といったものとの関係論が出てきたのです。つまり、大和の箸墓古墳から出た土器が、瀬戸内の吉備の岡山の土器と、どう見ても関係があるということが判ってきたわけです。

それがこんどは、平成になってから関西を襲った台風で、再び箸墓古墳の後円部の上や前方部で木が倒れ、根起きした根っ子とともに墳丘に立っていた土器あるいは特殊器台のような葬祭用の埴輪が、墳丘の外に掘り出されたのです。

それについては、宮内庁『書陵部紀要』第51号にたくさんの土器の実測図があります。宮内庁書陵部の陵墓官が、この墳丘から出た破片を基にして、瀬戸内の宮山型の特殊器台、都月《とつき》1号墓の特殊器台とか、そういう巴形の透かしと周りの櫛描の文様等の例を克明に追いました。その結果、箸墓古墳から出る特殊器台・特殊壺形土器は、瀬戸内と無関係ではあり得ないとなってくるんです。

さらに克明に見てみると、後円部の木が倒れて出てきた墳頂部の壺形土器と、前方部の各地から出てくる土器とは違うのです。

しかも後円部側の裾には、墳丘からくずれ落ちた積み石は、まるで積み石塚を思わせるように膨大な葺石《ふきいし》が堆積しているのです。しかし前方部にはいくら掘ったって、石の欠片《かけら》一片も出ないということなんです。

そこで、立命館大学の教授であった山尾幸久《やまおゆきひさ》氏とか、俳優で西部警察などに出ていた苅谷《かりや》俊介《しゅんすけ》氏などは、箸墓古墳は後円部と前方部と造った時期が違うのではないか。後円部が最初に造られて、後から前方部を造ったんじゃないかという説を立てているんです。これもちゃんとした調査が行なわれないと何とも言えません。

苅谷俊介氏は、『魏志《ぎし》』の「東夷伝倭人《とういでんわじん》の条」にある「径百余歩　女王卑弥呼死す」を、百余歩というのは、一歩が魏の国では一・五メートルにあたるから、後円部の直径が百余歩なら一五〇〜一六〇メートルとなるので、後円部の直径で見合うという見解を言っています。まだ箸墓古墳の後円部と前方部を二時期に分けて造ったとする説を言う人は少ないですが、そういう考え方もあります。

つまり、これまで墳丘から発見された特殊器台、特殊

箸墓古墳の全景

壺、あるいは壺形埴輪、そういった物の出る位置が、まったく後円部と前方部で違うということです。これはちょっと疑問符が付く問題だと提起されています。

箸墓古墳は『日本書紀』に「昼は人が造って、夜は神が造る」という有名な一節があるように、人が並んで大阪山の石を手から手へと手渡しで運んだというのですけども、ホケノ山古墳の石は大阪山の石ではなく巻向川等の地元の石なんです。しかも桜井茶臼山古墳のような扁平な板石積みの典型的な前期古墳の竪穴式石室ではない。ホケノ山古墳の木棺・木槨、石積みというのは、韓国の墳墓には類例がなくはないようですが、日本ではあまり例のないものです。

そういう点で、箸墓古墳とこの前にあるホケノ山古墳をはじめとする石塚、矢塚、勝山古墳、東田大塚のような八〇～一〇〇メートル未満の纏向古墳群との関係論は、じつはよく分からない。纏向の古墳群は前方後円形をしている。ほとんどの古墳の内部主体は戦争中に失われてしまっているから、ホケノ山古墳をはじめて学術調査で発掘したところ、なんと想定を上回っていたということです。

ホケノ山古墳と箸墓古墳の年代差は

ホケノ山古墳発掘で出た鏡の画文帯同向式神獣鏡A類一面は完形品、B類一面は破砕鏡です。その他に國學院大學に「伝ホケノ山」一面と「伝箸墓古墳」が一面あるっていうんです。そして大神《おおみわ》神社には「伝ホケノ山」出土という内行花文鏡があるのです。

「伝」と言われているものが正しいとすると、ホケノ山古墳からは内行花文鏡二面。画文帯神獣鏡が三面か四面。合計五面ないし六面という鏡があったことになるんです。

多くの人は、こんど掘った画文帯同向式神獣鏡A類一面と、画文帯同向式神獣鏡B類、内行花文鏡は間違いない。それ以外の半肉彫りの破片もちらちらあるから、もしかすると同向式神獣鏡は三面になるかもしれないとすると思います。これは分からないです。

間違いなく國學院大學のも危ないということになれば、今回発掘した内行花文鏡と画文帯神獣鏡二面と、もし内行花文鏡が国産だとすれば、国産の鏡を含みながら三面の鏡があったと。国産の鏡があっておかしいとなるけれども、崇神天皇陵とされる行燈山古墳の、すぐ目の前にある天神山《てんじんやま》古墳から、二三面の

箸墓古墳の後円部には葺石らしい石がゴロゴロしている

鏡が出ましたが、その中に明らかに国産の鏡が含まれていますので、国産の鏡の出てくる時期は、従来考えていた以上に遡《さかのぼ》る可能性があるということなんです。

そういうことでいきますと、ホケノ山古墳に数面の中国製の鏡と一面の国産の鏡が入っていましたが、三角縁神獣鏡は破片すらない。橿考研の河上氏によれば、大和《おおやまと》古墳群の萱生《かよう》古墳群に含まれている中山大塚古墳という前方後円墳の発掘をしたが、この発掘でも三角縁神獣鏡は破片すら出なかったと言っています。

ホケノ山、石塚、矢塚、勝山、東田大塚等の纒向型の前方後円墳群は、箸墓古墳が出現する前の段階のものです。われわれは纒向型のいくつかの古墳の中では、ホケノ山の年代がもっとも新しいと見ていますが、そのホケノ山古墳が竪穴式石室ではないのです。木棺、木槨を石積みで囲った特異な内部主体であったことからすれば、その他の纒向型の前方後円墳は、少なくとも木棺、木槨の内部主体であった可能性が濃いのではないでしょうか。

ホケノ山の次はどこかというのは難しいんです。けれどもホケノ山の次の段階から、扁平な板石積みの竪穴式石室になって、しかも大量の三角縁神獣鏡が出現するようになるのではないか。だからホケノ山は典型的な大型前方後円墳が出現する直前の墳丘墓（古墳）だと思われます。それがあのような土器や同向式の画文帯神獣鏡を持っているという事実があります。箸墓から出土したたくさんの土器が、岡山の宮山や都月1号墳とかと近いということになると、箸墓古墳だけがずっと古くはならないと思うんです。

じつはＡＭＳで、出土資料の年代測定も同時に行なわれております。ホケノ山古墳の石室の中の木棺は棺底外側が焼かれて焦げていたのです。その焦げた炭も使ったようでして、木棺から分析した放射性炭素14の年代が発表されております。

五点のサンプルを測定して、非常に条件がいいし良好な年代測定結果が得られたと言うんです。その五つの誤差は、大体プラスマイナス四〇～五〇年だということで、五つの例で若干の開きもあるんです。その中で一番安定した年代ということで、橿考研から紀元三〇年から二四五年というデータが出ています。

この年代の間に、木棺の木が伐採された可能性が九五％の確率ということで、このデータは前期古墳の年代が理化学的な方法で得ら

箸墓古墳平面図

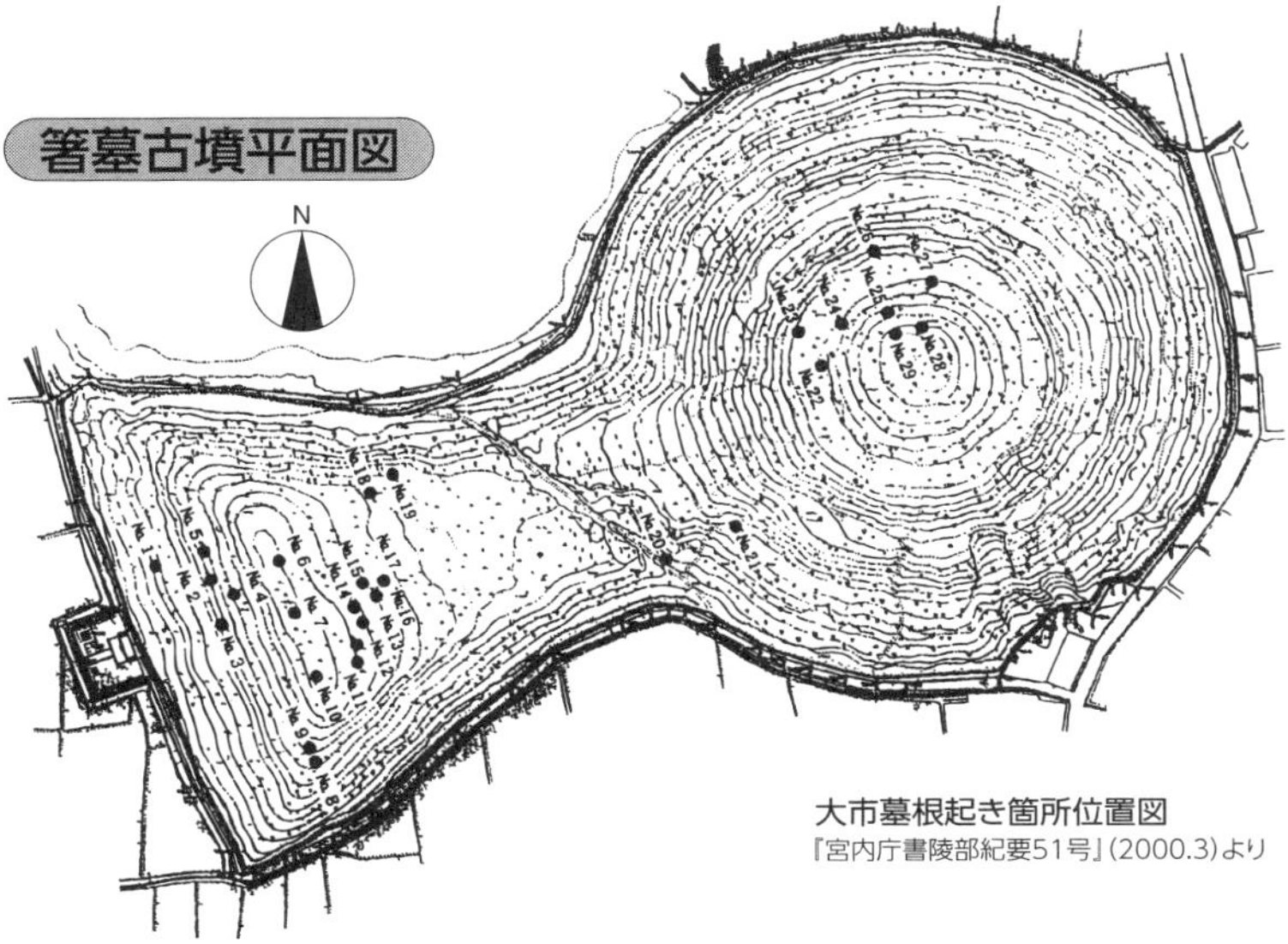

大市墓根起き箇所位置図
『宮内庁書陵部紀要51号』(2000.3)より

れた初めての実年代だと言っています。この五つの年代幅は二〇〇年くらいあって、それだけではほとんど使えず、ホケノ山古墳の年代が西暦一世紀から三世紀の中頃ということしか言えないということなんで、私は三世紀代でも中頃よりちょっと前くらいの年代を考えようとしております。

ホケノ山古墳の報告書等に、橿考研所長樋口隆康氏と調査担当者の河上邦彦氏が書いていますが、同じ研究所でも両者には、鏡の理解の仕方がちょっと違うんです。

土器論も違って、河上邦彦氏は小形丸底土器は後からだからと、小形丸底土器を除いてホケノ山古墳の年代論を出し、他の一一個の加飾の壺形土器の年代論等を中心にすると三世紀の中頃どころか、三世紀の前半代にまで上がって、もしかするとホケノ山古墳の年代は、これまでの三世紀の中頃あるいは三世紀の後半という考え方ではなく、二世紀代の終わりの段階まで上がるかもしれないというのです。

ホケノ山古墳の年代が、もし二世紀代の終わり頃とか三世紀の初頭という早い段階ということになると、後に続く箸墓古墳の年代論にもおよぶのです。

寺沢薫氏が箸墓古墳の堀から出た土器の形式論を中心に、布留0式という年代の西暦二四〇～二六〇年という歴年代を与えているわけです。

『魏志』東夷伝倭人の条によれば、狗奴《くぬ》国と仲違いをしていて戦争状態だとあり、正始八年に卑弥呼がSOSを出すということがあり、郡の太守の王頎《おうき》が着任してから間もなく卑弥呼が死ぬなどといろんなことがあります。つまり二四七年か二四八年には卑弥呼が死んだだろうという解釈をすれば、二四〇～二六〇年という布留0式の年代は箸墓古墳築造年代等に合うということです。そこに国立歴史民俗博物館の春成秀爾氏たちが、歴博のＡＭＳの年代論で二四〇～二六〇年の可能性がもっとも高いと言ったんですけどね。

私に言わせていただければ、一体ホケノ山古墳の小型丸底土器を、どう理解するのかということは、土器の型式論からいって大問題です。

前にも言いましたように、昭和の初めに森本六爾、小林行雄、杉原荘介、藤森栄一、藤澤一夫という、在野にあって昭和の考古学を担ってきた錚々《そうそう》たる人たちが、小型丸底土器論というものに取り組んできました。われわれはこれぞ典型的な布留式土器と勉強してきましたが、それがこのホケノ山古墳から同時共存の形で出ている。こういうのは掘り方が悪いのか、落ち方の理解がまだ十分じゃないのか、河上氏が言うように小型丸底土器だけ、後年の墓上祭祀に用いたものが同時に落ちたというのか、これは大問題です。

こういうことをまだちゃんとクリアにしてないうちに、邪馬台国が九州だとか畿内だとかいうのはまだまだ早いと私は思うんです。早くどっちかって言った方が、聞いてる方たちは面白いのでしょうが、簡単にはいかないというのが、ホケノ山古墳と箸墓古墳について考えたことです。

それにしても、箸墓古墳の長軸が二七六～二八〇メートルという大前方後円墳の持つ土木エネルギーというのは膨大なもので、ホケノ山古墳など八〇～九〇メートルの前方後円墳等は比較にならないですね。ですからわれわれの知らない両者を繋ぐ古墳があるということでしょうか。

石塚とか矢塚とか、いくつか放射性炭素の年代論が出ています。板材等の年代はホケノ山古墳より石塚とか矢塚が古いと出ていますから、多分、纒向型の前方後円墳の中ではホケノ山古墳が最後だと思います。現地の状況からいけば、その次はやはり箸墓古墳と考えざる得ないんですね。

その箸墓古墳の出現の異常さというか、膨大な土木投入量というか、これは歴史的な大事件だろうと思います。それが卑弥呼の墓ということは、非常に魅力のある理解の仕方ですが、考古学的なアプローチでは、まだ両者に歴史的な間隙があるように思われ、私は箸墓古墳が卑弥呼の墓だなんて言い切れない。言い切るだけの考古学的な実証ができないです。

つまり、卑弥呼存在の考古学的実証が期待されるのではないでしょうか。しかし、その第一の条件は、日本最古最大の前方後円墳と考えられる箸墓古墳の発掘調査を、何よりも優先して行われるべきであろうと思うのです。そうでもしなければ、そう簡単に邪馬台国論の決着はつかないだろうと思っております。もう一度ホケノ山古墳の問題点を、これから十分に分析する必要があるのではないかと思います。

第二講

垂仁天皇皇后「日葉酢媛陵」を考える

盗掘で明らかになった陵墓指定の曖昧さ

神功皇后陵とされていた日葉酢媛陵

このごろ日本考古学の、特に古墳時代研究の一つの傾向として、あまり細かい古墳の検討を経ないで、その時代の社会構造論とか政治的な背景とか、経済的な背景とかという実論、論点を掲げる研究者が目立ってきました。

それが悪いというわけではないのですが、基礎的な考古学資料の分析をあまりしないで、一つの現象だけで新しいことを言いたがる、また言わないと目立たないという傾向があります。

ですから日本考古学、特に古墳時代研究で重要と思われる各時代の古墳をとりあげて、何がその古墳の問題点なのかを考えたいと思います。

垂仁《すいにん》天皇の皇后の日葉酢媛命《ひばすひめのみこと》と呼ばれている方は、『日本書紀』などによると、垂仁天皇の後妻なんです。宮内庁が現在指定している日葉酢媛命の墓は、『古事記』に「狭木之寺間陵《さきのてらまのみささぎ》」とありますが、『日本書紀』にも葬地の記載がないのです。明治に近い頃の文久三年（一八六三）に現在地と決まったもので、元禄年間（一六八八〜一七〇四）には、現在の日葉酢媛陵としている御陵は神功皇后陵《じんぐうこうごう》とされてきたのです。

日葉酢媛陵だけでなく、垂仁天皇陵はじめ他の宮内庁指定の陵墓についても、一〇〇％間違いないのかというと、〝？〟が付きます。私の個人的な見解を言わせてもらえば、飛鳥《あすか》の天武《てんむ》天皇と持統《じとう》天皇の合葬陵とか、天智《てんぢ》天皇陵とかはほとんど間違いないだろうと思いますが、それ以外については一応は天皇陵と指定はされていますが、間違いないとは断定できないと思います。

ですから、日本の古代の天皇陵については、その辺りのことを理解いただいた方がいいだろうと思います。近鉄京都線で大和西大寺《やまとさいだいじ》駅の一駅手前の平城《へいじょう》駅から、ちょっと山寄りに行きますと五社神《ごさし》古墳という現在の神功皇后陵です。その少し南に成務《せいむ》天皇陵と日葉酢媛陵と称徳《しょうとく》天皇陵の三つの古墳が並んでいます。

日葉酢媛陵は盾形の堀が巡っていまして、前方部の両側からかなり幅の広い〝渡り土手〟が付いています。後円部にも幅の狭い渡り土手が付いています。宮内庁では『古事記』にいう狭木之寺間陵と言っています。江戸時代などでは地元の人は御陵山《みささぎやま》と言っていたので、一般的にはミササギヤマの古墳と言っています。

同志社大学名誉教授の森浩一《もりこういち》氏は、宮内庁ではそう言っているが、間違いなく日葉酢媛陵とは断定できないから、研究者は「佐紀陵山《さきのみささぎやま》古墳」と言うべきであるという論調です。

近鉄奈良線は平城宮跡を斜めに横切って奈良の駅に入っていきます。平城宮跡の北の方に古墳がいくつか並んでいて、東の方から宇和奈辺《うわなべ》の陵墓参考地（ウワナベ古墳）があり、その西隣にコナベ古墳、あるいは仁徳《にんとく》天皇皇后の磐之媛《いわのひめ》の墓の三つの古墳があります。その西に平城《へいぜい》天皇陵跡があります。一三〇〇年前に平城宮を造るときに、天皇陵を壊しているのです。さらにその西の丘陵の一番南の端のところに、日葉酢媛陵、成務武天皇陵、称徳天皇陵があり、その北の方に神功皇后陵があるという位置関係です。

中世以降はどれが〇〇天皇陵というのは分からなくなっていて、元禄年間などに神功皇后陵とされたものが、現在は日葉酢媛陵とされているように、当時の学者たちが意見を出して、その都度転々としてるんです。ですから、本当のところは分からないのです。

現在はこの辺一帯を奈良市佐紀《さき》町と言っています。そこで盾のように並んでいるので佐紀の盾列《たたなみ》の古墳群と呼ばれ、二〇〇メートル前後の大型前方後円墳が累々《るいるい》と並んでいます。

そして、近鉄の大和西大寺駅から南の橿原神宮《かしはらじんぐう》方面へ行く橿原線の西側に、菅原伏見東《すがわらのふしみのひがしの》

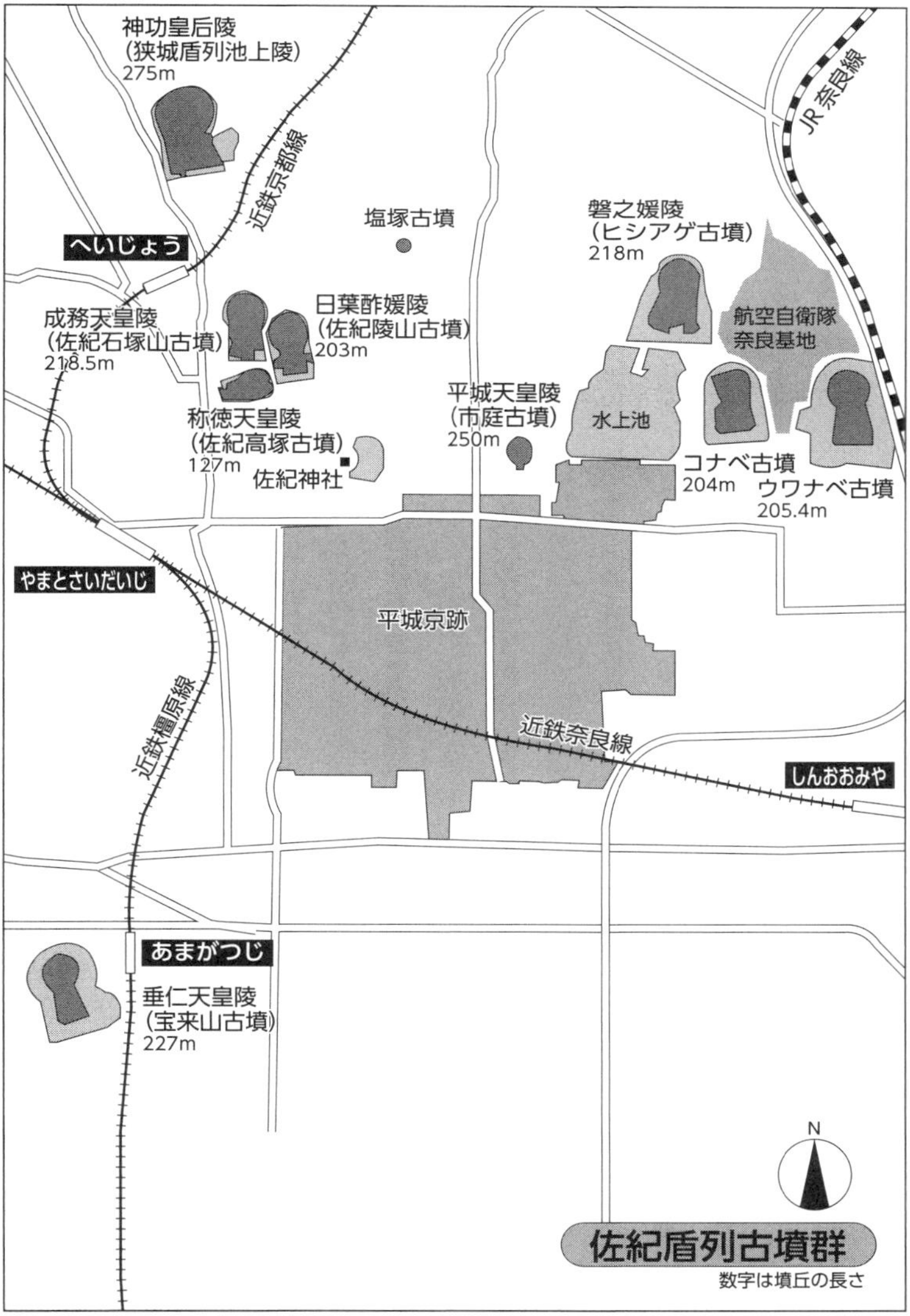
神功皇后陵
(狭城盾列池上陵)
275m
近鉄京都線
JR奈良線
塩塚古墳
磐之媛陵
(ヒシアゲ古墳)
218m
へいじょう
日葉酢媛陵
(佐紀陵山古墳)
203m
成務天皇陵
(佐紀石塚山古墳)
218.5m
航空自衛隊
奈良基地
平城天皇陵
(市庭古墳)
250m
称徳天皇陵
(佐紀高塚古墳)
127m
水上池
佐紀神社
コナベ古墳
204m
ウワナベ古墳
205.4m
やまとさいだいじ
平城京跡
近鉄橿原線
近鉄奈良線
しんおおみや
あまがつじ
垂仁天皇陵
(宝来山古墳)
227m
N
佐紀盾列古墳群
数字は墳丘の長さ

陵《みささぎ》（宝来山古墳《ほうらいやま》）とされる垂仁天皇陵があります。この垂仁天皇の皇后が日葉酢媛命になります。日葉酢媛陵も、それでいいのかどうか分からないのですが、奈良盆地で二〇〇メートルを超える大型前方後円墳は、私は王陵《おうりょう》と考えたいのです。並の首長や豪族の墓というより、特別な地位や身分の人の墓と考えたいのです。

日葉酢媛陵は、大正五年（一九一六）に盗掘に遭《あ》っているのです。私の恩師の後藤守一先生の話によりますと、墳丘のはるか遠くから地下トンネルを掘って、古墳の主体部に行き当たったということです。間もなく盗掘犯人は検挙され、墓から盗み出した遺物がほとんどそっくり戻りました。翌年には緊急に復元工事が行なわれて、盗掘者から取り戻した副葬品をコンクリートの箱に入れ、元の石室の中に埋めて上を円い円墳状にして礫《れき》で全部覆ったといいます。その上には厚さ五〇センチくらいのコンクリートでカバーしたと聞いています。もう二度と掘られないようにということなんでしょう。

この時、宮内省書陵部《しょりょうぶ》はこの遺物のすべてを石膏《せっこう》で型を取って残したので、どんなものが出たかとか、形態とか大きさが分かります。日本の古代の天皇陵や皇后陵とされているもので、これほど副葬品が一括して研究できるのは、ほとんどないのです。私はそういう点で注目しています。

出土品の中に、宮内庁が貝形石製品としているものがありますが、私は帆立貝形石製品としています。昭和三十四年（一九五九）に、現在の静岡市清水区（前・清水市）、その前は静岡県庵原《いはら》郡庵原村にあった三池平《みいけだいら》古墳を、後藤先生が調査され、その発掘に参加しました。その三池平古墳の石棺の外側の、石室と石棺の隙間に副葬品専用の置き場が造られてあり、そこに帆立貝形をした碧玉製の石製品が六個並んでいました。

私は、初めて接したこの遺物に帆立貝形石製品と名付けたのです。その後に調べてみると、日葉酢媛陵から似たものが出ていて、宮内庁書陵部にあるというのです。そこで当時の陵墓課長山崎鉄丸《やまさきてつがん》氏に、私は静岡の三池平古墳の出土品との比較研究をしたいという願書を提出しました。そうすると万年筆で書いた願書は認められず、毛筆で書き直して出願したという苦い経験があります。そして宮内庁書陵部に行って、この石製品を実測し、写真を撮らせてもらったのです。

調べていくと、山口県の赤妻《あかづま》古墳の石棺の中から実物の帆立貝が出ています。さらに群馬大学の尾崎喜左雄《おざききさお》先生が、群馬県太田《おおた》の鶴山《つるやま》古墳から、帆立貝のような形をした月日貝《つきひがい》という名の貝殻を、かつては盾に数個縫いつけてあったことを知ったというのです。敵の矢から身を守る盾に、貝殻を取り付けることでマジカルな意味を持たせて、身を守ることに効果があったというのです。

古墳時代の日葉酢媛陵の、四世紀の終わり頃から五世紀のごく初めくらい（私は四世紀の後半と考えていますが）の副葬品に、帆立貝形石製品がある。これはマジカルな、魔とか悪霊から身を守る、亡くなった方の霊魂を悪霊から守るというような意味合いで、副葬品として入れたのではないかということで、日葉酢媛陵に格別の思いがあります。

狭穂姫の悲劇と日葉酢媛

『古事記』とか『日本書紀』によると、垂仁天皇は第十一代の天皇です。その皇后は狭穂姫《さほひめ》という方です。

狭穂姫の兄の狭穂彦王《さほびこのおう》が天皇の位を狙って謀叛の心を持ち、皇后の狭穂姫に剣を渡し、隙《すき》があったら天皇を殺せと指令したのです。垂仁天皇が狭穂姫の膝を枕にして休んでいる時に、今なら殺せると狭穂姫は思ったのですが、愛する垂仁天皇を殺せなかったのです。狭穂姫は兄の指示は無視できないが実行もできないと、板挟みになって苦しむのです。

狭穂彦王に謀叛の心があることを知った垂仁天皇は、上毛野君《かみつけぬのきみ》の祖先である八綱田《やつなだ》に命じて狭穂彦王の討伐軍を発進させたのです。

狭穂彦王は、稲の束などを防御壁にした稲城《いなぎ》の中に立て籠《こ》もって戦うのですが、稲城に火をかけられた時、悩んでいた皇后は兄に背くことはできないと、自分も兄とともに火の中に身を投じて亡くなってしまうという悲劇があるのです。

皇后は天皇への遺言として、丹波《たんば》の国に素晴らしい貞潔な女性がいるので、そこから后を選びなさいと言うのです。

垂仁天皇は、治世十五年の二月十日に、丹波の国から丹波道主王《たちはのみちぬしのおおきみ》の娘五人を召したのです。

その中の一人竹野媛《たかのひめ》は容姿が優れないので帰らせるのですが、それを恥じた竹野媛は国へ帰る途中で輿《こし》から落ちて自殺してしまうのです。天皇は残り四人を後宮とし、その中から后を選ぶのですが、その第一候補になったのが日葉酢媛だったのです。秋八月の壬午《みずのえうま》の日に日葉酢媛を皇后としたのです。

日葉酢媛は三男二女を産み、次男が後に景行《けいこう》天皇となる大足彦尊《おおたらしひこのみこと》です。

墳墓に埴輪を立て殉死の風習を廃止する

日葉酢媛陵が大正五年に盗掘を受けたというだけでなく、何故、考古学的に話題になるのかというと、『日本書紀』によると、垂仁天皇二十八年冬十月に、垂仁天皇の同母弟の倭彦命《やまとひこのみこと》が亡くなります。そして十一月に倭彦命を身狭桃花鳥坂《むさのつきさか》に葬られるのですが、その葬り方が問題なのです。

倭彦命の近習の者を集めて、御陵の周りに生きながらに埋めたのです。数日間は昼夜泣き叫んで死に、腐った死体を犬や鳥が喰らうというありさまです。

天皇は泣き騒ぐ声を聞いて哀しみ、古《いにしえ》の風習といえども死んでいく人に従わせるのはよくない、今より死に際して近習の者を生きながらに埋めるのは止めよと命じました。つまり古代の日本に、偉い人に付き従ってあの世に旅立つ〝殉死〟の風習があったのではないかとされるのですが、これはまた考古学的に大問題なのです。

日本の古代に殉死があったかどうか？　中国考古学では殷《いん》、周《しゅう》、戦国時代の大墓などの発掘では、たくさんの人の首だけ、胴体だけが墓壙の中に埋まっています。そういう風習は日本にはなかったのではないかとされています。そうなると、『日本書紀』の記述は殉死があったと理解されるので、考古学的に殉死を論証せよとなると、これは難しいのです。

話は横道にそれますが、滋賀県の安土《あづち》町宮津に瓢簞山《ひょうたんやま》古墳という一六〇メートルをちょっと超えたくらいの前方後円墳があります。その後円部には立派な竪穴《たてあな》式石室があって、副葬品がたくさん入っていました。そして前方部にも簡単な箱式石棺が二基あって、ここから出た遺物はごく少数ですが、後円部と同時代の四世紀代のもので、同時埋葬と考えるべきだとするのです。そうすると後円部には主人の亡骸を鄭重に葬って、前方部には身分的にお付きの者と思われる者が、簡単に埋葬されているとすると、これこそ〝殉死〟の一つの現われではないかという説もあるのです。だが、それでは四世紀代にどこにでも殉死があったかというと、ないんです。

さらに、奈良県広陵《こうりょう》町の新山《しんやま》古墳の前方後方墳の後方部の裾の方に、土管のような大きな円筒埴輪を棺にした、埴輪円筒棺が十数基ありますが、こういうものこそ殉死じゃないかと言うのですが、これも一〇〇％明確ではないのです。

そういうところから、『日本書紀』の垂仁天皇二十八年の倭彦命の記述は有名です。

垂仁天皇三十二年、癸亥《みずのとい》秋七月甲戌《きのえいぬ》朔日《つきたちのひ》、己卯《つちのとう》に皇后の日葉酢媛命が亡くなったのです。天皇は側近の者が主人に従って死ぬのは良くないとしていましたから、このたびの葬儀にはどうしたらいいかと群卿に問いました。

ここで野見宿禰《のみのすくね》が進み出て、「君の陵に生きた人を埋めるのは良くない」と言い、自分は出雲《いずも》の国の出身で、出雲から土師部《はじべ》一〇〇人を召し出し、その土師部に埴土《はにつち》で人や馬や種々のものを作らせようと申し出ました。

これはグッドアイデアだとなって、出雲から土師部を呼び、人物埴輪や馬の埴輪を作らせました。天皇はこれを野見宿禰の功績として、宿禰に土地を与えて土師部の司とし、姓《かばね》を土師連《はじのむらじ》として、野見宿禰は土師連の先祖になり、天皇の葬式には土師連が関わるようになります。

この埴輪を作った話は、野見宿禰一派の土師連の功績を示すための作り話ではないかとする人もいます。また日葉酢媛の死亡は西暦の四世紀後半、または研究者によっては終わ

日葉酢媛陵の正面

り近くとされています。

私が勉強を始めた頃は、六世紀になって人物埴輪や馬の埴輪が登場するとされていました。現在では、形象埴輪の出現はだんだんと古くなっていき、少なくとも先進地域の近畿地方には、五世紀初頭から中頃には人物埴輪や馬などの動物埴輪が現われるということが常識化されつつあります。

当時の関東は田舎だから、それよりも五〇年から一〇〇年は遅れると思われていたのですが、最近の発掘調査によれば、五世紀代の中頃には関東でも形象埴輪が出現していることがはっきりとしてきました。

日本列島における古代の天皇家をはじめ、各地の有力首長たちの葬送儀礼で、墳墓に馬や人物像を土で焼いて立てるというのは、中央日本の近畿地方と周辺地域の古墳では、ほとんど年代的な差がないというのが最近の理解のされ方です。

そういう点からも、『日本書紀』にあるように、倭彦命の埋葬儀礼で生きた人を埋めたという悲惨な状況が、日葉酢媛陵から止めたということは、事実であるという意見もあります。しかし、考古学で論証せよとなると、これが殉死の痕跡であると確実に言わねばならないので〝?〟の点が多いとなっています。

現在の日葉酢媛陵は

奈良（大和）盆地の東南部がヤマト政権の成立の地であるというのは、古代史や考古学の研究者の一致したところです。天理《てんり》から桜井《さくらい》に行く大和《おおやまと》古墳群の一番南のグループの箸中山《はしなかやま》、箸墓《はしはか》古墳あるいは崇神《すじん》天皇陵とする行燈山《あんどんやま》古墳、景行《けいこう》天皇陵とする渋谷向山《しぶたにむかいやま》古墳、さらに桜井寄りの纏向《まきむく》古墳群や纏向遺跡、さらに南に桜井茶臼山《ちゃうすやま》古墳などがあり、日本の古墳時代研究で問題になっているのです。東南部の纏向付近が邪馬台国《やまたいこく》かどうかということは、私は簡単には言えないと思っています。

奈良盆地の北側、つまり平城京の北にある佐紀盾列の古墳群、狭木寺間陵（佐紀陵山古墳）の日葉酢媛陵は、かつては墳長は二〇六とか二〇七メートルとしていたのですが、平成二年（一九九〇）に宮内庁書陵部が、堀の水が墳丘の土手を浸食しているので応急調査をしたのです。そのレポートを見ますと、日葉酢媛陵の墳丘の裾は現状よりも中に入っているとしています。そこで全長は二〇三メートル、あるいは後円部直径一二七メートル、高さ二一・三メートルというデータが出ています。

日葉酢媛陵の墳丘は大木が茂り、深閑として環境の良いところとなっています。後円部の墳頂部はかなり平坦面が広く、周堀には現在は満々と水が溜まっていますが、かつては空堀であったという記録もありますから、築造当時にも空堀であった可能性はあると思います。ただし、江戸時代に修復工事が何度か行なわれており、堀の浚《さら》えもしていますから、どこまで築造当時の姿を残しているかは分かりません。

大正六年に修復工事をした時に、当時の宮内省は考古学の専門家であった和田《わだ》千吉《せんきち》先生などを動員し、緊急に状況を調査して記録を取っているわけです。ですから日葉酢媛陵では写真とか実測図とか略測図とかはたくさん残っていたのです。しかし残念ながら大正十二年（一九二三）九月の関東大震災で、宮内省もそういう資料も焼けてしまいました。

ところが、戦後の日本の考古学協会の会長を務めた、京城《けいじょう》帝国大学の教授であった藤田《ふじた》亮策《りょうさく》先生は、大正時代の頃には宮内省書陵部の職員だったので、図面を青写真に撮ったり、写したりしていました。それが京都大学

和田千吉氏構想狭木之寺間陵御所在復元図

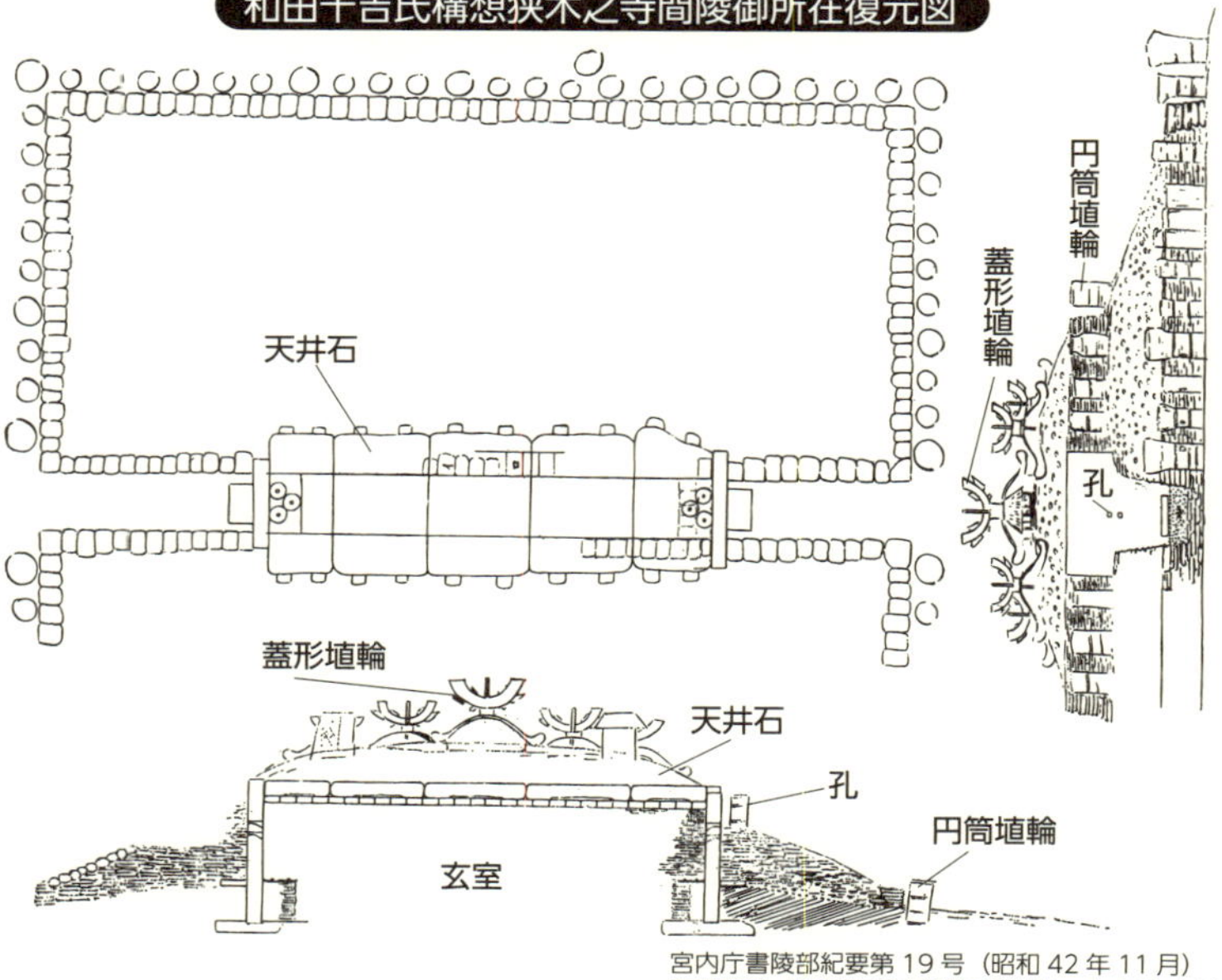

宮内庁書陵部紀要第 19 号（昭和 42 年 11 月）
石田茂輔「日葉酢媛命御陵の資料について」より

の考古学の梅原末治《うめはらすえじ》先生の手に渡っていたのです。

その梅原先生が昭和三十五年（一九六〇）に、自分の資料を整理していて発見し、宮内庁に日葉酢媛陵だとしたので世に出たのです。そこから日葉酢媛陵の検討が始まるのです。

日葉酢媛陵の実態になりますが、復元図として「和田千吉氏構想狭木之寺《さきのてら》間陵《まのみささぎ》御所《ごしょ》在《ざい》復元図　日葉酢媛命御陵の資料　平面図」があります。さらに、和田先生が関わって残した図面を、梅原先生が見てご自分でも復元図を残した「梅原末治博士構想狭木之寺間陵御所在復元図」があります。この両方の復元図のどこが違うかというと、和田先生の「狭木之寺間陵御所

梅原末治博士構想狭木之寺間陵御所在復元図

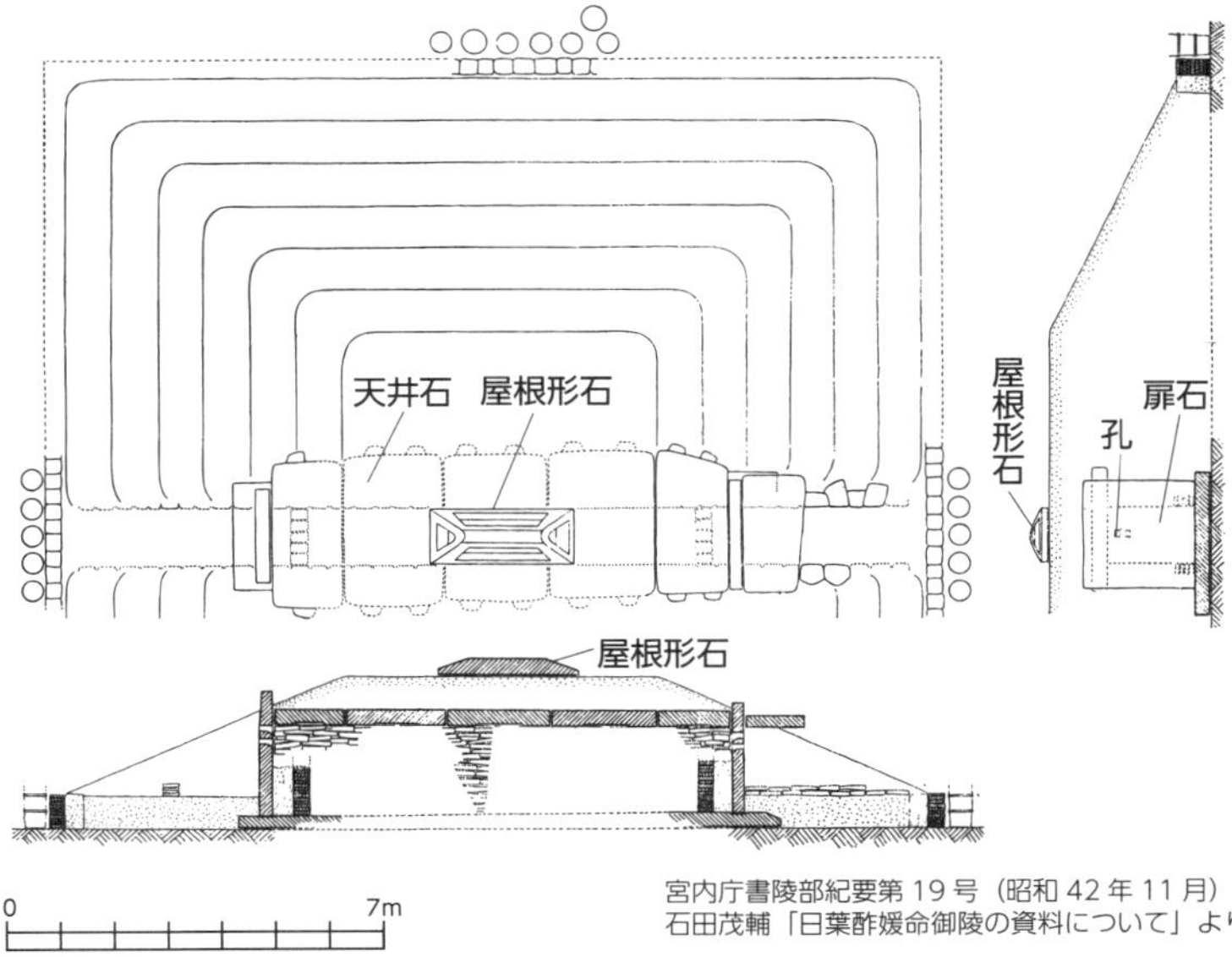

宮内庁書陵部紀要第 19 号（昭和 42 年 11 月）
石田茂輔「日葉酢媛命御陵の資料について」より

在復旧工事出来実測図」では、前方後円墳の後円部の上が円墳状になっていますが、梅原先生の図では四角い墳丘が乗って等高線が四角になっているのです。

前方後円墳の古い古墳の後円部は円錐形で、墳頂部は平坦になっているのが普通です。古墳の大きさによって墳丘の上の平坦面の広さや大きさはまちまちですが、日葉酢媛陵は約三五〜六メートルの平坦面があります。その中心部に丸か四角に土を盛って、そこにいろいろな施設をするとい

狭木之寺間陵御所在復旧工事出来実測図

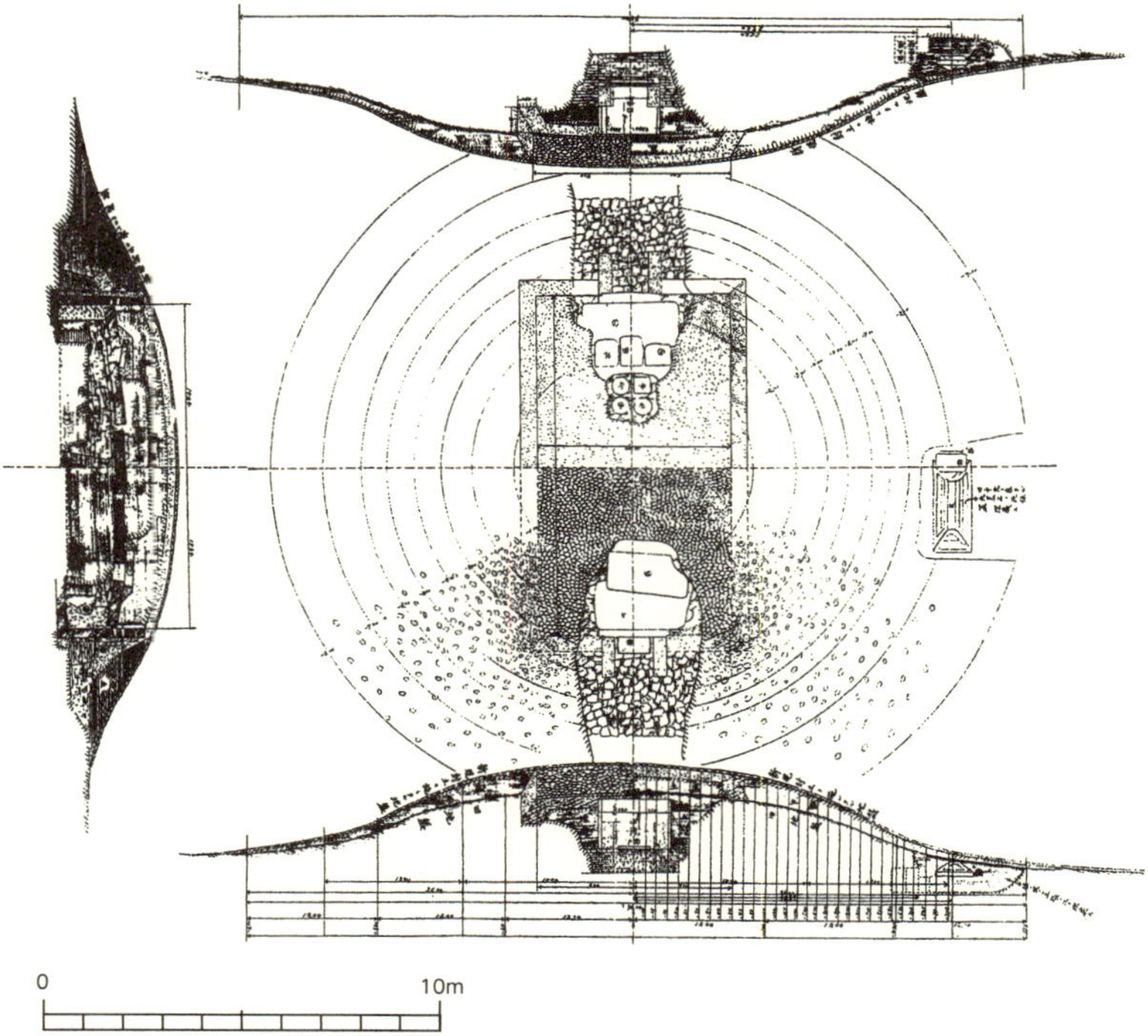

うのが、どうも本当のようです。というのは、最近問題になっている奈良県桜井の茶臼山古墳の前方後円墳の墳頂部の平坦面には、四角く土を盛り上げた方形壇というか四角い墳丘があります。その墳丘の縁に二重口縁の壺形土器がぐるっと並んだり、方形壇の裾には布堀が四角に掘られて、直径三〇センチほどの丸太が密接して玉垣のように立っていたことが明らかになっています。

奈良県天理市の手白香皇女《たしらかのひめみこ》の衾田《ふすまだ》陵とされる西殿塚《にしとのづか》古墳をはじめとして、古い前方後円墳の上には四角く囲った壇状の主体部があるというのが一般的になりました。そういう点からすると、梅原先生が復元している図では、日葉酢媛陵の墳頂部にも円い後円部の上に方墳状の壇状の埋葬主体が載って、円筒埴輪まで四角く並べていますから、私はこの方が真実に近いのではないかと思います。

和田先生が構想したものは、これも真ん中に変わった石室があり、その石室を取り囲むように矩形《くけい》の石垣状の裾が廻って、それに沿って要所に朝顔形円筒埴輪が立ち、その間を普通の円筒埴輪が廻っている。ということは日葉酢媛陵の円い後円部の上に方形壇が載っていたと思います。

にもかかわらず、おそらく復旧には前方後円墳の上に方形の壇が載るということが分からなくて、日葉酢媛陵の上には円い遺構を造ったのだろうと思います。

われわれ一般の者は中に入ることはできませんが、最近の工事のチャンスに宮内庁は十六の学会の代表者を日葉酢媛陵の裾に入れました。しかし、静謐《せいひつ》を破るということで、一歩たりとも墳丘に上がることはできず、古墳の裾をぐるっと歩かせただけです。

類例が少ない構造を持っていた

大正の盗掘後に、宮内省に呼ばれて駆け付けた和田千吉先生は、調査の状況をスケッチ等で記録に留めました。方形の区画をした壇を見ると、右から見た絵には墳丘の上の方には形象埴輪が立っています。これは蓋《きぬがさ》形埴輪です。復元したものは関東大震災で焼けてしまったのですが、数年前に千葉県佐倉の国立歴史民俗博物館で「埴輪展」があった時に、日葉酢媛陵の蓋形埴輪が一基出品されていました。それは多分、オリジナルではなく復元と思いますが、高さは百五十数センチ、左右の飾りの梁が二メートル近くはあったと記憶しています。日本最大の蓋形埴輪です。これは国立歴史民俗博物館が宮内庁書陵部にあった図面を基にして復元したのかもしれませんが。

蓋というのは肋木《ろくぼく》に絹の布を張った日傘です。最近は埴輪じゃなく本物の蓋の骨が各地から出ています。もちろん、張った絹などは腐ってなくなっており、肋木だけです。権力を持った人の身分や地位を表す威信を示すものです。本当は長い柄が付いて貴人の上から差し掛けるものので、それを埴輪にしたものです。これを和田先生の記録によると九個並んでいたとあります。当然壊れていたでしょうが。そのちょっと下に円筒埴輪が廻っている。さらに、その一段下の裾のところに埴輪が四角に廻っています。

その真ん中に竪穴式石室があり、扁平な割石小口を内側にして積み上げた小口積みにしています。その天井石（蓋石）には大きな石が五枚乗っていて、その石は切石だというのです。切石は凝灰岩《ぎょうかいがん》などを長方形に形を整えた程度で、見事に切ったものではないでしょうが、密接して五枚が並び、その両側に二個ずつ縄掛突起《なわかけとっき》が作りだしてあるというのです。こんなのはあまり見たことないです。

けれども、小林行雄氏が調査をした大阪の松岳山《まつおかやま》古墳の天井石にも、こういう縄掛突起が出ていました。それから、地元で武内宿禰《たけうちのすくね》の墓ではとされている、奈良県御所《ごせ》市の室《むろ》の宮山《みややま》古墳にも石室の天井石に縄掛突起があるとされています。私の記憶では、千葉県富津《ふっつ》市の外房線の線路際に弁天山《べんてんやま》古墳という国の史跡がありますが、その石室の天井石にも縄掛突起が出ています。

蓋形埴輪図

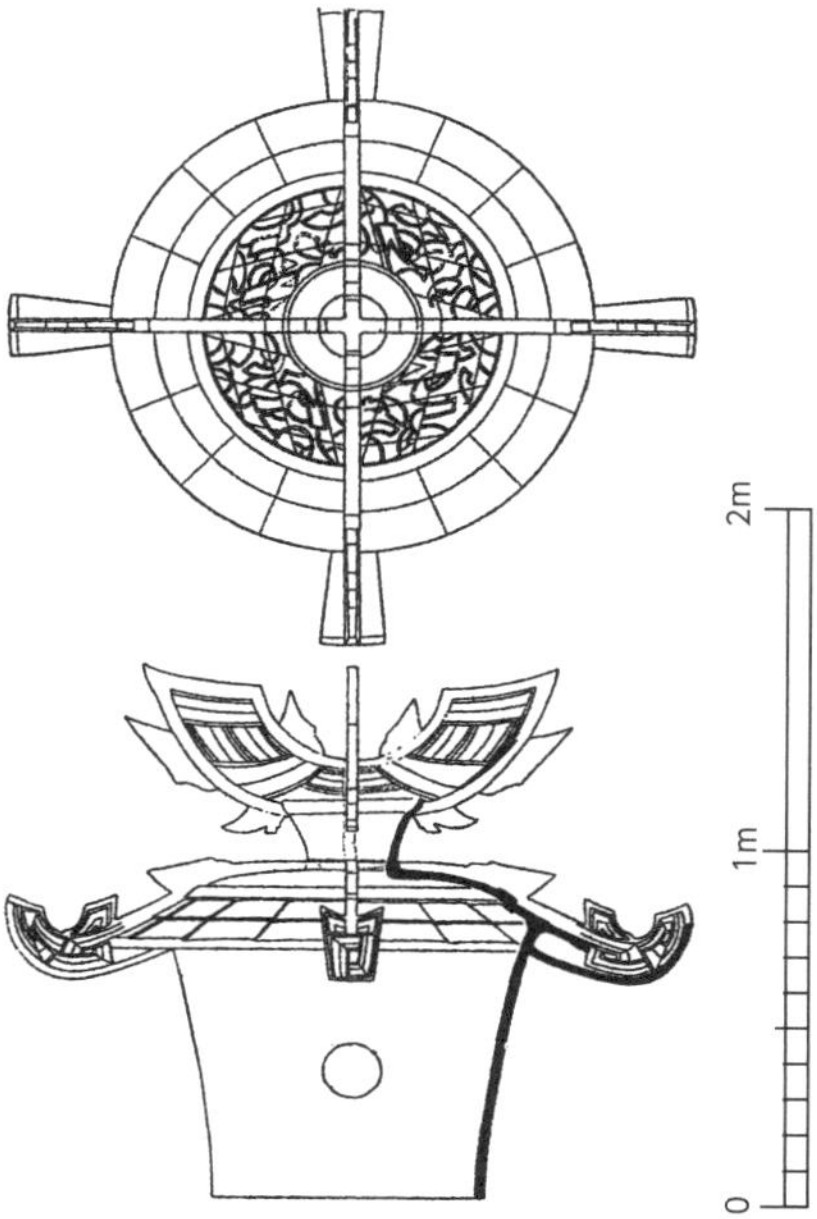

宮内庁書陵部紀要第 19 号（昭和 42 年）石田茂輔論文より

こういったものを纏《まと》めた研究はされておりませんから、まだ他にも類例はあろうかと思いますし、いつ出てきて、いつ終わって、どういう状況になっているかというのは今後の研究課題だと思います。少なくとも日葉酢媛陵では五枚の天井石がきちんと石室の上をカバーしていて、それに二個ずつ縄掛突起が出ているというのは、前例がないものです。

そして、横から見た縦断面図がありますが、真ん中が玄室、上に家形埴輪とか蓋形埴輪、盾形埴輪が墳丘に載っています。そして縄掛突起が付いた天井石が五枚載っています。その両端には石が立っています。よく見ると上の方には表から石室に向かって広がるような、中を覗《のぞ》くような孔《あな》が二つ開いています。これはいったい何だろうと思うんです。

小林行雄氏が調査をした大阪府柏原《かしわら》市の松岳山古墳にも、石室の前後に高さ二メートルくらいあるでしょうか、平板な石が立てられており、石の上の方に孔が開いています。この孔は何だという議論もあり、その孔から供物を差し入れたという説もありますが、よく分かりません。たぶんマジカルな埋葬儀礼に則《のっと》った来世観なり他界観なりの、あの世と現世を繋《つな》ぐ構造物と思うんですが、それがあるんです。

そこの内側の壁がちょっと出っ張っていて、内側に粘土が詰めてあって、その壁の上に鏡が二枚置いてあったというのです。

梅原先生の復元図面を見ると、石室の上に低い墳丘が乗って、その上にちょっと彫刻のある屋根形をした石が乗っています。宮内庁ではこの石はどこにあったか、最終的な位置は分からないということで、復旧工事完了後の状況図では墳丘の東の裾に穴を掘って屋根形石を埋めています。

和田先生の復元図を見ると、石室の外側は通路になっています。おそらく外から墳丘に上がってきて、埴輪で囲んである左右のところの真ん中に開いている通路がありますから、そこから入ってきて石に開いている孔から中を覗くことが可能だったんじゃないかとなります。

古代人の葬送観念というか、当時の人が何を考えたかということによって、神話に出てくるイザナギ、イザナミノミコトの、この世と黄泉《よみ》の境のように通路になっていた可能性があり、内部の覗き孔とか、あるいは石室内に供物を入れる孔ではないかとも思います。

小林行雄氏は、石棺を吊り下げる轆轤《ろくろ》を取り付けた孔ではないか、というのですが、これも賛成する方はあまりいないんです。

いずれにしましても、こういうふうに、日葉酢媛陵は普通の前期古墳にあまり見られない特殊な構造を持っていたということが分かります。これは日葉酢媛陵なるがゆえに、他の古墳にあまり類例が見られない構造物を造ったと考えていいのかどうかも、よく分かりません。

そして立石の前後は真っ白い石が周りに置いてあって、しかも砂が入れてあるということですから、穴のある石に至る通路は特別の意味を持たせたものであるのかも分からない。それは宗教学か、そういう方面の専門の解釈が必要なのかもしれませんが。

古墳で真っ白な石を敷いてあることとかは、ままありますので、この日葉酢媛陵でも石室の所に特別な施設があった可能性はあります。これも天皇陵や皇后陵などの身分の高い人のものであるがゆえに、そういう処置を施したと考えていいのかを、比較検討する材料がありません。

そこで、日本最大のもっとも古いグループに属する蓋形埴輪を見ると、私は四世紀の後半に考えていますが、さすが日葉酢媛陵だなというものが出ているのです。

日葉酢媛陵には普通の円筒埴輪と朝顔形円筒埴輪があります。形象埴輪では蓋形埴輪、盾形埴輪や家形埴輪とありますが、破片ばかりで一軒の家には復元できない家形埴輪などがありますが、『日本書紀』に書かれているように、人々の殉死に替わって作られたという人物埴輪や馬の埴輪は出ていません。

かつては人物や馬の埴輪が登場するのは、六世紀代以降と考えられていたのですが、この頃は研究が進んで、五世紀代の半ばを含めた後半には登場するとなっています。たとえば関東では埼玉県行田《ぎょうだ》の有名な稲荷山《いなりやま》古墳は、人物埴輪も甲冑《かっちゅう》形埴輪も出ています。埼玉県で一番古い人物埴輪は稲荷山古墳のものだろうと言われています。そこで稲荷山古墳の年代を何時にするかとなると、私は六世紀まで下げないで、五世紀の最終段階と考えています。西暦では四五〇年から五〇〇年の間に、埼玉県では人物や馬の埴輪が登場しています。それは畿内での埴輪の登場とあまり違わないと理解されるようになっています。

その点からは、日葉酢媛陵は『日本書紀』の記述と合わない。考古学的事実と人物や馬の埴輪の登場と、垂仁天皇の皇后の日葉酢媛の御陵の年代は合わないのです。考古学は類例の増加を待って、比較検討しながら学問を進めていくわけですから、今後に二〇〇メートルを超える古墳がいくつかでも発掘されていけばいいのですが、日葉酢媛陵だけでは何とも判断できません。

遺物から編年を考える

日葉酢媛命陵の遺物は、宮内庁書陵部に石膏で象《かたど》ったものがあり、形や特徴は分かります。報告書によると鏡は五面となっていますが、四面確認できます。一枚は中国鏡とされて直径一四から一五センチの平縁式四獣鏡だといわれています。龍雲文縁変形方格規矩四神鏡《りゅううんもんえんへんけいほうかくきくしじんきょう》は直径三五センチあり、拓本から見ると同じ文様を四回繰り返しています。本来の四神鏡は北に玄武、南に朱雀、東に青龍、西に白虎があるのですが、それに則っていないもので、国産の鏡です。また、面径三二センチの唐草文様変形方格規矩四神鏡では外区に唐草文があり、その中に菊の文様が入っています。内区にも菊が入っています。もう一つ直弧文縁変形内行花文鏡で、面形三四・三センチの国産鏡です。

一枚は中国製で、残りは大きいが国産だろうとなると、前期古墳の前半と推測できます。有名な椿井《つばい》の大塚山古墳とか桜井の茶臼山古墳、天理の黒塚《くろづか》古墳とかの前期古墳の鏡のありかたから言えば、前期でも後半の古墳となります。前期を三世紀から四世紀と限定するとすれば、三世紀といっても初頭、前半、中頃、後半、終末と差があり、どこに年代を置くかは研究者によって違います。

この日葉酢媛陵には、仿製鏡《ぼうせいきょう》という国産の鏡がある。さらに碧玉《へきぎょく》製の腕飾り類の車輪石、鍬形石、石釧《いしくしろ》などは、前期古墳の中では前期後半にならないと出てこないものです。碧玉製の石製品が出現するようになると、それにともなう鏡は中国産だけでなく国産の鏡も登場してくるのです。

石製の高坏《たかつき》は、口径一二・二センチ、高さが六センチあり、現物は碧玉で作ってあり透かしがある。透かしと透かしの間に三角形の飾りがあり、杯の内側にも浮き彫り状の彫刻がある。非常に飾った物を載せる器台の石製品が登場するのも前期古墳の後半段階です。石製臼や高さ七センチの椅子形石製品となれば、桜井茶臼山古墳の近くにある、全長が二三〇メートルの前方後円墳の大王陵とされているメスリ山古墳からも出ています。

さらに石製刀子《とうす》という石で作った小刀や、帆立貝形石製品、あるいは宝石箱のような入れ物の石製合子《ごうす》、石製の斧など、実際の器物を石で造って副葬するのは、古墳前期でも時期が新しくなってきます。こういう遺物を考えて、私は日葉酢媛陵は前期古墳でも後半

車輪石とは、碧玉や緑色凝灰岩で作られた腕輪形宝器である

の時期、五世紀までは下がらない四世紀代の後半と考えるわけです。

碧玉で造った鍬形石がありますが、上の方の斜めの線と下の線が整合しません。この差が激しいほど古いタイプになり、中の卵形に開いた透かし穴の大きさもやや新しくなってきているとか、右側にある突出部も古いタイプと新しい物があって、日葉酢媛陵の鍬形石は形式上もっとも古い物ではないかと考えられます。

あるいは車輪石などの石製腕飾り類は実用的ではないが、これらをたくさん持つことで、その人の権威や権力が示されたもので、これらも四世紀後半の前期古墳の後半だろうと判断します。後半をもっと絞れとされると、三五〇年から四〇〇年の間の半ば頃あるいは、もうちょっと後に置きたいと思います。

佐紀盾列古墳群として、二〇〇メートルクラスの前方後円墳がいくつか並んでいます。これは奈良盆地における大王クラスの墳墓と考えています。となれば、箸墓、茶臼山、メスリ山、天理の西殿塚、中山大塚という大和《おおやまと》古墳群を含む古墳群がもっとも古く、ヤマト政権発祥の地と言えるんです。

ところが佐紀盾列古墳群は、ウワナベ古墳もコナベ古墳も、仁徳天皇の后とされる磐之媛、日葉酢媛命、成務天皇陵、神功皇后陵、そして南に下がった垂仁天皇陵、いずれも二〇〇メートルを超える巨大な前方後円墳で大王陵として相応《ふさわ》しいものですが、これまでに江戸時代などに盗掘を受けており、遺物の中身を分析してみると、明らかに奈良盆地東南部の大和古墳群よりは年代が新しくなる。つまり、大王家の墓域が奈良盆地の東南部から佐紀盾列の地域に代わっています。これは四世紀の後半から五世紀代にかかる頃であろうとされます。そして四世紀代の最終段階になると、古市古墳群の津堂《つどう》の城山古墳のような二〇八メートルの大古墳が大阪湾沿岸に近いところに出てきます。日本の古代の天皇陵の墓域の移動が明らかになってきます。

こういう遺物だから、明らかに日葉酢媛陵とは言えないのですが、佐紀盾列古墳群の二〇〇メートルを超える古墳は、並みの首長の墓ではなく、ヤマト政権の大王陵に列する墳墓だと思うのです。

この古墳が飛鳥・奈良時代、平安時代から一貫して日葉酢媛陵であったのならば、これが日葉酢媛陵と断定できるかもしれませんが、江戸時代は神功皇后陵とされていたので、そうは言えないんです。そういう点からも、現代の日本の古代の天皇陵の治定は曖昧《あいまい》さを免《まぬか》れないと思います。

ですから、立石に孔が開いていて中が覗けるような構造を持った施設も、いくつかあるとなれば、比較検討ができるでしょう。女性を葬った古墳には立石があるとか、櫛が五〇枚出たとか、剣や刀がなく装飾品が多いので女性だろうという論点は従来からありました。

しかし、盗掘で明らかになった日葉酢媛陵の遺物の組合せは、四世紀代後半の日本の一流人物の副葬品であって、女性だと言えるものではないのです。この古墳で日葉酢媛命の人間像が解き明かされることにはなりませんでした。

天皇陵の大半は盗掘を受けており、鎌倉時代には奈良の坊さんも垂仁天皇陵を掘っています。その人は島流しになっただけです。江戸時代に奈良の村の百姓たちが徒党を組んで盗掘しているのです。文久年間に天皇陵を盗掘をした犯人たちは、公武合体の社会状況もあって、磔《はりつけ》になっています。

宮内庁が日葉酢媛陵としていることに反対するつもりはありません。そういうこともあり得るということで、今後の古墳の研究に待つところが大きいのではないかと思います。

二〇〇メートル級の大形前方後円墳が地域首長の墳墓なのか、大王陵なのか簡単に決めることはできないのです。とはいえ、すべて否定することはできません。

宮内庁の陵墓保全にかかわる部分的な整備所見の事実などを、根気よく積み重ねて古墳研究を進展させることが、将来、大王陵（天皇陵）をより一層、事実として認識することになろうかと思うのです。

第三講

さきたま古墳群と金錯銘鉄剣を考える

中央政権と地方首長の濃密な関係が浮き彫りに

「さきたま古墳群」の全容

昭和四十一年（一九六六）、文化庁は古墳、城跡等の遺跡を点から線、線から面というふうに広げて、広域を一括して後世に残そうということで、〝風土記の丘構想〟を発表しました。これに応えて宮崎県は「西都原《さいとばる》風土記の丘」をオープンし、翌年には埼玉県が文化庁の方針にしたがって、埼玉県の名の起こりになったところにある「さきたま古墳群」を、風土記の丘として一括して、全域を残そうという話が持ち上がりました。

「さきたま古墳群」は埼玉県北部の行田《ぎょうだ》市にありますが、この地は古くは埼玉県北埼玉郡埼玉村大和田埼玉とされて、かなり古くから考古学界では著名な古墳群です。『万葉集《まんようしゅう》』に「佐吉《さき》多万《たま》」とか「前玉《さきたま》」とありますので、奈良時代には〝さきたま〟と呼んでいたようですが、平安時代の『倭名類聚抄《わみょうるいじゅうしょう》』には「佐以多万《さいたま》」とありますから、古代から両方の呼び名があったと思われます。

標高約二〇メートルの低い台地上にある「さきたま古墳群」を残すには、この古墳群がいつ頃から始まって、いつ頃に終わるのか。また古墳群の中身はどうなのかということを知らないで、闇雲《やみくも》に残すわけにはいかないとして、保存整備のための学術調査が行なわれたのです。

じつは、昭和十一、二年（一九三六、七）頃に、「さきたま古墳群」近くの尾張沼《おわりぬま》を埋め立てる干拓工事をやることになりました。そこで、どこから土を持ってくるかとなって、近場にあるあの塚がいいということで、約一二〇メートルの長さを持つ前方後円墳の稲荷《いなり》山《やま》古墳がその対象になりました。その稲荷山古墳の前

埼玉県の県名になる「さきたま」の地

方部が根こそぎ見事に壊されて、沼の埋め立て工事に使われたのです。そうして稲荷山古墳は後円部だけが残っていたのです。

そこで、風土記の丘構想によって古墳の性質を知り、展示資料を収集する学術調査をすることになり、もっとも小さい愛宕山《あたごやま》古墳が候補になりましたが、どうせ壊されてるんだから稲荷山古墳をやろうとなって調査が始まりました。その結果、稲荷山古墳からいろんな物が出てきたのです。

「さきたま古墳群」がどういう古墳群かということですが、全体図の北に丸塚があります。これが丸墓《まるはか》山《やま》古墳で直径一〇〇メートル、あるいは一〇二メートルとした文献もあり、高さも一六メートルとしたものと、一八メートルとするものがあります。

丸墓山古墳は全国で一番大きな円墳とされていますす。周りに堀がありますが、全周してないんですね。北側に、旧忍川《きゅうおしがわ》という小さな流れがあります。

稲荷山古墳

さきたま風土記の丘の標識

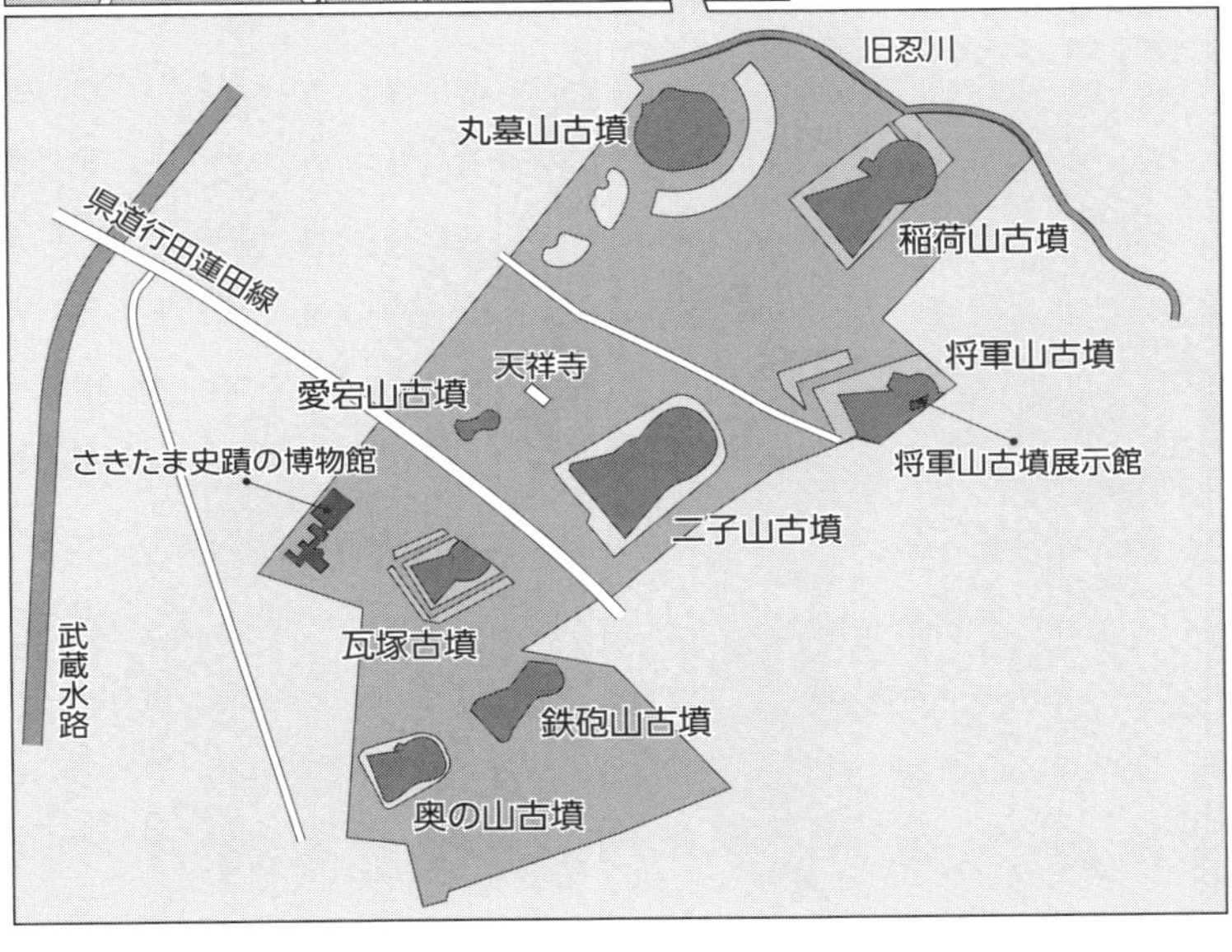

その川に沿って土手がありますが、これは天正十八年（一五九〇）の豊臣秀吉《とよとみひでよし》の小田原攻めに連動して、石田三成《いしだみつなり》が忍城《おしじょう》を水攻めした時に、このところに石田堤《いしだづつみ》を造ったんですが、その築堤工事でこの堀が壊されたと考えられています。

丸墓山古墳の東側の、長方形の堀を廻らした古墳が稲荷山古墳です。今では綺麗な前方後円墳になっていますが、尾張沼の干拓工事で破壊された前方部を数年前に復元しました。その前方部は二段築成になっていて、前方部の一番高い所の標高は海抜二六メートルで、後円部と一メートルの差しかないのです。

われわれは、これまで全国の前方後円墳で、盾形をした周堀を見てきましたが、「さきたま古墳群」では前方後円墳の墳丘に対して長方形の二重堀が廻っているということが分

丸墓山古墳

かっています。

ちょっと東の方にある将軍山古墳《しょうぐんやま》は、墳長一一〇メートルくらいの前方後円墳で、今は綺麗に復元されて墳丘に埴輪が並んでいます。埼玉県の調査によると、この古墳にも二重の長方形の堀が廻っているということが分かってきました。

明治二十六年（一八九三）頃に、地元の地主さんたちが庭石が欲しいと、この将軍山古墳を発掘したところ、後円部から横穴式石室が出てきて、その石を地主さんたちが庭石にしたので、墳丘が縦に半分くらい土が取られて壊されていました。内部主体の石は根こそぎ持ち去られていましたが、横穴式石室の根石だけが残っていました。

将軍山古墳の遺物はたくさんあって、東京大学の人類学教室から東大の総合博物館に

将軍山古墳

入ったものもあれば、上野の東京国立博物館、それから地元というふうにバラバラに分けられているのです。この一〇年くらいに整理が行なわれて、地元の地主さんが、鉄屑のような鉄片を貰って持っていたのを提出してもらい、さきたまの資料館で復元したところ、馬に被せる馬《うま》冑《かぶと》になりました。

私にはよく分かりませんが、この馬冑の復元の仕方については、多少の異論がないわけではないのですが、少なくともこれは朝鮮半島から運ばれてきた物だと、私は思っています。

このような馬冑は、韓国の釜山《プサン》の福泉洞《ふくせんどう》10号墳から出ています。日本では和歌山市の大谷《おおたに》古墳と、この埼玉の将軍山古墳から出ていて、騎馬戦闘を示すような朝鮮半島の騎馬文化が将軍山古墳に入っていて、朝鮮半島との関係がかなり深いということが言えるようになっています。

それに大きな鈴が出てきたり、さ

将軍山古墳から出土した馬冑

らに蛇行状《だこうじょう》鉄器というのがありますが、これは朝鮮半島の古墳壁画にあって、曲がった鉄棒を武装した馬の尻の上に付けて、旗などが付けられるものなんです。六世紀代の後半くらいに、さきたまの地の一一〇メートルくらいの前方後円墳に眠る首長が、馬冑をはじめ朝鮮半島の騎馬文化的な物を持っていたことになります。

さらに中央部分には、「さきたま古墳群」で最大の墳丘を持つ二子山《ふたごやま》古墳があります。墳丘の長さは一三五メートル、後円部の高さ一二・八メートルあります。昭和四十三年（一九六八）と昭和五十年（一九七五）に発掘調査をして、墳丘西側に突出した中堤と墳丘を廻る二重の長方形の周堀が確認され、現在は国の史跡になっています。一〇年くらい前までは兎がいて、一時は増えてしまったんですが、現在では絶滅したようです。

周りに堀がありますけども、築造当時は空堀であったろうと思います。この堀を埼玉県教育委員会が手をかけて、数年前までは菖蒲《しょうぶ》園にして見事

蛇行状鉄器を付けた馬の埴輪

な菖蒲が咲いていましたが、古墳を見るよりも菖蒲を見に来るお客さんが多かったようで、この頃はあまり手をかけてないようです。

その二子山古墳の向こうに瓦塚《かわらづか》古墳、奥の山古墳、中の山古墳、他に愛宕山古墳、鉄砲《てっぽう》山《やま》古墳など前方後円墳が全部で八基あります。これらの古墳主軸の方向は若干ぶれているものもありますが、ほぼ南北方向になっています。

あと小円墳があります。さらに一番南にあるのが戸《と》場《ば》口山《ぐちやま》古墳という方墳です。これも調査がされていまして、墳丘は一辺が四〇メートルくらいですが、これに二重の堀が廻ると大きな方墳になるということです。日本の墓制の展開過程では、中央に各地が歩調を揃えるように、前方後円墳が消滅すると大型円墳や大型方墳が登場します。

二子山古墳

これがさきたま古墳群の全容です。

丸墓山古墳より稲荷山古墳が古かった

われわれは、「さきたま古墳群」の中で丸墓山古墳が一番古いと教わって、自分でもそう思っていました。この地域を支配した一族の代々の墓が造られた結果として、丸墓山古墳から始まって、稲荷山古墳から順次南の方に向かって、大円墳一基と前方後円墳が八基などという古墳群を形成していると思ってました。

埼玉県教育委員会が丸墓山古墳を調査しました。調査といっても墳丘の上を掘ったわけではなく、裾の部分にトレンチを入れて、どこがこの古墳の裾になるのかとか、周りや堀はどうなのかというものです。

西暦六世紀の前半代に、群馬県の榛名山《はるなさん》の爆発によって二ツ岳《ふたつだけ》という火山ができたのです。この二ツ岳噴出の土壌分析が行なわれて、二ツ岳噴火の火山灰層はFAと呼ばれています。群馬県の古墳の土台にFAとする火山灰層があるのか、墳丘の上にFA層が堆積しているのかで、時代が判断できるのです。榛名山が爆発した火山噴出物が、埼玉県一体にも降り積もっていて、調査の結果、丸墓山古墳は二ツ岳の火山噴出物の上にあることがはっきりいたしました。

そうすると稲荷山古墳発掘の所見から稲荷山古墳の方が古く、その次は二子山古墳で、二子山古墳の次に築造されたのが丸墓山古墳という順序になってきたのです。「さきたま古墳群」

の前方後円墳のすべてを調査をしないと、本当の築造年代をはっきりさせることは難しいのですが、埼玉県教育委員会が埴輪の調査とか、墳丘の調査をしていますので、おおよその築造順序が分かるようになっています。

瓦塚古墳も墳丘の片側は切り取られていたんですが、一〇年以上も前でしょうか、埼玉県教育委員会が発掘して裾を確認し、土を盛って復元しています。

鉄砲山古墳や奥の山古墳という前方後円墳が残っています。現在は整備して立ち木を切ったり、綺麗にしていますけども、比較的に墳丘がよく残っております。

復元前の稲荷山古墳は、昭和十一年（一九三六）から十二年にかけて、その頃、上野の帝室博物館の監査官をしていた後藤守一先生が、若い三木文雄《みきふみお》先生を連れて「さきたま古墳群」の測量をやっています。当時は、まだ前方部が綺麗に残っておりました。その時の図面が紹介され、後藤先生がお撮りになった稲荷山古墳の全景写真では、周りが全部畑になっており、現在は前方部を復元をして形がだいぶ変わっております。

さきたま古墳群を風土記の丘構想で全域を残すについては、ど

まだ墳丘が壊されていない昭和初期の稲荷山古墳

ういう整備をするか、どういう残し方をするかを、文化庁と埼玉県が相談した結果、確実なポイントを押さえるため、昭和四十三年（一九六八）に調査が行なわれたのです。

明大の考古学の卒業生が何人か埼玉県に就職しています。みんなもう定年になりましたが、彼らが現役バリバリの頃の昭和四十三年の七月一日から、斎藤《さいとう》忠《ただし》先生を団長に稲荷山古墳の発掘が始まったのです。

後円部と前方部の比高差が一メートルしかないとか、前方部の先端の幅が広がっているのは多分、後期古墳だろうと推察できるのです。後期古墳ならば完全に六世紀代に入っているから横穴式石室であろうとなって、横穴式石室なら南に入り口を開く石室構造が想定されるのです。

調査記録によりますと、全長一二〇メートルの前方後円墳の後円部しかなかったんですが、その後円部の南斜面に等高線に沿って何本かトレンチを入れて、横穴式石室の入口を探索したのですが、

稲荷山古墳の墳頂から発見された粘土槨（復元）

相当に苦労して掘ったようですが、まったく発見できなかったのです。

早稲田大学出身の市毛《いちげ》勲《いさお》さんが、関東地方の特に東京、神奈川、千葉、茨城という太平洋沿岸に近い、南関東を中心とした地域の前方後円墳には、後円部と前方部の括《くび》れ部に入口を開く、へそ曲がりの石室が多いというんで、「変則的古墳」という名前を付けています。

私どもが茨城県のひたちなか市で掘った壁画古墳の虎塚《とらづか》古墳では、亡くなった小林《こばやし》三郎《さぶろう》君と、括れ部からトレンチを入れようか、それとも正攻法の後円部南斜面から行くかどうしようかと相談して、やっぱり正攻法で行こうとなって、後円部の南に口を開くことを想定して調査したら、ずばり当たったんですが、茨城や千葉県内で前方後円墳の発掘をする時には、括れ部からトレンチを入れるか、オーソドックスに行くかっていうことがよく問題になります。

結局、稲荷山古墳の後円部の上を掘ったんです。

稲荷山古墳の墳頂から発見された礫槨（復元）

そうすると墳頂部から一メートルちょっとくらいのところに、稲荷山古墳の第一主体部の礫槨と、第二主体部の粘土槨が出てきたのです。

第二主体部は、昭和四十八年（一九七三）に発掘して、全長六・五メートル前後、最大幅が中央部で一・九メートルの粘土槨を確認しました。粘土で床を造り、中に遺骸を入れた木棺を入れて、壁も蓋の上も粘土で包む粘土槨です。報告書によると、この粘土槨の周りの粘土は後からベタベタくっ付けたように非常に薄かったとあります。盗掘を受けていましたから馬具が若干、刀剣が残ってるというくらいでした。

第一主体部は、昭和四十三年（一九六八）八月に発掘し、礫槨が発見されたのです。木棺を河原石の礫で包んでいます。中の木棺は腐って潰れ、棺を包んだ礫も全部落ちているという状況なんです。そこに刀や剣や鏡などの遺物が出てきました。

稲荷山古墳出土の遺物を考える

◆鏡

そこで稲荷山古墳から出た遺物を見ていきますと、まず画文帯環状乳神獣鏡《がもんたいかんじょうにゅうしんじゅうきょう》。これは直径が一五・五センチあって、中国の後漢から三国時代を経て造られた鏡で、この埼玉県の稲荷山古墳の鏡は、京都の藤井《ふじい》斉成会有鄰館《さいせいかいゆうりんかん》が持っているもの、宮崎県の新田原《にゅうたばる》山ノ坊《やまのぼう》古墳、三重県の波切《なみきり》の塚原《つかはら》古墳、千葉県の大多喜《おおたき》町の台《だい》古墳、群馬県高崎の観音塚古墳と同型鏡なのです。

つまり、同じ鋳型から鋳造している鏡が、今のところ日本列島内に六枚あるのです。埼玉県の稲荷山古墳の首長が手にしていた大事な鏡ですが、近畿地方の古墳にないんですよ。周辺の古墳に環状乳神獣鏡がたくさんあっても、これと同じ同型鏡はこの六面だけなんですね。こういう鏡の結びつきやあり方というものは、中央の大王権力と各地の有力な首長の関係から、こういう鏡を持つに至ったんだろうというふうに思っています。

◆帯金具

革や布のベルトの穴に突っ込む差し金があって、ベルト部分には、方形の金銅板に龍の文様の透かし彫りがしてある金具が付きます。その金具から鈴が一個ずつ下がるのです。そしてベルトの一番先端の帯先金具まで出ています。こういう高貴な身分、地位を表す物が出ているから、並みの豪族じゃないことは分かります。鍍金《めっき》の技術は五世紀代に入ってきたとされます。

龍文の透かし彫りをした帯金具は、奈良県の

画文帯環状乳神獣鏡

葛城広陵《こうりょう》町の新山《しんやま》古墳からも出ています。新山古墳は全長百二十数メートル余の前方後方墳で、宮内庁の陵墓参考地になっています。

明治十五、六年頃に地元の人が発掘した資料では、三十数面の鏡と一緒に鍍金をした龍文の帯金具が出たんです。この帯金具は、中国の魏《ぎ》の次の晋《しん》の時代とはっきりとわかる古墳の遺物ときわめて近いので、新山古墳の帯金具も中国の晋王朝から手に入れた物だろうと言われています。そうなると、この帯金具の年代は四世紀代にまで遡るだろうとされます。

しかし、その他の日本の古墳から出てくる帯金具は四〇〇年代も後半だろうと考えられるのです。つまり鍍金技術や龍の文様を透かし彫りする技術が、広く日本列島で展開するのが五世紀の後半だということです。

稲荷山古墳の帯金具は日本製だろうと言われています。それなら埼玉県で作ったのかということが問題になるんですが、私は稲荷山古墳に眠る首長が、生前に中央政権の大首長から贈られたものと理解し、儀礼的なもの、あるいは

帯金具の想像図

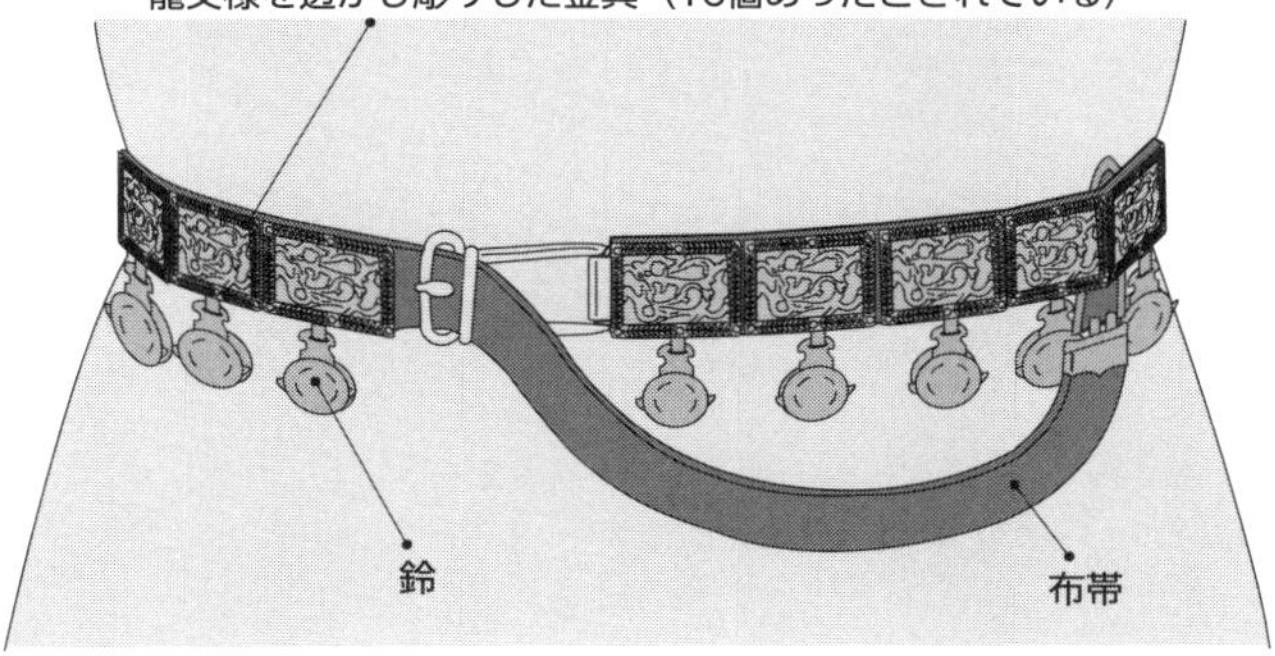

身分的な立場を示すような豪華な飾り帯金具であったと思うのです。しかも首にヒスイの勾玉《まがたま》を下げ、細い銀製の耳飾りをしていたのです。この勾玉の形も古いし、耳飾りは普通は銅の丸い棒に金鍍金をするのですが、銀の耳輪という点は、この稲荷山古墳の首長の立場を明らかにしているのかも分かりません。

◆工具・鏃

工具類では鉄斧《てっぷ》が二つと、それから鉄製のヤットコのような金具は、金鉗《かなはし》と言っていますが鍛冶に使う工具です。ピンセットみたいな鑷子《ちょうし》や鉇《やりがんな》というような工具類も出ています。これはやっぱり問題でして、古い古墳の伝統をもっている遺物の組み合わせなのです。

穴が開いた砥石が出ていますから、おそらく穴に紐を通して腰から提げた提げ砥石だったのでしょう。

それから鉄鏃《てつぞく》がたくさん出ていますが、甲冑が進歩すれば鏃《やじり》の形式が変わり、大きな鏃では飛ばない、距離がでない、飛ぶ速度が遅いのです。馬に乗るようになって、甲を着た人物が騎馬で疾駆するようになると、大きな鏃では的外れになります。従って甲冑の進歩と同時に鉄鏃がどんどん細身になって、速く飛び命中率がよくなるように変わっていきます。甲冑と鏃はシーソーゲームのように両方が競い合うという形をいたします。

稲荷山古墳出土の鏃には、三角形の切っ先に腸抉《わたくり》という逆刺《かえし》が付いたものもあります。そして全体に幅が狭くなって、長い棒状の鉄鏃にも鋭い逆刺が付いて、命中すれば引き抜くのが容易じゃなく傷が大きくなるものです。同じ五世紀代の鉄鏃の中でもこういう工夫があるとなると、鉄鏃の年代を五世紀の半ばよりはもう少し新しくして五世紀の後半あたりでしょうか。

礫槨の中央部分には挂甲小札《けいこうこざね》があります。古くは短甲《たんこう》なんですが、五世紀の後半段階から、こういう挂甲が登場してくるのです。

挂甲は小さな鉄片の小札を革で綴じ合わせた甲で、肩甲や胴などが可動的になっていて騎馬戦に適します。甲の小札の威《おど》し方や、一枚一枚の小札のあり方等によって、五世紀後半、六世紀、七世紀の甲ということになります。

◆馬具

この礫槨から馬具が出てきます。どちらかといえば関東地方では古い特徴をもった馬具です。関東地方にいつ頃馬具が出現するのか、あるいは馬の埴輪が登場するのはいつかということは、これは考古学の研究上で重要なことなんですね。この稲荷山古墳の墳丘からは、馬の埴輪も出てます。その馬

稲荷山古墳礫槨内の配置図

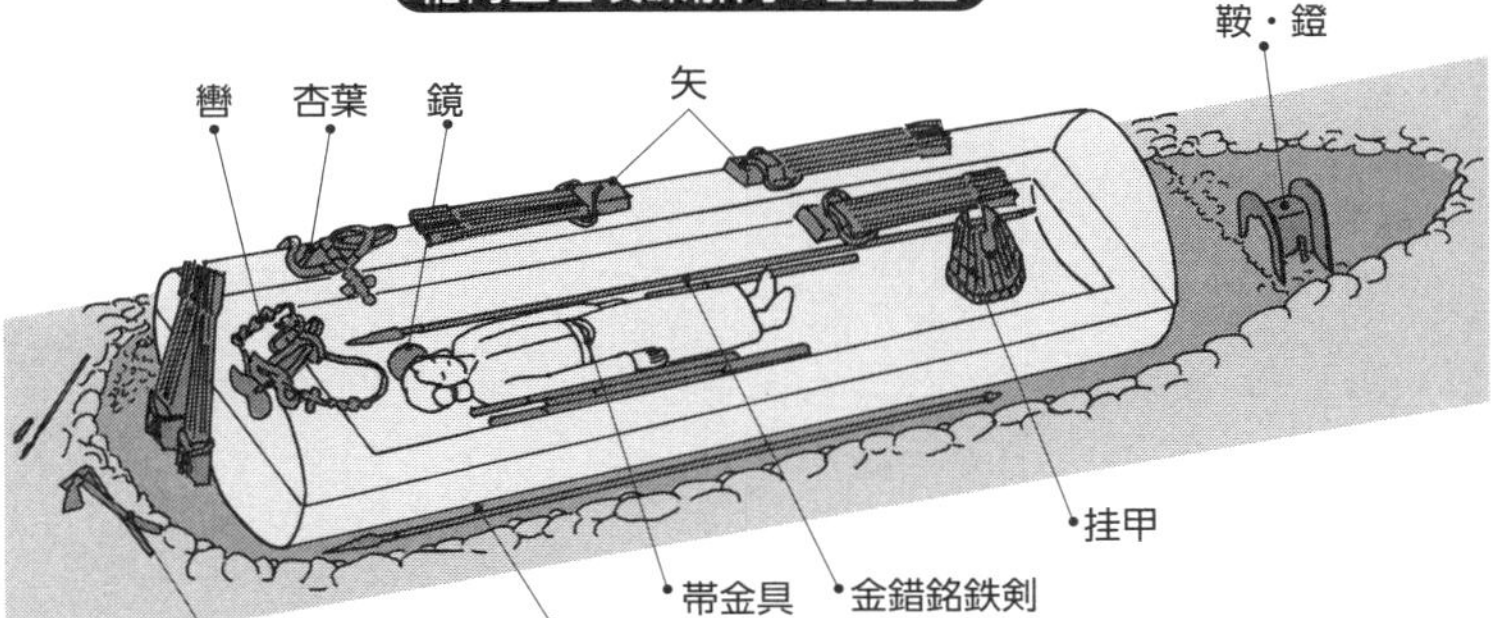

具の形式が今度は問題になってまいりました。

粘土槨の中央の木棺のどこにどんな物が副葬されていたかという配置図があります。礫槨の中に木棺があったのですが、腐っていますから分からないけれども、頭の方に轡鏡板《くつわかがみいた》があって、この轡には英語のｆのような形をした鏡板が付いているのでｆ字形鏡板と言っています。馬の顔の両側に付いてストッパーとなるので二枚あって、二枚の鏡板と鏡板の間に轡があって、馬が口にして咬むからハミと言います。周りの鋲の頭にも金鍍金がしてあるので非常に豪華な馬具であると言えると思います。

こういうｆ字型の轡の鏡板には、鉄地金銅張《てつぢこんどうばり》の名のように、鉄の板に金鍍金をした銅板を張る。そして周りに飾り鋲を打ち付ける。そういう鋲の間隔とか、大きな鋲や小さな鋲とかあり、さらに鉄の轡の形式等によって、轡の年代が問題になるのです。この轡は関東地方の馬具の中では古いもので、五世紀の終わり頃から六世紀の初め、西暦の四〇〇年代の終わり近くから五〇〇年代の初めの頃の年代を示すと思われます。

馬具の一種の辻金具もあります。鉄の四角い地板に銀の飾り板が張ってあり、これに四本の革ベルトが付きます。そのベルトの先のほうに色々な飾り物、馬鐸や馬鈴、杏葉が下がり、三つ鈴がくっつく三鈴杏葉《さんれいぎょうよう》も馬の飾りです。馬の胸や尻に垂らして、馬が歩けばチリンチリンと鈴が鳴るんですね。杏葉の中には、五つ鈴が付いた五鈴杏葉とか、和歌山県の大谷《おおたに》古墳のように七つも鈴が付いて、とても日本製とは思えない杏葉もあるんです。

白石太一郎さんなどは、三鈴杏葉の中でも稲荷山古墳の三鈴杏葉は、やや新しいのではないかと言うんですね。つまり四〇〇年代でも、もっとも新しくなるんではないかという理解をしているようです。ただ、私の教え子で三鈴杏葉を専門に研究している栃木県の斉藤弘《さいとうひろし》さんの研究によれば、これは鋳造馬具、同じ鋳型で造った馬具であって、三鈴杏葉、五鈴杏葉、七鈴杏葉の、鈴の数だけで新しい古いとは必ずしも言えないという意見もあります。いずれにしても稲荷山古墳の馬具は、馬具の中では新しいグループだろうと思います。

環鈴《かんれい》の研究をしている人によれば、この真ん中の丸い環に対して、周りの三つの鈴がどれくらい奥深く食い込むか、浅いかによって年代の差も出てくるとなりますので、稲荷山古墳の環鈴は五世紀代の後半の環鈴でいいのではないかというふうに思います。

しかし、この三鈴杏葉が北武蔵の埼玉県の地域に、いつ登場して、いつ頃流行するのか、これによって稲荷山古墳の最終年代を決めることは非常に問題です。

礫槨のずっと南の方にいくと、鐙《あぶみ》が木の部分は腐って鉄地だけ残っていました。それからすぐ北の方には鞍金具で細かい鉄のものが出ていて、全部残っていなくて前輪《まえわ》と後輪《しずわ》の鞍金具があるんですが、その鞍に付く鞖《しおで》金具っていうのが二つあります。辻金具と繫がる革ベルトの杏葉などは、馬の背中の両側に垂れ下がるのです。

もし稲荷山古墳の年代を、この三鈴の杏葉で決めるとなれば、後述の鉄剣の問題で出てきますが、四七一年というのは辛亥年で、鉄剣に金錯銘《きんさくめい》（象嵌《ぞうがん》）をした年です。だからそれよりは新しくなると私は思っています。稲荷山古墳は四七一年の前ってことはあり得ないんですから、以降に築造したと考えても私はかまわないと思います。

つまり、稲荷山古墳の年代はいつだ。本当のところを言えと言われれば、五〇〇年前後って言います。その、前後っていうのが気に食わないっていう人もいますが、四〇〇年代の終わりにもなるし、五〇〇年代の始めにもなる。だけど五三一年の辛亥年以降にはなり得ないっていうのが私の立場なんですけども、そういう点でこういう馬具の登場っていうのは非常に問題になるんですね。

◆埴輪と土器

稲荷山古墳の埴輪には朝顔形の円筒埴輪があって、六本の箍《たが》が付いた六条突帯《とったい》です。普通の円筒埴輪の方は箍が三本か四本ですね。埼玉県の稲荷山古墳を廻って立てられた円筒埴輪や朝顔形埴輪にもいくつかの形式があります。六条とか七条の突帯を持つ背の高い立派な埴輪は、多条突帯というふうに言っています。

いま問題になりつつあるんですが、どの古墳にも、こういう多条突帯の朝顔形埴輪があるわけではなく、関東では群馬県藤岡《ふじおか》市の七輿山《ななこしやま》古墳とか、茨城県小美玉市の舟塚古墳、茨城県龍ケ崎《りゅうがさき》市の稲塚《いなつか》古墳とかにあり、かなり有力な前方後円墳の埴輪に六条とか七条の箍を廻らせた背の高い立派な円筒埴輪が出てるんです。

応神天皇陵などの有力な前方後円墳にも、多条突帯の埴輪があるんです。これは、これからの研究課題で、東国における多条突帯の円筒埴輪が、中央の多条突帯を持つ大王陵とかと、どのような関係を持つかというのは、これから問題になるだろうと思うんです。

人物埴輪は、腰に鈴が付いた鏡を提げている巫女さんの埴輪が、稲荷山古墳から発見されています。と同時に、冑を被った武人埴輪が出ています。日本の埴輪研究の中で、人物埴輪が登場するのはいつからかは、これも大問題なんです。

まず冑の埴輪があって、人物埴輪の顔なんかが表現されない甲冑だけの埴輪になってきます。それが段々と目鼻が付くようになってくることで、同じ人物埴輪でもコスチュームとか全体の表情等によって、その人物埴輪の登場がいつかがわかります。これも畿内においては四世紀代の終わりに登場するか、五世紀代の初めになるかということですが、関東地方で人物埴輪がいつ登場するのか、埼玉県ではいつか、群馬県ではいつか、両県の研究者が俺の方が古いって言っているんですが、五世紀の後半段階には間違いなく群馬県も埼玉県も人物埴輪や馬形埴輪が登場していると言えると思います。

次は土器です。稲荷山古墳のいろんな考古学的な遺物の中で、何が一番良く年代を示すのかとなると、研究者は自分が専攻としているものによって、それぞれ年代を言うと思います。しかし、土師器の壺と須恵器の𤭯《はそう》と高坏《たかつき》があって、これは昭和十二年（一九三七）に、稲荷山古墳の前方部を壊して尾張沼を埋める時に、前方部と後円部のちょうど境の括れ部から、十数個の土器が一括して発見されたんですが、その時から地元の人が持ってたんです。

括れ部から出た土師器と須恵器だと、これはかなり年代がはっきりしますよね。大阪の陶邑《すえむら》の須恵器を焼いた窯の番号で土器の型式の編年がされますが、それからいけば高蔵《たかくら》遺跡の47号窯跡のＴＫ47型式、あるいはＴＫ23号型式の須恵器とそっくりということで、畿内における年代で五世紀の後半段階を示すものとなります。また、穴の開いた𤭯《はそう》という土器が出ています。こういうふうな物の須恵器の研究者は一形式で、つまりＴＫ23とＴＫ47は十二、三年くらいの差でしょうから、どちらにしても五世紀の後半で、六世紀までは下らないと言ってるんですね。それは私も同感です。

しかし、昭和十二年に地元の人が干拓工事に土を採った時に出てきたということは、学術調査で出たもんじゃないので、そのまま信用しては危ないということになります。そういうことで、半ば信用しながら、参考にしながら、うーん、ちょっとなぁっていう遺物だったんです。

ところが、埼玉県が稲荷山古墳の前方部を復元する工事を行なうので、括れ部の発掘調査をしたんです。そしたら括れ部のところから須恵器が結構出てきて、それが昭和十二年に出た破片と、今回発掘の破片とがくっ付いたんです。だから地元の人が持っていた須恵器一括は、間違いなく稲荷山古墳の括れ部から出たということが確証されたのです。

この土師器と須恵器は、稲荷山古墳の築造年代に関わりますが、じゃあ礫槨の時か？　粘土槨の時か？　となると難しいんですよ。若干の年代の幅があるだろうと思っています。

そして土師器には、私が学生時代の頃によく話題になった、和泉《いずみ》式土器と言われるものがあります。東京の小田急線の狛江《こまえ》駅のそばに、かつて東京航空計器という工場がありました。若い頃の明治大学の杉原荘介先生が、その工場の中で発見された住居跡を掘ったんです。その四角い竪穴式住居の中から出てきた土師器が和泉式の土師器なんです。特徴から地名を付けて和泉式土器という形式名が付いていているんです。

和泉式土器は、五世紀代の土師器と言っていたんですが、ずっと研究が進んできまして、関西で大阪陶邑や愛知県の猿投窯《さなげよう》の須恵器の窯跡などが掘られて、ＴＫ47とかＴＫ23とか須恵器を焼いた窯の番号によって、土器の型式の変化を言うようになってきました。いま東日本、関東地方でも若手の研究者は、発掘して出てきた土師器は、ＴＫ23以降だなとか言って、土師器自身の形式名を言わないで、関西の須恵器の形式名を基準にして土師器の年代を言うようになってきています。

杉原先生があれほどやってきた土師器の形式名が、この頃流行しなくなっている。やっぱり研究の中でも大声で叫ばないとその形式名を適用されなくなるのか、今はみんな大人しくなってきたってことかもわかりません。いずれにしましても、かつて言われていた和泉式の土師器の実年代は、最近は五世紀代でも前葉と考えられ始めていますので、須恵器のＴＫ216形式併行と考えるようになっていると思います。

今日、五世紀代の後半というのは土器型式から言って、ＴＫ23という古いグループと、ＴＫ47というやや新しいグループとが入っている。したがって形式差が、稲荷山古墳粘土槨の埋葬年代と、礫槨の埋葬年代の時間的な幅を示しているっていうことにもなってくると思うんですね。

立命館大学を出た須恵器の研究家の田辺昭三《たなべしょうぞう》さんが大阪の陶邑の編年等を作成し、現在は多くの人が、この形式編年を使っています。この編年表を見れば、ＴＫ23とＴＫ47のところに、西暦五〇〇年の線が引かれていますが、ＴＫ23は西暦四〇〇年代の終わり頃、ＴＫ47は西暦五〇〇年代の初めの頃で、このあたりに埼玉県の稲荷山古墳の年代がおよぶというように、多くの研究者が考えているわけです。

金錯銘の鉄剣

稲荷山古墳は、前期古墳の伝統を持ちながらも馬具が登場してくるということで、新旧交代の時期のものと推測できます。

五世紀の終わり頃というと有名な倭の五王の時代で、中国の『宋書《そうじょ》』の「倭国伝《わこくでん》」という文書に、日本の讃とか珍という大王が中国の宋の王朝に使いを出して、貢物を持ってきたという記録が出てくるんです。倭の五王の讃・珍・済・興・武という時代に引っ掛ってくるわけです。そういう時代の日本列島の東国がどういう状況にあるかっていうことは、やっぱり考古学の研究上、重要な課題になるんですね。

一番問題になりますのは、鉄剣なんです。そして、前期古墳では両刃の鉄剣が圧倒的に多くて、片刃の刀の数が少なかったのに、五世紀代に入ってくると刀の量が増えて、剣が減ってきます。稲荷山古墳から刀が四、五本と、剣が一、二本出ています。

そこで調査が終わって、さきたま古墳群の一角に、昭和四十三年（一九六八）にさきたま資料館という博物館ができました。最近、〝さきたま古墳公園〟となり、博物館も〝さきたま史跡の博物館〟と名前が変わったんですけども、そこに剣や刀や馬具を展示したのです。

後藤先生は、私どもや明治大学の学生諸君を連れて行って、さきたま古墳群やさきたま資料館の剣や刀を見て説明していました。しかし錆《さび》だらけでまったくわからなかったんです。ところが報告書によりますと、この刀や剣に錆がどんどん出てきて、表面の錆が割れてきて鉄の表面が剥がれるという状況になってきたのです。

さきたま資料館には、明治大学を卒業した小川良祐《おがわりょうすけ》君と彼の下にいた金子真土《かねこまつち》君が勤務してたんです。この二人がこれは危ないと、この剣も刀もどんどん錆が進んでいって、形がなくなって鉄の破片になってしまう、これはなんとかしなくてはということで、教育長さんなんか

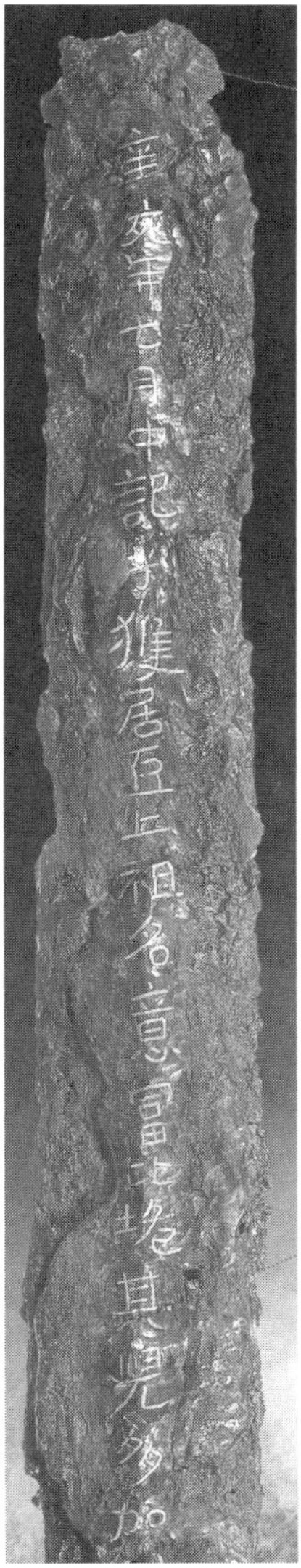

錆の中から金文字が浮かんだ鉄剣

と相談して予算化してもらい、奈良の元興寺《がんごうじ》文化財研究所に、錆を取って保存処置をしてもらうことになったのです。

鉄製品の保存処置というのは、真空タンクの中で刀や剣に熱を加えて、鉄の中の水分を蒸発させて、これ以上錆が出ないように刀や剣の中に合成樹脂を浸透させる処置をするんですね。そういう処置をするとピカピカに光るっていうこともあります。この頃ずいぶん技術が進歩して元の形がわかるようになってきました。

それが発掘から一〇年後です。発掘したのが昭和四十三年で、昭和五十三年（一九七八）三月上旬に保存処置を頼もうということで、小川・金子両君が抱きながら新幹線で元興寺へ運んだんですね。元興寺文化財研究所の記録では、昭和五十三年九月十一日とありますが、元興寺研究所の嘱託職員の大崎さんが、ピンセットで剣の切っ先の錆を取っていると、ピカッと光ったそうです。あれっと周りをどんどんやってみると金の条線というか、線が残っているということで大騒ぎになって、すぐ工業用レントゲンをかけるんです。そしたらこの剣の表に五八文字、裏に五七文字、合計一一五文字の金象嵌《きんぞうがん》の、あるいは金錯《きんさく》と言ってもいいんですが、文字が浮かび上がってきたわけです。

それは剣の裏表に書いてありますので、これを読み取るのが大変なんですね。亡くなった京都大学の岸俊男《きしとしお》先生とか、奈良文化財研究所の先生とか何人かの先生方が直ちに呼び集められて、剣の文字を読み解くわけです。

暦は十干《じゅっかん》と十二支《じゅうにし》が六十年に一回同じ干支《かんし》になって還暦となるわけですが、表に辛亥年《かのといのとし》と、まあ一般に辛亥《しんがい》と言っていますが、辛亥年七月中記《しちがつちゅうしるす》とあります。その次からは読みの上で、文字学などの問題が色々ありますが、私は専門ではございません。でも、今日では埼玉県教育委員会が先生方と相談して、正規に読んでいるのがこの読み方です。

「辛亥年《かのといのとし》七月中《しちがつちゅう》記《しるす》乎獲居臣《おわけのおみ》上祖《かみつおや》名《のなは》意富比垝《おおひこ》其児《そのこ》多加利足尼《たかりすくね》其児名《そのこのな》弖已加利獲居《ていかりわけ》其児名《そのこのな》多加披次獲居《たかひしわけ》其児名《そのこのな》多沙鬼獲居《たさきわけ》其児名《そのこのな》半弖比《はてひ》」と、これは剣の表の面に薬研彫りのV字型の溝の中に十六金の箔、あるいは金の筋を叩き込んだ後に磨《す》り上げて象嵌にしています。

裏の方は「其児名《そのこのな》加差披余《かさひよ》其児名《そのこのな》乎獲居臣《おわけのおみ》世々《よよ》為杖刀人首《じょうとうじんのかしらとなりて》奉事《ほうじ》来《きたりて》至今《いまにいたる》獲加多支鹵《わかたけるの》大王《だいおうの》寺《じ》在斯鬼宮時《しきのみやにありしとき》吾《われ》左治天下《てんかおおさむるをさじす》令作此百錬利刀《このひゃくれんのりとうをつくらしむ》記吾奉事根原也《わがほうじしたるこんげんをしるすなり》」と埼玉県教育委員会は読んだわけです。

実は、明治六年（一八七三）に熊本県の菊池川の下流の、玉名《たまな》郡菊水《きくすい》町、今は和水《なごみ》町と言ってますが、江田船山《えたふなやま》古墳という六〇メートルくらいの前方後円墳があって、地元の人がその古墳を掘ったんです。組み合わせの家形石棺が発見されまして、鉄刀や短甲や焼き物などたくさんの物が出たんです。その刀の中の一振りに、今度は剣じゃなくて刀です。大刀の幅の狭い棟に七四文字の銀象嵌の銘文が発見されました。この大刀は国宝になって上野の国立博物館に入ってます。

その江田船山古墳の銘文を読んだのは、亡くなった京都の福山敏男《ふくやまとしお》先生で、福山先生はミズハワケのオオキミという大王の名前から始まる文章に読んだのです。その文字の中に典曹人《てんそうじん》という言葉、あるいは張安《ちょうあん》とかいろんな名前が出てくるんです。この銀象嵌の銘文が、五世紀のヤマト王権の日本列島支配の実状を探る上で、きわめて重要な史料だったのです。

ところが、一〇〇年後の昭和四十三年（一九六八）に、埼玉県が掘った剣の銘文は「獲加多支鹵大王」と「辛亥年」という年号が出てきました。この辛亥の年というのは、四七一年、五三一年と六〇年ごとにあり、そこで四七一年の辛亥と考えるのか、五三一年の辛亥と考えるのか二つに割れています。

考古学者の中で斉藤忠先生などは、五三一年もあり得ると言っています。私は四七一年の辛亥と思っています。私の知っている研究者のほとんどは四七一年なんですよ。この辛亥をいつにするかっていう問題もあるし、獲加多支鹵大王が誰かっていう問題もあります。

上野の博物館に入っている、国宝の江田船山古墳の大刀の棟に刻まれた銀象嵌の銘文は、「獲□□□鹵大王」と大事な途中の字が読めないんです。これを福山先生はミズハワケのオオキミと読みましたが、それが埼玉県の稲荷山古墳の剣では獲加多支鹵大王と明確に読めるんですね。そこで再び江田船山古墳の大刀の銀象嵌の銘文を検証したのです。その結果、ほとんどの文献学者、考古学者がワカタケル大王と読むべきだとしたのです。「？」を出す人もいますから、一〇〇％ではないんですが、多くの学会や古代史の学界では、江田船山古墳の銘文もワカタケル大王という理解をしています。

『日本書紀』や『古事記』に獲加多支鹵大王の名前が出てきて、倭の五王の讃・珍・済・興・武の中のラストの倭王武とされます。倭王武が雄略天皇だということは、ほとんどの古代史学者が一致しています。

従って倭王武である雄略天皇の時に、西では熊本県の菊池川流域の江田船山古墳の被葬者が、ヤマト王権との関係が濃厚になって、典曹人という内廷に勤める書記官として活躍している。一方、東の北武蔵には杖刀人、つまり宮廷警護あるいは親衛隊のような軍事集団の長として仕えた男が、埼玉県の行田市周辺にいたということになります。つまり、五世紀の後半におけるヤマト王権の日本列島支配が、どうだったかという重要な史料であるのです。

この鉄剣は七三・五センチという長さを持ち、これは古墳時代の剣としては少し長いんですよね。剣としては新しい時期になる。古墳の遺物は短剣が長くなってきて、剣の数が少なくなり刀の数が多くなると、普通考えられているんですが、そういう点で五世紀の後半、後半と言っても幅が広く、いつにするんだということが専門の間では出てくるんですね。

これは、剣の問題だけではなく鏡の問題や馬具、あるいは帯金具の問題によってそれぞれ異なり、人によって随分と違います。私は礫槨の全体の状況から見るべきだと思うんです。しかも、考古学では一括遺物の中で、もっとも年代の新しい遺物で、その古墳の年代とします。つまり、礫槨への埋葬の時期はいつかというと、この礫槨から発見された遺物で、もっとも新しい年代を示す遺物が埋葬年代を示すものだと考えます。となりますと、人によって見方が変わってくるんです。

私は辛亥の年が四七一年と思っています。ですが釜山大学の考古学の新館長ジキ・ケイプスさんとか、斉藤忠先生あるいは同志社大学の森浩一さんなんかも五三一年もあり得ると言っています。従って六世紀の半ばという年代を稲荷山古墳の礫槨に与えなければならなくなるかもしれません。そうすると他の副葬品の形式変化とうまくかみ合うかどうかが問題になりますので、これは考古学の専門の研究者の間では非常に厄介な問題です。

古代史の方で使われるものですが、中国の南宋の『宋書』の中の「夷蛮伝」の「倭国の条」という有名な史料があります。ここに倭王讃・珍・済・興・武と、日本の大王たちが東アジアの国家間交流っていうか、政治的な交流っていうか、かなり使《し》を遣わしていたという有名なことが書かれています。

その中に、順帝の昇明《しょうめい》二年、使いを遣わして表《ひょう》を上《たてまつ》る。という文章が出てきます。昇明二年は西暦四七八年になります。「使を遣わして表を上る。曰《いわ》く、封國《ふうこく》は偏遠《へんおん》にして、藩を外に作《な》す。昔より祖禰《そでい》躬《みずか》ら甲冑を擐《つらぬ》き、山川《さんせん》を跋渉《ばっしょう》し、寧處《ねいしょ》に遑《いとま》あらず。東は毛人《もうじん》を征すること五十五國、西は衆夷《しゅうい》を服すること六十六國、渡りて海北《かいほく》を平《たいら》ぐること九十五國。王道融泰《おうじゅうゆうたい》にして、土を廓《ひら》き畿を遐《はるか》にす」云々とあります。これが四七八年に倭王武が南宋の順帝に遣いを出して上表文を奉って、その文の中に、祖先以来甲冑を身に着けて、一生懸命やってきたと、日本国内を北から南に、海を渡って朝鮮半島にまで出かけて、いろんな行動をやってきたと言っているんですね。

これは古くから古代史の有名なことなんですが、これまでの古代史の研究から、この倭王武は雄略天皇だとし、『日本書紀』や『古事記』によれば、ワカタケル大王が雄略天皇である倭王武であるとすれば、埼玉県の稲荷山古墳の鉄剣銘の獲加多支鹵大王となるのです。

私は国文学の国語事情に詳しくはないのですが、どのように発音するかとかの研究が行なわれています。ワカタケル、ワカタキル、ワカタケロと、専門家によって読み方の研究が行なわれてまいりまして、埼玉県の教育委員会が先生方と相談の結果、辛亥《かのとい》の年《とし》、七月中《しちがつちゅう》記《しる》すという読み方が認められているわけです。

文献のことは、そういうふうに読んでいるということで、ご理解いただきたいんですが、埼玉県の稲荷山古墳から、銘文が書かれた鉄剣が出てきたことで、この鉄剣は埼玉県で作ったの？という質問が、シンポジウムなどでよく出ます。文章の中身からいって、埼玉県じゃ無理じゃないでしょうか？

乎獲居臣《おわけのおみ》が中心人物ですが、その乎獲居臣が八代遡った遠い自分の先祖は意富比垝《おおひこ》ですとあります。文献の方の先生方は、オオヒコというのは崇神《すじん》天皇が四道《しどう》将軍を派遣した時に、北陸に大彦命《おおひこのみこと》を派遣すると記録があって、この大彦命である可能性が強いと言っています。その乎獲居臣の臣をどう理解するか、多くの皆さんはただオミと読んで、姓《かばね》だと考えているかと思うんですが、文献の先生方にとっては、これは姓なのかどうかということも問題とされます。

乎獲居臣が杖刀人《じょうとうじん》の首《かしら》として、先祖からずっと大王の宮廷警護や親衛隊の要職に代々就いてきたというんですよ。一方、熊本の江田船山の方は、内廷に仕えて書記官のような典曹人、官房長官のような役目を代々してきたということで、ヤマト王権を中心に九州から北関東の北武蔵にいたるまで中央政権と地方政権とが非常に濃厚な政治的な関係にあったことを示すものだろうと考えられるのですけども、じつは問題がたくさんあるんです。

「さきたま古墳群」の中で、一番最初に登場してくる古墳が稲荷山古墳なんです。以前は丸墓山古墳だと思ったんですが、丸墓山古墳は稲荷山古墳、二子山古墳の次に出現した古墳で、六世紀の中ごろから後半なんですよね。

稲荷山古墳の粘土槨は、盗掘を受けていてほとんど分かりません。ところが、稲荷山古墳の後円部の上に、ど真ん中ではなくやや前方部寄りに、粘土槨とはイロハのハの字状に礫槨が並んで存在していたのです。つまり後円部上の棺槨の位置に空白域が多かったんです。

今から数年前に応用地質研究所という、地質調査を専門にする会社があるんですが、そこにお願いして地下レーダーの機械を墳丘の上に上げて、電波を発して、その電波の返ってくる状況によって、掘らないで中身に何があるかを知ろうということをやったんです。そうすると一・五メートルくらいのところに、かなり強い反応があるというのです。

その後、また別の機関にお願いしてやったら、そこでも同じような反応が出ていますから、稲荷山古墳の後円部上には、礫槨と粘土槨と、深いところにもう一つ埋葬主体があるのではないかと言われています。その他にも若干の反応があるので、人によっては四つあるかもわからないというのです。そうすると、一一五文字の金象嵌の鉄剣を所持していた被葬者よりは、二世代くらい古くなる可能性があると考えられるのです。つまり「さきたま古墳群」で最初に登場するのは稲荷山古墳だとしていますが、その礫槨よりはもう少し古い時代の歴史があったということです。

埼玉県は稲荷山古墳を掘りたいんです。私も委員の一人なんですが、われわれは掘らなきゃ駄目って会議で言ってるんですけども、文化庁は国の史跡だから駄目っていうんですよね。そういうことで稲荷山古墳は〝疑問〟がまだあるってことです。

武蔵国造の乱との関連は

『日本書紀』の安閑《あんかん》天皇元年（五三四年）に、北武蔵に本拠を置く笠原直《かさはらのあたい》使主《おみ》という者がいて、同族で南武蔵を支配する笠原直小杵《おぎ》が、武蔵の国造《くにのみやつこ》の地位を争ったことが記されているんです。年を経ても争いの決着は付かず、南武蔵の豪族小杵は、上毛野君《かみつけぬのきみ》小熊《おくま》という群馬県の首長と結んで、南北から使主を挟み撃ちにしようとしたか、とにかく殺害を計画します。

そこで笠原直使主は、密かに関東を抜け出して、畿内のヤマト王権に助けを求めるんです。ヤマト王権は直ちに決断して遠征軍を派遣したようで、戦いがあって笠原直使主とヤマト王権側が勝ち、小杵は成敗されて、笠原直使主が武蔵の国造に承認されます。笠原直使主はヤマト王権に感謝して、横渟《よこぬ》（埼玉県比企郡吉見？）、橘花《たちばな》（神奈川県川崎市と横浜市の東北部？）、多氷《おおひ》（東京都多摩地域）、倉樔《くらす》（神奈川県横浜市南部？）の四ヵ所の土地を屯倉《みやけ》（朝廷の直轄領）として献上するんです。

これがどこまで歴史的な事実なのか？　疑問とする研究者もあり、何らかの事件があったのではとする研究者もいます。

古墳の現状から見ますと、豪族小杵が支配する南武蔵では、古墳時代の前期には東京都世田谷区の田園調布《でんえんちょうふ》に大型の前方後円墳が築かれ、中期になると首長勢力が野毛《のげ》に移ったと推測され、野毛大塚古墳の帆立貝形前方後円墳が築造されています。しかし、関東の各地で大型古墳が築かれた六世紀には、東京に大型古墳が見られないのです。そのため、四～五世紀末まで優勢であった南武蔵の勢力は、北武蔵の勢力に取って代わられたと見ることもできます。

また、上毛野君小熊の本拠には、全長が二一〇メートルという関東最大の太田天神山古墳があり、巨大古墳を築造できる強大な力を誇っていたのですが、武蔵国造の乱の以降には、巨大古墳は造られなくなっています。

一方、代々杖刀人の首を務めた北武蔵の「さきたま古墳群」では、稲荷山古墳の金錯銘鉄剣の辛亥の年代を四七一年とすれば、六三年後に武蔵国造の乱が起こっていますので、笠原直使主は「さきたま古墳群」最大の二子山古墳に葬られているとする研究者もいます。代々杖刀人の首をした者の子孫だから、ヤマト王権も援軍を差し向けたとも考えられます。

安閑天皇の時期ということですから、五〇〇年代の前半になるんですよね。そういうことが絡まって、「さきたま古墳群」の稲荷山古墳の登場の年月の年と、『日本書紀』に出てくる武蔵国造の問題と、どのように繋がってくるかっていうのは大問題なんですね。

いずれにしましても、中央のヤマト王権が東国をどのように支配し、西国はどこまで支配したか、私はヤマト王権の直接支配はかなり強力だったと思います。そういう点で「さきたま古墳群」の稲荷山古墳と金象嵌銘鉄剣の存在は、まだまだ重要なポイントを握っているのです。

今こんな不景気になっていますが、埼玉県は四〇ヘクタールから六〇ヘクタール、最終的には一〇〇ヘクタールの全域で古墳群を残そうと頑張っていますので、こういう研究は、今後もまだまだ続くと思います。稲荷山古墳という一二〇メートルの前方後円墳が、二重の堀を廻らして、後に続く「さきたま古墳群」の代々がみんな二重の長方形の周堀を持つということは、その稲荷山古墳の家系が、中央と密接な関係を持ちながら過ごしていったということだけは間違いなく言えると思うんです。

じゃあ乎獲居臣があそこに埋葬されているのか？　となると、そうじゃないという人もたくさんいらっしゃいますが、私は乎獲居臣が礫槨に埋葬されていたという考え方をとっています。

乎獲居臣自身が、大事な鉄剣をあの世に持って逝くということで、自分の遺骸の左側に置き添えたということだろうと思います。稲荷山古墳の鉄剣をめぐる話で、北武蔵の前方後円墳の被葬者の性格は、これからさらに分析しなきゃならない問題点がたくさんあると思われます。

第四講 常陸三昧塚古墳と首長の性格を考える

「騎馬文化」への愛着を物語る出土品の数々

独立後初の調査になった三昧塚古墳

常陸《ひたち》三昧塚《さんまいづか》古墳は、昭和三十年（一九五五）の春に、私が初めて調査責任者として発掘をした最初の古墳でして、私にとっては、考古学人生を一本立ちしたスタートの古墳だったんです。場所は霞ヶ浦《かすみがうら》の一番北の方です。当時、茨城県新治《にいはり》郡の玉造《たまつくり》町の沖州《おきす》（現・行方《なめがた》市玉造町）と言っていました。その沖州にありました三昧塚と呼ばれている古墳です。

私は、後藤守一先生から「三昧なんていう名前が付いているということは、仏教に関係があ

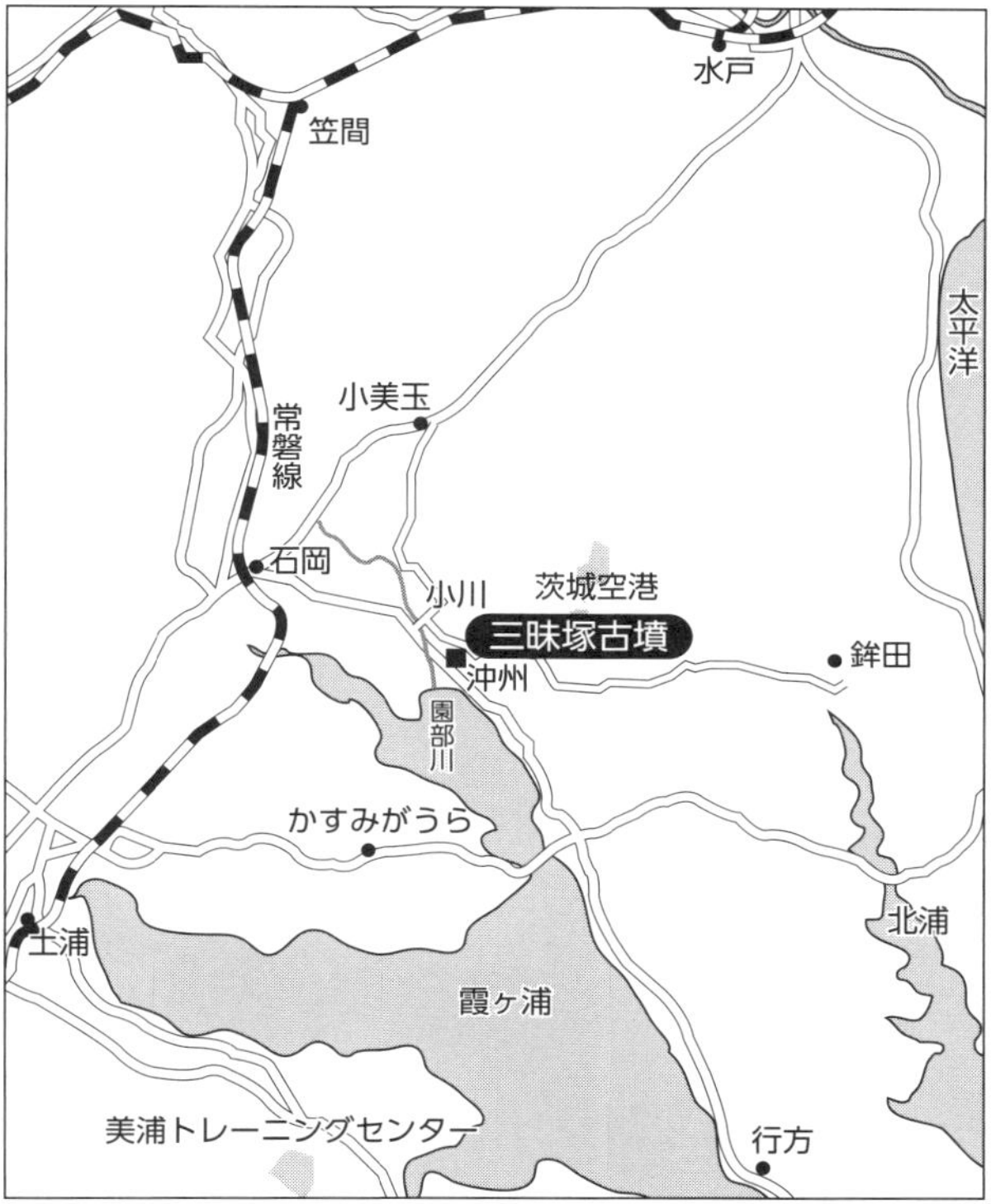

るのだろう。となると古くからいろんなお祀りがされて、発掘がされているから、掘ったって何も出ないよ」と言われていたのです。

何故この古墳の調査をしたかというと、ご年配の方はご承知でしょうが、戦後の昭和二十二年（一九四七）に、東日本を襲ったキャサリン台風がありまして、埼玉県幸手《さって》付近の堤防が切れて、埼玉県から東京あたりが大洪水になり、随分被害を出したことがあります。

　私の恩師の杉原荘介《すぎはらそうすけ》先生の話だと、利根川流域は大洪水、江戸川も水量が増して総武線は全線不通だったそうです。当時、杉原先生は文部省の大学学術局に勤めておられて、普段は遅刻が多かったそうですが、朝早く家を出て、総武線の江戸川の鉄橋で、服を脱いで風呂敷に包んで頭と背中にくくり付けて、靴を手に持って、線路まで冠水した鉄橋を渡って出勤しましたが、文部省には誰もいなかったそうです。そういう時にこそ、俺は早く出勤するなんて言っていました。

それくらい大洪水を起こした台風だったので、霞ヶ浦沿岸も冠水しました。当時の農林省と茨城県とが相談しまして、周りの水田が冠水しないように、霞ヶ浦の周辺に防波堤の土手を造るという工事を始めることになったのです。

その工事は、昭和三十年（一九五五）頃から始められたわけです。

三昧塚古墳の地目は山林となっていて、周りに低い丘陵が迫り、園部川《そのべがわ》が開削した低地があって、霞ヶ浦に臨む水田地帯の水田の中に、長さ八五メートルの見事な前方後円墳が一基納まっていたのです。

築堤工事を請け負った茨城開発という会社が、県にこの古墳の土を運んで霞ヶ浦沿岸に防波堤を造ると届けを出したら、県の農地課長は、県の台帳には地目山林とあるが木も植わってないので、取り壊してよろしいという判子《はんこ》を押したんです。

それで茨城開発という会社は、この古墳の土を崩してトロッコで運んで防波堤を造り、前方後円墳の跡地は水田にして地主に返すと計画したんです。そこで沖州地区の区長さんは地区の人と相談し、三二万円で古墳の土を売ったんです。だから三二万円は沖州地区に入り、跡地は地区共同の水田になって一石二鳥《いっせきにちょう》だということです。

昭和三十五年（一九六〇）に池田内閣が登場し、池田勇人《はやと》総理は昭和二十五年（一九五〇）の第三次吉田内閣で、大蔵大臣・通商産業大臣を務めていたとき「貧乏人は麦を食え」と答弁して問題になったんですが、所得倍増計画以降の日本は、高度経済成長時代を迎えて懐具合も良くなり、今日の日本になったのです。

しかし、昭和三十年頃の日本は、文化財保存などには、とんと無関心・無頓着というか、県の農地課の課長が、こういう立派な大きな前方後円墳を売って壊す許可をしたわけですから、当時の文化財保護行政もまだまだ低レベルだったんです。

昭和三十年三月から工事が始まって、古墳から霞ヶ浦まで約三〇〇メートルくらいでしたから、周りの丘陵の土を削るよりは近場だからというので、開発会社がまずこの古墳の土を崩し始めたのです。昭和三十年の茨城の玉造町にはブルドーザーなどはまったく入っておりませんで、線路が布かれて、トロッコが二〇台くらいあって、手掘りです。前方後円墳の古墳の墳丘を縦長に手作業で削っていくのです。

写真を見れば、もう間もなく後円部の中心部にぶつかりそうな状況ですね。これは昭和三十年三月二十七日、茨城県教育委員会と後藤守一先生と斉藤忠先生から、私にこの古墳の調査に行きなさいと依頼があり、私は常磐線の石岡《いしおか》の駅で降り、現地へ行って最初に撮った写真です。私が現地に到着した時には、このような状態でした。

この古墳を、なぜ調査することになったかというと……。

これまで、この古墳の裾は壊されてはいなかったんです。それで鍬が打ち下ろされた最初の段階から、古墳の裾から埴輪が続々と発見されたんです。その埴輪は人物埴輪と動物埴輪があったようでして、人物埴輪は茨城県でも古い段階の物で、首や顔もわりあいに小さくて小型なんです。

自治体がそうですから、現場で働いていた作業員のおじさんたちには、文化財という意識がまったくなく、そういう人物埴輪の首をスコップで切って、埴輪の首だけ二十何体かを、面白半分に石岡から鉾田《ほこた》へ行く県道の土手の脇に並べたというんです。

今は石岡から鉾田へ行く県道は、立派な広い高速道路になっていますが、当時は幅三〜四メートルくらいの舗装もしていない道だったんです。石岡市高浜《たかはま》に茨城県では有名な日本酒を醸造している蔵元があって、その酒造メーカーの社員が鉾田《ほこた》の方に配達に行くのにこの県道に差し掛かると、県道に埴輪の首がずらりと並んでいたのです。

じつは、この蔵元の経営者の方は、茨城県の文化財保護審議会の委員をしていたのです。そこで店員さんが、「今、県道に埴輪が並

筆者が現地に到着して最初に撮った写真。墳丘が大きく削られている

んでいる」と電話で知らせたのです。蔵元の経営者の方がトラックで現地へ行くと、まさに道端に埴輪が並んでいるので、現場で働いていた作業員のおじさんたちに、自社のお酒を渡して、埴輪を車に積んで持って帰ったんです。墳丘の裾から、その他にも動物埴輪なんかが続々と出ておりまして、それらもみんな自宅へ運びました。それが県庁に知れ渡って、県から文部省文化財保護委員会へ連絡が上がって、工事のストップを命じたわけです。

その頃は、まだ文化庁はなくて、斉藤忠先生が文部省の文化財保護委員会の担当係官をしておられたのです。斉藤先生は一〇〇歳を過ぎて、現在も元気で原稿を書いているようですが。

工事のストップを命じたけども、現場の茨城開発は工事を止めたら会社が潰れる、と言うことを聞かないんです。県庁の課長さんの首が飛ぶのどうのという大騒ぎになって、文部省と茨城県が相談して、緊急発掘を行ない、県と地元の地区は全面的に調査をバックアップすることになったのです。

じゃあ誰を現地にやるかとなって、後藤守一先生と慶應義塾大学にいた藤田《ふじた》亮作《りょうさく》先生たちが相談し、明治大学の大塚がいいとなって、大塚一人じゃ大変だろうから慶應義塾大学の清水《しみず》潤三《じゅんぞう》助教授も出そういうことになったのです。ところが、ちょうど三月で、慶應義塾大学の入学試験の真っ最中で、慶應としては清水さんが入学試験に居ないと困るので、茨城県の古墳発掘に出張させることを拒んだんです。

だから私一人になってしまい、茨城県教育委員会から川上博義《かわかみひろよし》さんという担当の係りの人が来るから、行ってやれと言われたのです。ところが、その川上さんは、東大で「縄文研究の父」とされた山内清男《やまのうちすがお》先生の門下生で縄文の専門家なんです。ですから現地へ行っても調査のことは、すべて私一人の判断でやることになったのでした。

結局、私一人ですが、一人で長さ九〇メートルの前方後円墳の発掘ができると喜び勇んで出掛ける時に、後藤先生が「大塚君、日本の古墳というのは、仁徳陵にせよ応神《おうじん》陵にせよ、墳丘が三〇〇メートル超えても、四〇〇メートル超えても、高さが三十何メートルの大墳丘であっても、内部主体部は墳頂部から平均して約一メートル五〇センチくらいにあるのが日本の古墳の特徴なんだよ。中国大陸や韓国の新羅《しらぎ》なんかの古墳は、大墳丘があっても主体部は地下にある。上に高い墳丘を盛っても盗掘を受けるんだぞ。だからいいか、独立して初めて掘るんだから一メートル五〇センチくらいまで掘って何もなかったら、あるいは江戸時代の五輪塔など時代が違う物なんかが出たら、それはもう盗掘を受けている証拠だよ。だからご臨終だぞ。そしたらもう無駄な力を出すのは止めて早く帰って来い」と言われたんです。二九歳にして独立し、初めて自分の指揮で古墳を掘るのに、まさかご臨終ってことはないだろうと、茨城の現地へ行ったんです。

そして現地へ行くと、古墳の裾の所に埴輪の破片が高さが二メートルくらい、直径三メートルくらいの山になっていました。これをよく見たら、その埴輪の破片の中に馬の足と考えられる長い円筒状の動物の足や、馬の足よりもっと細かい鹿か猪かという動物の足と考えられる物の破片が山になっているのです。びっくり仰天しました。

現場に行くようになってから、作業員の人たちに埴輪をどうしたかと聞くと「いや、人物埴輪の顔だけでも二十何体あったよ。それを全部トラックで酒造会社に運んだよ」と言うのです。そこで茨城県教育委員会は蔵元の経営者の方に「お持ちになった埴輪は、県に一度出してほしい」と依頼したんですが、蔵元の経営者の方は「そんな物はない」と出さなかったんです。その後、蔵元の経営者の方は茨城県の埋蔵文化財保護審議会の委員を辞めさせられました。

そして私が調査している一ヵ月の間に、蔵元の経営者の方は何度か車で現場に来られたけれども、現場で働いている作業員さんたち二〇人くらいが「嘘つくな。俺たちがお前のトラックに埴輪を積み込んだじゃないか」「お前のところの酒は、われわれは確かに戴いて飲んだよ。嘘つくな」と言って、皆でわっしょいわっしょいってトラックを倒すんですよ。私は跳んでいって、それを止めたりしたのです。昭和三十年代頃は、まだ文化財保護をめぐる問題はいろんなことがあって大変な時代だったのです。

それから調査が始まるんですが、茨城県と地元の沖州地区は、この調査を全面的にバックアップするという約束でした。ところが、私は昼頃に着いて現地へ行ったんですが、その日に私が泊まる宿舎も決まっていないんです。県から見えた川上さんと私と二人が、ずっとこれから調査をするというのに、地元の宿も決まらないのです。

戦中から戦後のしばらく、東京の人たちは振袖や着物を持って、石岡から高浜辺りの農家へに行って、お米やさつま芋に換えたんですね。あの辺の農家の皆さんは、当時都会の人に対してそういう意識を持っていたので、東京から来た大学の若い先生に、とてもじゃないけども俺の家の部屋を貸すなんて考えられないよと、私の宿舎が夕方になっても決まらないんです。

結局、地区の区長さんが、ある大工さんのお宅を説得して、私と川上さんが泊まることになるのですが、一月前に旦那さんが亡くなって、中学生と四歳くらいの女の子との未亡人のご家庭なんです。そこに私という二九歳の青年が一ヵ月お世話になるんですけども、私も随分困りました。

部屋には電球がないんです。それで他の部屋から二股ソケットで電線をずっと引っ張ってきて、裸電球を点けるんですが、その裸電球を天井から吊るす紐がないんです。その奥さんの着物のシゴキの赤い紐で引っ張るんです。春たけなわの三月ですが寒かったですよ。私の掛け布団は四歳の女の子のヨシコちゃんが寝ていたものなんです。私が掛け布団を被《かぶ》ると布団の端の黒い布がピカピカ光ってるんですね。そこに私は一ヵ月寝たというういい思い出というか、懐かしい思い出があるんです。そのヨシコさんもお元気でいれば六〇歳過ぎじゃないかと思うんですけどね。

埴輪の配列は手抜きをしていた

そういうことで発掘は始まりました。

私が三月二十七日に現地に乗り込む時に、県の農林課ではこの古墳の測量図は作っておくという約束だったのですが、私が石岡に着いて現地の古墳に行っても、まったく古墳の測量図も何もできていないんです。採土工事はひたすら、南西側から北東側の後円部側に向かって、土取り工事がどんどん進んでいるという状態ですから、私がここを掘るという場所の設定が、ここがこの墳丘の中央部のどの辺かという確認ができないんです。

私が独立して、生まれて初めて自分の指揮でこれだけの前方後円墳を掘るという時に、測量図もできていない。これから測量するとなると工事がどんどん後円部の中心部にかかってしまうので、一刻も早く掘らなければならないということで、応援の地元の青年団一〇名と墳丘に駆け上がったのです。

後藤守一先生や斉藤忠先生のような、戦前・戦中からの考古学研究者、大先生方というのは、古墳の発掘であれ、どこどこの遺跡の発掘であれ、ご自分が出掛けていって、ステッキで指示して、「はい。ここを二メートル四方掘りなさい」と言って地元の人がそこを掘る。何か出ましたというところで「はい。ストップ」と言って、先生が穴の中へ入って指示をするという発掘のスタイルなんですね。古い発掘は……。

どうして私に助手を付けてくれなかったか? 現在は墳丘のことから始まって、組織的にちゃんと調査の態勢ができています。少なくとも、三昧塚の規模の古墳を掘るのなら、私の下に大学院の学生が三人や四人、学部の上級生が五人や一〇人というふうにいて、ちゃんとした体制を作って調査を進めるはずなんですが、その時の私は「大塚君、行きたまえ」という一言だけで来たのです。要するに偉い先生方は、昭和の一桁くらいの時代に、ご自分が上野の博物館から出張して地元の農家の皆さんの応援を得て発掘するという、そういうスタイルを想定していたんでしょう。

それで青年団一〇名で四メートル四方に後円部の上を掘ったんです。五〇センチ、一メートルと掘っても何の痕跡も出ない。一メートル五〇センチまでやろうと思って、それで出なかったら、「大塚、ご臨終だぞ」と言われた後藤先生の声が耳に残ってました。俺が責任者となって、初めて掘る立派な前方後円墳が、盗掘古墳だったとしたら、俺の人生も惨めなものだなという感慨が、ちょっと脳裏をよぎりました。

調査が進んでまいりますと、この約八五メートルの前方後円墳の後円部、墳頂部には埴輪円筒があります。箍《たが》が三段四条の円筒埴輪が密接しています。この写真も、私が駆けずり回って撮った一枚なんですが、現場に剪定鋏《せんていばさみ》なんてないんで、根などが映り込んでいます。今だったら、もっと綺麗に古墳を掘り上げるんですけどね。

この三昧塚古墳には円筒埴輪が、墳頂部の一番上のところに密接して円形に並んでいます。それから中段に一列、それから裾というふうに、三段に埴輪が並んでいました。

そして、大量の動物や人物埴輪は、前方後円墳の後円部の南側の裾から一列に並んでいたのです。ところが三昧塚古墳の北側には、あまり埴輪がなかったんです。完全な調査はできておりませんけども、北側は二～三メートル間隔くらいに円筒が立っているように、私には思えました。要するに手抜きです。つまり霞ヶ浦側から、この三昧塚古墳を見ると南側の裾には、ずっと埴輪円筒列と馬や動物埴輪や人物埴輪が裾に一列にずらっと並んで見える。ところが北側に回っていくと、人物埴輪とか動物埴輪はなくて、円筒埴輪だけを手抜きで間隔を抜いて、二～三メートルおきにポツン、ポツンと並べたんだと思います。

この円筒埴輪を見ると透孔《すかしあな》はまん丸のもあるけども、やや方形化した孔が開いていたりします。もちろん縦長の縦のハケ目でして、そこに廻った箍の断面を見ると、かなりきちんと方形にピシッときめてありますから、茨城県の霞ヶ浦沿岸の円筒埴輪としては、どちらかといえば比較的古い伝統を持っていると思いました。

私一人なんですから、埴輪も調査しなければならないし、主体部も掘り下げなきゃならない。青年団の諸君に上を掘ってもらって、第一日目は五〇センチ、それから七〇、八〇、一メートルと掘っても何も痕跡がないんです。一メートル五〇センチまでいきましたら、江戸時代の五輪

出土した円筒埴輪

塔が投げ込まれていたのが出てきました。直径五、六メートルの擂鉢《すりばち》状の盗掘孔があって、その底の方に五輪塔と骨壺が投げ込まれていたのでした。かなり大きな盗掘孔だったのです。

後藤先生の言ったことが見事に当たって、一メートル五〇センチの穴の底から五輪塔が出たというのは、そこまで盗掘を受けて、当時の人が何もなかったかどうかは知らないけども、周りにあった供養塔の五輪塔を投げ捨てて、それで埋めたというしか考えられない。私の一生で記念すべき独立の発掘が、五輪塔でご臨終かと、がっくりしましたね。

ワレ石棺発見セリ

私は戦後、明治大学へ入ってから、亡くなった芹沢長介《せりざわちょうすけ》さんや杉原荘介先生と一緒に、もう縄文の遺跡ばかり発掘していました。千葉県の市川でも神奈川県下でもそうで、必ず縄文の貝塚などの遺跡を掘ると、掘った遺跡の断面を垂直に綺麗に掃除して、土層の積み重ね、貝層の積み重ねというものを微細に検討して図面を作るということが、考古学の基本だと教わっておりました。

だから三昧塚の古墳の後円部の孔も、これは当然盗掘を受けているということは分かったけども、掘りっぱなしじゃまずい。古墳はなくなってしまうけれども、やっぱり、記録として遺しておかなければと考え、周りの壁面を垂直に削ってもらって図面を取りました。

三昧塚古墳の土は砂なんです。霞ヶ浦沿岸の砂を積んで墳丘ができているので、垂直に削っても崩れるんです。垂直に削って写真を撮って図面を取ったら、確かに一メートル五〇センチから六〇センチくらいに、擂鉢状に孔が掘られていて、そして後から埋めた柔らかいぐずぐずの土が擂鉢状に積もっていて、その擂鉢状の一番底に五輪塔なんかが投げ捨てられていたんです。

この五輪塔は江戸時代かな、その頃に盗掘を受け、それで三昧塚という仏教関係の名前が付いたんだな。俺の記念すべき最初の発掘がこれじゃあ、これからの俺の一生は暗いなというふうにも思いました。

ところが、その断面を仔細に検討してみると、一メートル五〇センチくらいの深さの擂鉢状になっている江戸時代の古い盗掘の孔、それを埋めた土は柔らかい、締まりのないグズグズ砂層です。その下層をよく見ると斜めに約三〇度の傾斜で、いろんな白っぽい砂層、黒っぽい砂層がずっと擂

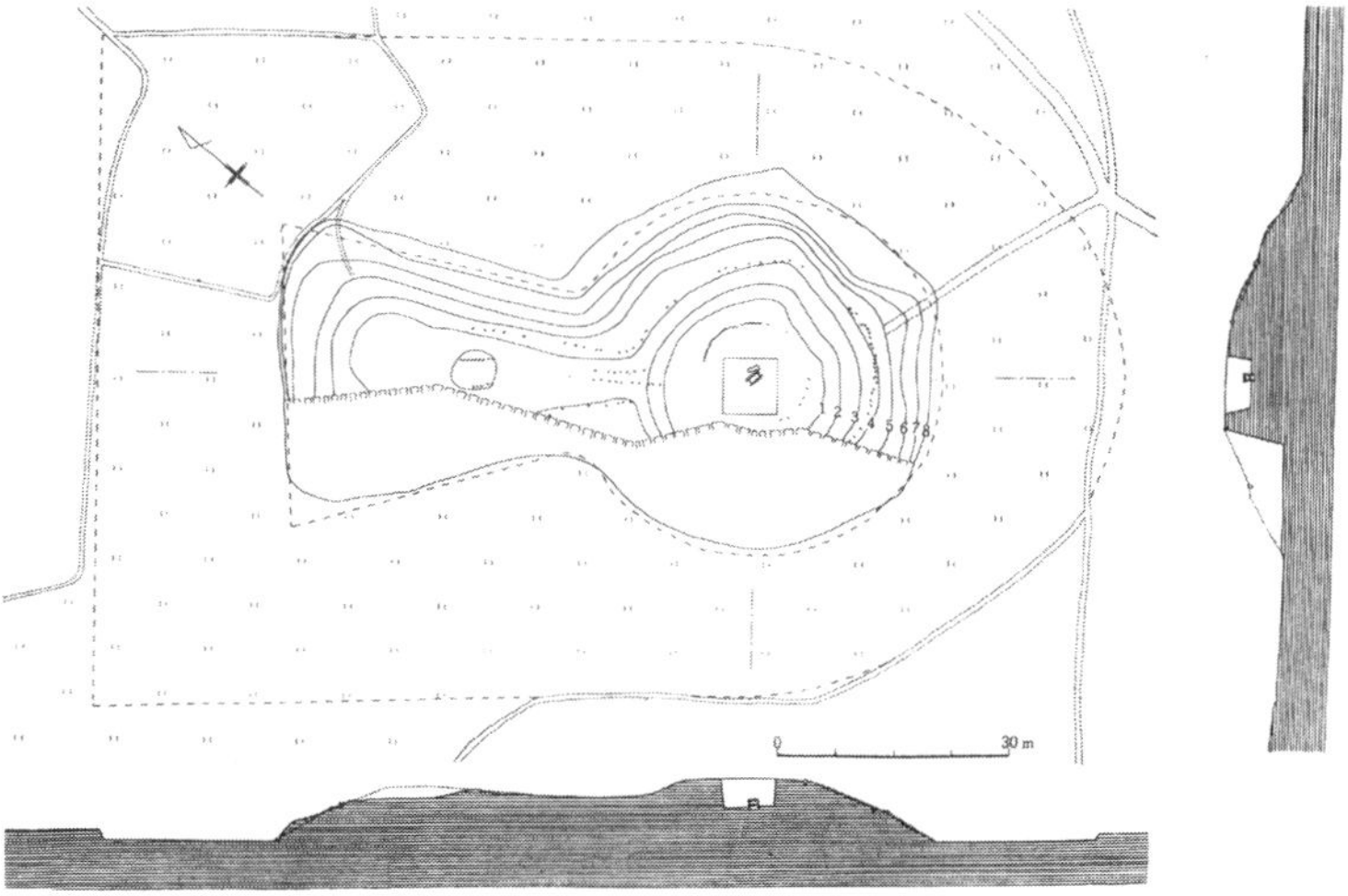

三昧塚古墳の三面図

鉢状に下方に向かって堆積しているんです。しかもその上は締まって硬いんです。つまり、盗掘を受けた後から投げ込んだ土じゃない。整然と擂鉢状に下方の中央に向かって堆積して硬く締まっているのです。

それで一メートル五〇センチから二メートルまで掘りました。そして二メートルまでいったところで、一〇人の青年団諸君に「ちょっと上に上がって一服しろよ」と言って、皆さんを上へ上げてタバコ休憩にしました。

そして、私と県から来た川上さんと二人で、二メートルまで掘り下げた穴の一番底で、鉄の細い棒のボーリングステッキを刺したんです。そしたらカチッときたんです。その深さは二メートル七一センチなんです。三〇センチ横に移して刺すとカチッ。また三〇センチ移してカチッ。ということで、墳頂部から深さ二メートル七〇センチくらいのところに、長さが二メートルをちょっと超えるくらい。幅が一メートル五〇～六〇センチくらいの平たい石があることが判明しました。私は、こりゃ石棺だと直感しました。

そこで石棺が出るまで掘らないで、私は「今日はちょっと良い段取りだから、諸君は上がって一杯飲んでや」と言って、ポケットマネーでお酒を二升買って、青年団に渡しましたよ。彼らは喜んで帰って沖州地区で飲んだようです。

石棺発見ということで、私は後藤先生と斉藤忠先生、茨城県教育委員会に「ワレ石棺発見セリ　オイデコウ」と電報を打ちました。昭和三十年頃なんて、電話がないんですよ。それから石棺を発掘する段取りをしました。箝口令《かんこうれい》を布いて、私と川上さん二人だけでいろんな対策の準備をしました。その間に東京から八幡一郎《やわたいちろう》先生とか、立教大の中川成夫《なかがわしげお》氏とか、何人もの方がお見えになりました。そして人の口の葉というものは恐ろしいもので、三昧塚古墳から何かあったらしいよということで、わずか二、三時間の間に、今は行方市ですけども行方郡の方から人がどんどんやってくるんです。

後藤先生と斉藤忠先生がお見えになる日に、先生方の前でチェーンブロックを使って石棺の蓋を開ける段取りをいたしました。その日はなんと、木が一本もない八五メートルの墳丘が、数千人の人で真っ黒です。周りが田んぼですから、畔道《あぜみち》を通ってどんどん人が来て、危ないので地元の消防団が、墳丘の上に丸太で手摺りを造ったりしたのです。

みんな見たいので後からあとから、墳丘を上がってくるんで、押された人が上から落ちてくるんです。いよいよ石棺の蓋を開けるという日には、その

石棺の発掘状況

前日と二日間にわたって約一万二〇〇〇人がこの古墳を見に来ているのです。何しろ古墳の後円部の裾に大きなテントが二張り張られて、そこで煎餅《せんべい》やラムネを売る店が二軒出ました。

日本考古学の古墳発掘で、そういう店が発掘現場に出たのは、後藤先生が昭和四年(一九二九)に、静岡県の磐田《いわた》で松林山《しょうりんざん》古墳の発掘をした時に、専売局が臨時のタバコ販売所を設けたという例があります。あとは佐賀県の吉野ヶ里《よしのがり》ですね。戦後の昭和六十一年(一九八六)に発見された吉野ヶ里遺跡では、焼き芋屋が出たりしたんです。それ以外はないんです。

三昧塚では、業者は二日間で一万円くらいの売り上げがあったといいます。昭和三十年の一万円です。

消防署、警察、いろんなところから人が来て、石棺を開ける日はもう大騒ぎだったんです。上から人が落ちてくるので、途中で何度も調査が中止になったりします。

そういう中で三昧塚古墳の石棺の蓋が開くわけです。

三昧塚古墳の石棺

現場でやっと残っていた動物埴輪は、鹿か牛か犬かよく分からない状態でした。それから人物埴輪もスコップで鼻を削がれたり、首が切られたりという惨憺《さんたん》たる状況のものがありました。そういう資料は全部、茨城の水戸の県立歴史館に入っています。

古墳の墳頂から二メートル七〇センチという深さにあった石棺は、やはり想定通りに見事な蓋を持っていました。しかし、私が持っていたアサヒペンタックスでやっと撮った写真などがありますが、ほとんどいい写真がないんです。だから調査体制では、専門の写真班員がいなければいけないんですね。

掘った蓋石は筑波《つくば》石雲母《いしうんも》片岩《へんがん》と呼ばれて、筑波山周辺区域で発見される平たく割れる片岩で造られていまして、なんとこの棺蓋に二〇センチくらい飛び出した縄掛突起が左右に一つずつ付いているのです。私も全国で箱式石棺というのは随分掘っていますが、こういうふうに縄掛突起を作り出しているものは、あまり知らないんですね。

千葉県の富津市の弁天山古墳の石室の蓋石にも、横に縄掛突起が付いたものがありますから、まったくないわけではないけども、きわめて珍しい物です。

石棺論から言えば、箱形石棺と呼ばれているものは、蓋石が一枚、両側の側壁が一枚ずつ、前後の側壁が一枚ずつ、底石が一枚の合計六枚を組み合わせて、組み合わせ式の箱式石棺と言われているんです。と

縄掛突起が付いた蓋石

ころがこれは突起があって、なぜ箱式石棺にこういう突起を付けたか。中期古墳の五世紀代の長持形石棺の縄掛突起の伝統が、茨城県の霞ヶ浦沿岸の棺桶にまで伝統として残っているのかどうか。これは三昧塚の石棺の年代設定に非常に大きく問題になると思うんです。

真ん中にある石棺は、長い板石とやや短い板石が各二枚ずつで両側の壁石を造っています。前後は一枚ずつ。底が一枚。蓋石を入れて全部で合計八枚の石で、この石棺が構築されていたのです。

六世紀、七世紀代の後期古墳の箱形石棺というのは、棺身が箱形になってくるんです。ところが、この三昧塚の石棺は両側壁が前後に突き出ています。前後の板石よりも、両方とも前と後ろに二枚の石から

石棺内と棺外副葬品配置図

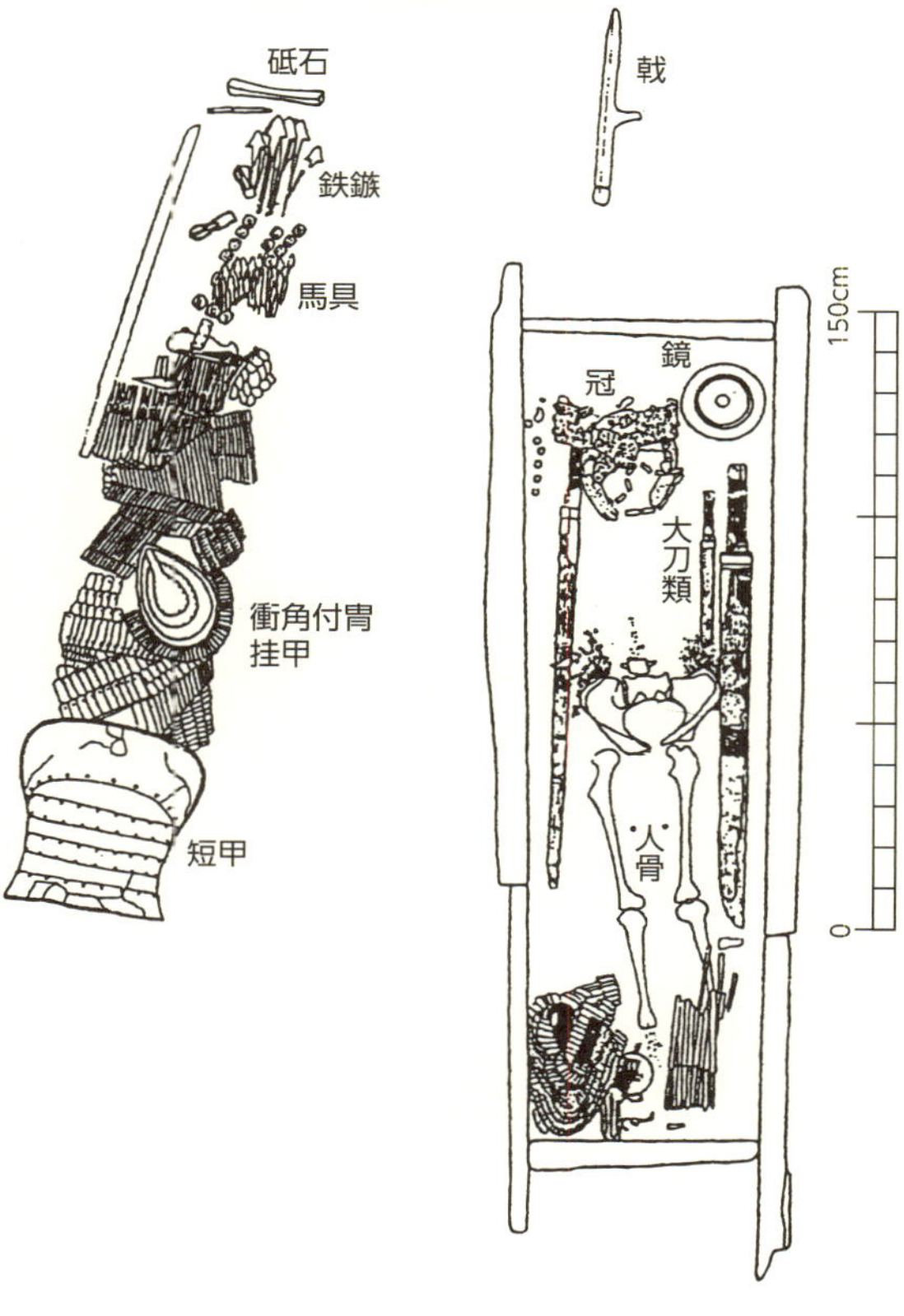

なって、特に南側の壁石は、ずっと足の方に外へ突き出ています。

この箱式石棺の断面を考えると、両方の側壁が立っていますが、底石は蓋からの深さが約三三～三七センチくらいのところにあって浅いんです。両側壁は底石よりもまだ下の方にずっと潜っています。これは箱式石棺としては古い形式なのです。

つまり、六世紀、七世紀の後期古墳の箱式石棺ではない。弥生まではいかないけども、古墳時代でも箱式石棺・箱形石棺としては、どちらかというと古い伝統をもっているのです。後でこの側壁を解体して調べると、両側壁の内側は真っ赤に水銀朱が塗ってありました。その水銀朱は、なんと両側壁とも四七センチまで塗ってありました。その底石の床石は、蓋の下面から三三～三七センチですから、この石棺を造る時に土壙《どこう》を掘って、両側壁を立てて、内側に四七センチくらいの深さまで真っ赤に水銀朱を塗ってある。その四七センチの深さというのは、両側から白色粘土で側壁を押さえ込んである下底面とほぼ同じ位置なんです。

石棺の断面

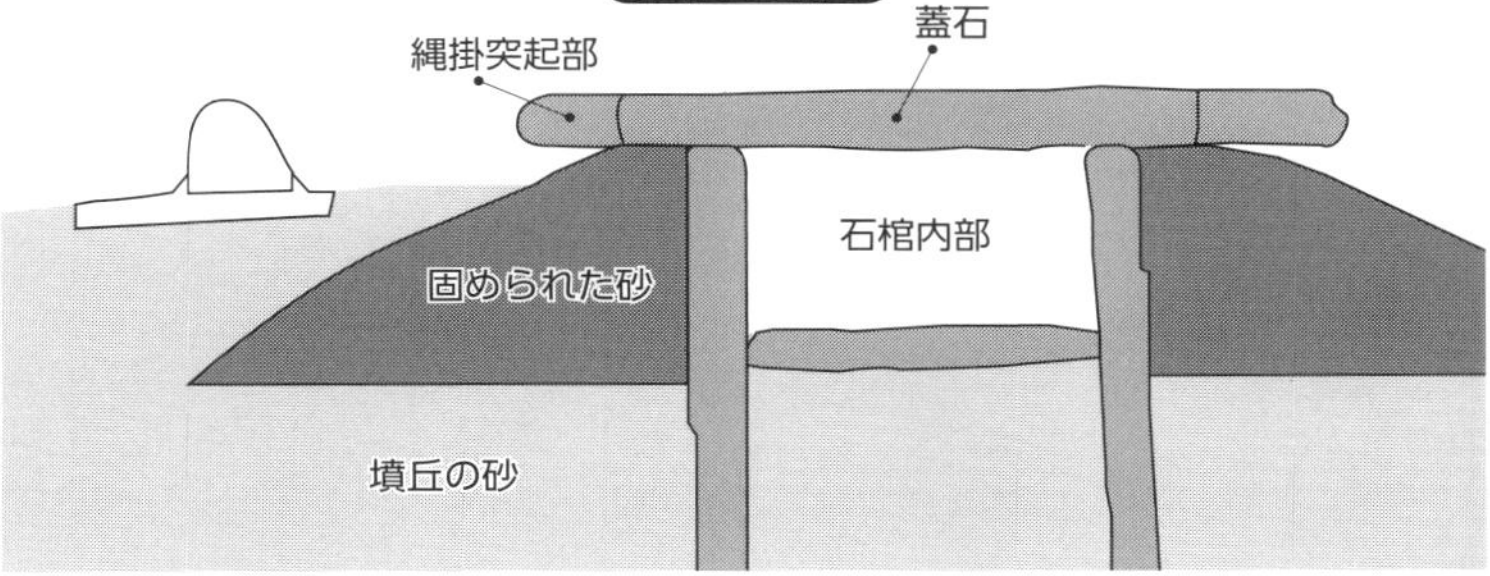

石棺から外れた位置に、石棺の蓋と同じ高さのレベルから鉄製の戟《げき》が発見されました。戟は剣の横脇に棘《とげ》が付いたもので、中国の武器なんです。これが日本の古墳から出たという例はほとんどないんです。

私がもっとベテランで、もっと配慮があったなら、この戟に柄《え》が付いているということを想定できたのです。戟の穂が石棺の蓋と同じレベルにあったということは、戟の柄《え》は石棺の蓋の上に載っていて、ずっと南の方に石突《いしづき》があったはずです。石突きというのは、槍や戟の穂の反対側の地面に付く方の柄に嵌め込まれた武具です。

この戟には石突きが付いていたのかどうか分かりませんが、私がもうちょっとベテランで勉強をしておれば、埋葬して蓋を被せた上に柄の付いた戟を載せてお別れをしたんだということが想定できたんです。そしてもっと細かい発掘をすれば、木の柄は腐って残っていないけれど、石突が出てくれれば戟の全体の長さが分かったはずなんです。私がそこまで思いを廻らせることができるベテランではなかったから、勇んでそれ掘れ、それ掘れと掘ってしまったということになるんです。それは悔やまれることです。

馬飾りの付いた冠が出てきた

この石棺の周りは砂地なんです。石棺の蓋の上にはないのですが、石棺の蓋の周りから下の方まで、粘土でがっちりと砂から護ってありました。しかし石棺の蓋を開けたところ、中に砂がいっぱい詰まっていました。粘土で目張りしているんですが、その隙間から雨水と一緒に中に砂が入ったようです。

その砂を払い除けるのに、太筆の先をちょん切って平面にしたものを用意しました。その筆で砂を除けていくと、石棺の中の一番上の端から緑青《ろくしょう》の付いた物が出てきました。さらに掘り出していくと、段々と姿を現わし、これは冠だということが分かりました。冠の正面に、何と馬がくっ付いているのです。私は、生まれて初めて古墳時代の冠を掘ったのです。

それは頭蓋骨に被さったままでした。遺体は頭に冠を被って上を向いていましたから、冠の正面のおでこの部分が高いんで、一番最初に発見されたのです。

この冠は三昧塚古墳の副葬品の中の、白眉《はくび》というか一番の問題となります。三昧塚古墳の被葬者は、かつては金色に輝いた黄金の冠を、頭に被ったまま上を向いて寝ておりました。

この冠は中央正面が低く谷になっていて、両側が高くなって山になりますので、こういう様式を二山式《ふたつやましき》と呼ばれています。朝鮮半島の伽耶《かや》などにもこういう様式があるんですけども、真ん中に蝶ネクタイ状の飾りが二枚付いています。

緑青が吹いて緑色になっていますけども、一枚の板を曲げて裏に回して重ねてあります。蝶ネクタイ状の飾りの裏側には、茶色の布で裏打ちがしてありましたが、亡くなられた蓮の研究で有名な大賀一郎《おおがいちろう》先生の鑑定では、真っ赤に染色した絹の布が付いていたとおっしゃっています。冠の正面には、人間が陽気に手を挙げたような飾りがあり、これは韓国の百済《くだら》や新羅などの冠の中にもよく出てきます。これを植物の文様とするか、字体文様とするかといろいろ説があるんですけども、そういう文様がありまして、さらにその両脇に金銅製の馬飾りが内側を向いて、右側に四頭、左側に四頭、合計八頭付いています。緑青を希塩酸なんかで拭《ふ》くと、まだ金色が多く残っていました。

そして冠の冠帯の方は上下二段になっていて、一番下には波形文様があって、そして四角に区切った区画の中に花形文様と、あるいはかなり形式化した龍の文様などの動物文がちりばめられています。

この冠の全体を伸ばすと五七～五八センチくらいになります。全面に花びらのような円形歩揺《えんけいほよう》が、銅の細かい針金で留めてあります。

日本全国の古墳から、七〇例近くの冠が出ていますが、馬の飾りを付けた冠は他に例がないですね。だから三昧塚の首長はよほど馬好きだったか、馬の飼育に関わっていたか、あるいはこの近くにある美浦《みほ》村のような、競

走馬を調教するトレーニングセンターの場長であったのか分かりません。とにかく馬文化に非常に関わりがあった人物だということは言えます。

この冠を頭蓋骨から外したのは私なんです。乾燥してましたから、右側に浅いダンボールの箱を置いて、箱の底に脱脂綿を置いて、頭蓋骨から冠を外して、そのダンボールの箱に移そうとした時に、冠の裏側に目の粗い包帯状の白い布で裏打ちしてあるのが見えましたが、一、二秒で、アッという間に、それが全部白い粉になって飛ぶのを見ました。シマッタと思ったけれども後の祭りで、こういう冠の裏側には、布でちゃんと裏打ちしてあったというのは間違いない事実です。

後の藤ノ木《ふじのき》古墳の発掘の時に、私は調査委員をやっておりましたので、主任をしている橿原考古学研究所の石野博信《いしのひろのぶ》さんに、三昧塚古墳で冠の裏に布が張ってあったんだけど、それが全部粉になって飛んでしまったという私の失敗を手紙や電話で教え、気を付けた方がい

三昧塚古墳金銅冠実測図

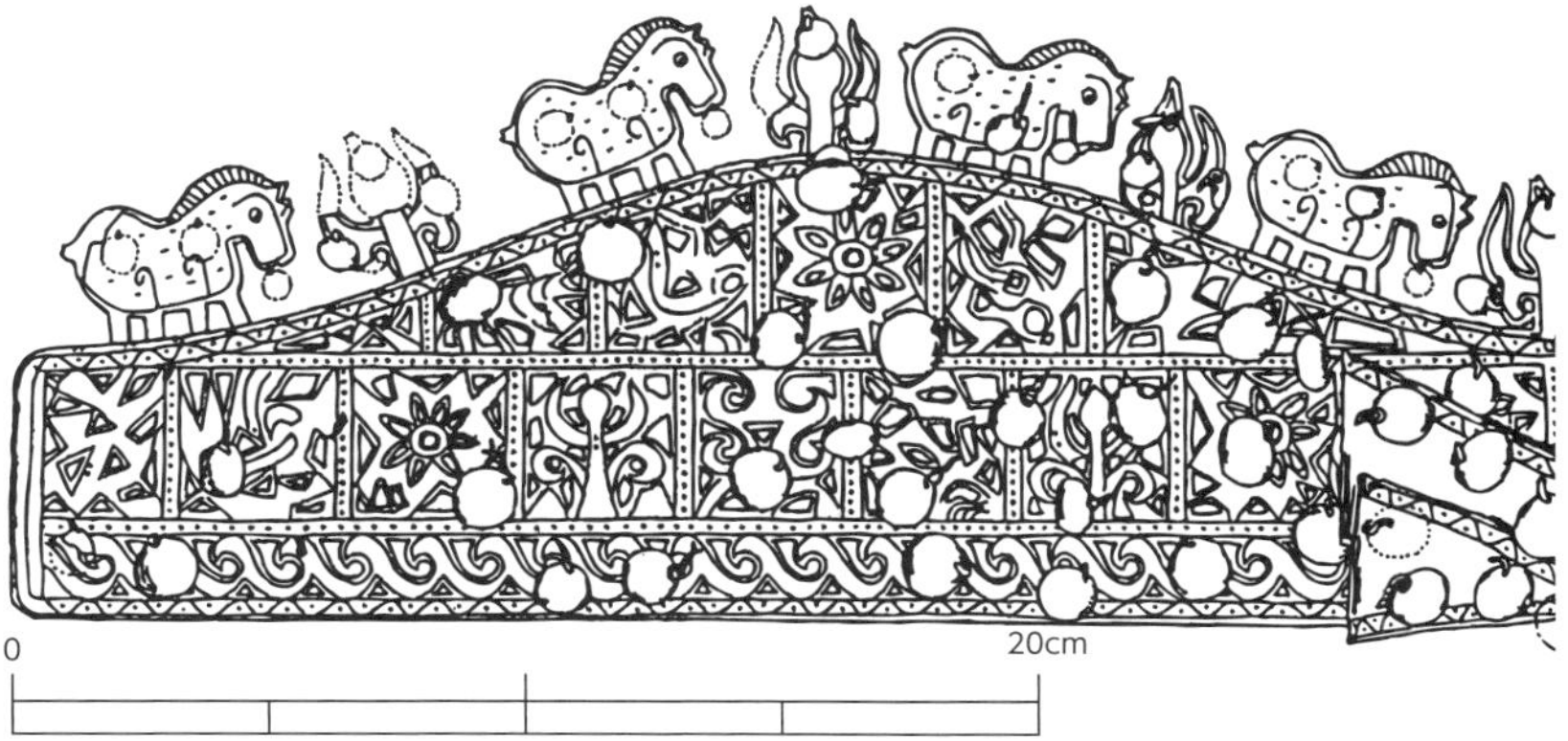

いよと再三伝えました。

九州の菊池川の下流域の江田船山古墳《えたふなやま》は、七五文字の銀象嵌の銘文を持った刀で有名で、ここからも冠が出ていますが、上に何も付いてないんです。

江田船山古墳の銀象嵌銘文は、刀の棟の上にあるんです。刀の茎《なかご》のところに馬の文様が銀象嵌で描かれています。三昧塚の馬の方がちょっと太っちょで、江田船山の方が痩せ馬になっておりますが、三昧塚古墳の馬は金銅板で、目は裏側から表に向かって鈍器で突き出していますから、この目は表に膨らんでいます。

私が問題にしたいのは、三昧塚古墳の馬の鬣《たてがみ》に線が入っていることで、江田船山古墳の銀象嵌の馬にも鬣に線が入っています。さらに三昧塚古墳の馬の胴体には渦巻のような、蕨手文《わらびてもん》が必ず二つずつ描いてあり、江田船山古墳の方にも二つあるんです。だから五世紀から六世紀代のこういう工芸技術上の馬の表現に、一つのパターンがあったんだなと感じます。江田船山古墳と三昧塚古

江田船山古墳の剣に象嵌された馬

宮地嶽古墳の冠金具

江田船山古墳の冠

墳は常陸《ひたち》と肥後《ひご》と遠くに分かれているけども、時代も近いし、この辺が両古墳の関係論を説く一つの鍵かなというふうに思いました。

三昧塚古墳の冠は、かなり繊細な透かし彫りがしてあるけれど、技術的なことから言っても間違いなく国産品と私は思います。ところが、福岡県宗像《むなかた》郡津屋崎《つやさき》町の有名な宮地嶽《みやじだけ》古墳から出た冠金具には流麗な龍の文様等があります。この文様は、多分、朝鮮半島の製作品で、そこから北部九州のこの地域にもたらされたんだろうと思います。同じ冠でも技術的に進んだ朝鮮半島の製品よりは、茨城の三昧塚古墳の方が下手糞な技術だけど、愛すべきものと思えるのです。

石棺内の遺物

三昧塚古墳の冠の左側から鏡が出てきました。直径一九センチちょっとの変形の四神四獣鏡の鏡で、なんと鈕《つまみ》には紐が残っておりました。そして左下の方には紐の断面が残っておりましたから、この鏡にはかなり長い紐を通したまま埋葬したんだということがわかりました。

そして遺骸の両側に刀があり、左側には剣もありました。そして骨盤が出て大腿骨、頸骨が段々と出てきます。顎の下から、碧玉で作った管玉一二個が首の周りに輪になっていて、ネックレスをしていたことが分かりました。

どんどん作業を進めていくと、上向きで寝ている遺体の左側、実際には遺体の骨盤の上になった右手の手首辺りのところから、四六八個のガラス丸玉が出てきました。こんどは逆の右側、遺体の左手には一七九二個のガラスの小玉があり、それを手に嵌めたまま、あの世へ旅立ったということでしょう。

私はその玉を、大工さんの家で夜なべして紐に通しました。右手首にあった四六八個の丸玉を紐に通しますと、長さが二メートル四〇センチになりました。そして左手首の一七九二個の小玉を紐に通すと三メートル五六センチになります。そこで手首に巻いてみると、手首の太さが多少関係しますけども、四六八個の丸玉は一一巻か一二巻できます。左手の方の一七九二個の小玉は一九巻になって、巻数は違いますが、実際に両手首に嵌めてみると、同じ幅で装着されていたということが分かりました。

さらに発掘すると、首に巻かれた一二個の管玉の両脇から、兵庫鎖《ひょうごぐさり》の垂飾《すいしょく》付の耳飾《みみかざり》が出てきました。最大の長さが一三センチになる耳飾です。金環《きんかん》と言われている鍍金した金の輪は掘ったことがあるんですけども、こういう垂飾の耳飾や冠を掘ったのは初めてでしたので、感動しました。

亡くなった後藤守一先生が「大塚君よ。耳飾はワシが実測するぞ」と言って、昭和三十年十一月十二日に茨城県の大洗の旅館に私と一緒に泊まり込んで、三昧塚古墳の資料の実測をしたんです。今どきは、もっと綺麗な図面を作る方もいらっしゃるでしょうが、細かに描いてあるので、私が大切にしている図面なんです。

こうした耳飾も、奈良の新沢１２６号墳から、二〇センチを超えるような長鎖式の純金製のものが出ました。耳飾の分類もA・B・Cというふうにあるんです。耳飾研究者によれば、これはAの第3グループとされて、五世紀の終わり頃から六世紀の初め頃にかけて出てくるのです。これも朝鮮半島の百済や新羅の耳飾と比べれば、日本製かなと思います。

ただ、われわれはこれまでの常識として、下手だから日本製、優れた技術のものは朝鮮製としていますが、そういうことでいいのかということですね。明治大学で「交響する古代」というシンポジウムがあり、その時に韓国の朴天秀《パクチョンス》さんが「大塚先生、長野県の大室《おおむろ》古墳群だって、合掌《がっしょう》形石室が出てくれば、先生たちは渡来系の、つまり朝鮮半島から来た人たちの墳墓だと言うでしょう。われわれだって韓国で栄山江《えいさんこう》流域に前方後円墳があれば、あれは日本人の墓だと私は思いますよ」と言っていました。だけど実際には、韓国の現場の研究者の皆さんはそう簡単にはいかないんですよね。日韓の難しいところなんですが、とにかくそういう耳飾が三昧塚から出ています。

足の方からは挂甲の一部が出てきました。その挂甲の下から直径が一〇センチ前後の乳文鏡という小さな鏡が、足の所から出てきました。その真ん中に、大分腐っていますが、漆で塗り固めた竹製の櫛が折り曲げるようにしてありました。私は直感で「あっ、奥さんだな」と思いました。これは私の想像ですけど、多分これは奥さんが別れの時に、自分の使っていた鏡をそっと夫の足の側に置いて、頭に挿していた竹櫛を外して鏡の上に置いたと、泣きながら置いたかどうかは分からないけども、私はそういうふうに夫婦愛を感じました。そこまで考古学で言えるかどうかでしょうが、こういう場面はあるんだなと。私は思っていました。

副葬品専用区画の遺物

さらにもう一つ問題は、三昧塚の石棺蓋とほぼ並行に、長さ二メートルくらいの長方形の副葬品専用区画があるのです。木の板で囲ったか、木の箱があったのか、もう木が腐っていますから分かりませんけども、見事に綺麗に遺物が並んでいました。石棺の中の調査と同時に、石棺の外の副葬品専用区画の調査も行なっていました。

西暦五世紀代から六世紀の初めにかけては、遺骸を葬った石棺の脇に副葬品専用の場所を造るというのが一つの特徴なんです。有名なのは、和歌山県紀ノ川の下流域にある大谷《おおたに》古墳でして、京都府長岡京市恵解山古墳では、前方部から副葬品用の箱形木箇が発見され、一五〇本の刀剣、四〇〇本の鉄族が出土しています。

三昧塚古墳の石棺外の副葬品専用区画の、一番西端にあったのが短甲《たんこう》で、背中になる部分を上にしてありました。鉄製の横矧板《よこはぎいた》の鋲留《びょうどめ》短甲でして、日本の古墳時代の短甲の中では一番新しく、五世紀代の中頃から出現するだろうと言われています。

三昧塚古墳の短甲は横矧板ですが、三角板の鉄板を使った三角板の鋲留短甲や、三角板の革《かわ》綴《とじ》短甲もあります。それから縦長の縦矧板の革綴短甲もあって、そういう形式によって四世紀代、五世紀代の前半、五世紀代の後半と甲の形式編年が行なわれています。

さらに三昧塚古墳には、挂甲《けいこう》という乗馬できるように可動的になった、革綴の甲がありました。挂甲は鉄の小札《こざね》を革で綴じ合わせます。いろんな小札があって、正倉院の御物などからも、小札の数は少なくとも八〇〇枚、多いものでは一〇〇〇枚くらいあると言われております。その小札が挂甲のどの部分になるか知っておく必要があります。

私は錆び付いた挂甲を型が崩れないようにして取り上げ、板の上に置いたんです。そして宿舎まで運んだんですが、それが茨城県立歴史館に行ってから、これをどういう処理をするかによって、うまく復元できるかできないかということになります。私はこの挂甲の復元等には関わっておりませんが、まだ復元できていないんです。

戦前から多くの挂甲の発掘が行なわれていますが、それを復元するということはなかなか難しいことなんです。挂甲の小札を綴じた革がほとんど腐り、小札が遊離していますので、約一〇〇〇枚の小札を復元することは至難の技なのです。末永雅雄《すえながまさお》先生が大阪の長持山《ながもちやま》古墳の挂甲を復元された以外にはほとんどないんです。

その挂甲の上に冑《かぶと》が載っています。挂甲に衝角付冑《しょうかくつき》が載って出ることはよくあります。西端に短甲。その短甲に接して挂甲《けいこう》があって、その挂甲の上に冑が一つ乗っているという状況です。

さらに頸甲《あかべよろい》と言って、頸部をプロテクトするものがあります。そして肩甲《かたよろい》があって、衝角付冑から吊下がって両方の頬っぺたをカバーする頬当《ほほあて》、さらに足の脛を守る脛当《すねあて》だろうと思われるものがありました。

石棺の中にも遺体の右足のところに、挂甲がまとまってあるんです。私はこれを草摺《くさずり》だろうと思っているんですが、つまり、この三昧塚の石棺の中と石棺の外とで、挂甲が一セットあったんだと思うんです。

さらに副葬品専用区画に馬具がありました。三昧塚の馬具を見ると、轡の両脇に付いてストッパーになる鏡板が、英語のfの字形に曲がっているというので、f字型鏡板付の轡と言います。鉄の板に金銅鍍金したf字型の飾板をくっ付けて、その頭を金銅鍍金した鋲で留めています。このf字型鏡板も東日本の馬具としては、比較的古い時期の馬具です。そういう馬具が、一括して置いてあるのです。

そして一番東方に砥石《といし》が直角に置いてあります。古墳に砥石を副葬するというのは多く見られます。砥石はかなり貴重な物であったようです。

それから石棺の中と石棺の外に鉄鏃が分けてあります。この鉄鏃の形式を見てみると、錆び付いて一括になっているものもありますし、その鏃は三角形式で腸刳《わたくり》という逆刺《かえし》が二重になっているものがあります。あるいは、三角形式の平根の先端部をもちながら、途中からわざわざ腸刳を作っている。こういう鉄鏃の形式によって、三昧塚古墳の年代を六世紀代まで下げるか、五世紀代の末にするかということになります。これは鉄鏃だけでなく、砥石、鉄斧、刀子《とうす》（小刀）など他の遺物も同様です。

森浩一氏らは「この横矧板の鋲留短甲が出ているから、大塚さん。六世紀まで下げる必要はないよ。五世紀の末でいいんじゃないの」と言っています。しかし、全体から言って、冠やなんかからも六世紀の初めかなという人もいます。ただし三昧塚古墳の副葬品の中に、須恵器をまったく含んでいないということは、五世紀末葉までに収まるだろうという考えを抱いています。

三昧塚古墳の馬文化を考える

私は三昧塚古墳を、九州の江田船山古墳との関係から言って、六世紀代まで下げないで、五世紀の末と言った方がいいのではないかというふうに思っているんです。

江田船山古墳は、最近またいろんな細かい分析が行なわれておりまして、棟に銀象嵌の文字がある大刀の、茎《なかご》から鞘が入ってくる区《まち》のところに花形文様の銀象嵌が付いています。そうすると、江田船山の銀象嵌の馬は、鞘から抜くと見えているということになります。最近の報告にその細かいディテールがあって、銀象嵌の馬形文様は蕨手状の渦巻状の文様がボディーに二カ所あります。

三昧塚古墳の馬の表現は、基本的には江田船山古墳の馬と同じですが、やや太っちょで腹部に蕨手状の文様が二つあって、そしてボディーに横に引いた短い線があって、鬣も同じ様に線があって、目玉が丸くしてある。

尻尾がちょっと違うんですよね。江田船山は長く垂れ下がっているけども、三昧塚は短くしています。馬の全体のモチーフとしては、九州の肥後の江田船山の馬と霞ヶ浦沿岸の常陸の馬とは、デザインなどについては共通する部分があります。こういう点から私は、三昧塚古墳の年代をずっと新しくすることには賛成できなくて、江田船山古墳と近い年代に置いていいのではないかと思っています。

日本列島に、馬がいつ登場するのかということも問題になります。

朝鮮半島から馬文化が日本にもたらされた、騎馬文化がもたらされたと考えられています。その前には東京大学の江上波夫《えがみなみお》先生が「騎馬民族征服王朝説」という説を立てました。四世紀代の古墳文化から五世紀代への古墳文化に断絶があるのは、四世紀の後半に朝鮮半島から騎馬民族が大挙して日本列島に渡ってきて、三輪《みわ》王朝を倒して河内《かわち》王朝を打ち立てた。それが河内・応神《おうじん》王朝だとしたのです。

しかし、小林行雄さんはじめ古墳時代研究者のほとんどの人が、四世紀代の古墳文化から五世紀代への古墳文化に断絶はない、繋がるんだということで、騎馬民族の征服という民族征服王朝説というのは成立しないと言っています。

だが、騎馬文化が日本列島に来たことは間違いないですし、馬が来ているということは、当然に人間も来ているわけですから、それを騎馬民族征服王朝説ということにはできないけれども、馬を連れてきた鮮卑《せんぴ》系の高句麗《こうくり》系の人たちが、日本に来ているに違いないと私は思っています。これはこれで、大問題なので、機会を見つけてお話しなきゃいけないんですが。

ただし、最近の山形県の発掘等においても、関西での四条畷《しじょうなわて》近辺の遺跡の調査でも、馬関係の資料の登場がだんだん古くなってきています。山梨県の場合は方形周溝墓の中から馬の埋葬例や馬の骨が出てきていますから、四世紀の後半には間違いなく甲斐《かい》の国に馬がいたと考えられます。

それによって騎馬文化が来たかどうか、これはまた別な問題になりますが、私は四世紀の後半に日本列島に馬が登場することは、今や否定できないと思っています。ですから、これからの調査によって、どこまで実証できるかということでしょう。

福岡県にある池ノ上《いけのうえ》6号墳という古墳群の調査では、四世紀の末か、五世紀のごく初めかと思われる時期の古墳の中から、鑣轡《はみえだぐつわ》という轡に、有機質の貝だとか、骨とか、そういう物をストッパーとして使った轡が出ているのです。それは鮮卑族とか騎馬民族の馬具に使われている物なんです。

その鑣轡と言われる古い形式の轡は、高句麗でも百済でも新羅でも出ており、日本でも池ノ上6号墳から出ていますから、それを四〇〇年頃とするか、三〇〇年代の終わりとするか、これはちょっと問題なんですが、少なくとも北九州にも四〇〇年前後には、間違いなく鑣轡を持った騎馬文化、馬が登場してくるということは間違いないと私は思っています。

冠にわざわざ馬を八頭も飾り付けている三昧塚の首長の人骨は、わりあいによく残っていたんです。大腿骨や頸骨、骨盤などは極めてよく残っていて、頭蓋骨もまあまあ残っておりました。東大の人類学の鈴《すず》木《き》尚《ひさし》先生の鑑定によると、被葬者は一八歳前後、上限でも二〇歳未満くらいの青年だって言うんです。イケメンかどうかは分かりませんが、霞ヶ浦沿岸の玉造町一帯を支配した一八～二〇歳くらいの青年豪族であるのです。

この玉造の三昧塚の青年豪族が、八頭の馬をデザインした冠をわざわざオーダーして作ったものか、貰ったものか、これは分かりません。全国から七〇例近い冠が出てますが、二つとして同じ物がないんです。私の見るところ。みんな違うんです。だから冠は個人のオーダーメイドだろうと思います。

やっぱり推古《すいこ》天皇の時代に、いろんな冠の位階が揃うんですが、古墳時代の冠は皆それぞれオーダーメイドとすれば、三昧塚の豪族は余程馬好きか騎馬文化とかかわりが濃かったと言わざるを得ません。だから美浦村にトレーニングセンターがあるのも分かる感じがするんですが、そういう茨城県の霞ヶ浦沿岸に馬の飼育、あるいは騎馬文化、そういうものに関わりを持った若い豪族が登場してくるというのは、これはやっぱり東国の古代史の上で、かなり重要な問題点だと私は思っているんです。

じつはもう一つ。千葉県の印旛沼《いんばぬま》周辺には石棺がたくさん発見されています。その石棺の石はすべて筑波石《つくばいし》です。早稲田の滝口宏《たきぐちひろし》先生が、昭和二十五年（一九五〇）に発掘した東京湾沿岸の木更津《きさらづ》の金鈴塚《きんれいづか》古墳の石棺は緑泥片岩《りょくでいへんがん》で、これは荒川上流の秩父《ちちぶ》の板石です。それを遥かずっと木更津まで運んで石棺にしています。ところが印旛沼周辺の石棺は全部筑波石なんです。

ですから霞ヶ浦、利根川、そして香取《かとり》から成田の根子名《ねこな》川へと続いた「香取海《かとりのうみ》」という名前が古代からありまして、海だったんです。しかも、すぐ引いたりする海だったんです。そういう海を利用して、霞ヶ浦沿岸から分厚い筑波石をわざわざ千葉県下の印旛沼周辺地域まで大量に運んでいるのです。

そうした役割を果たした有力な首長が、何処の誰であったのかは決しがたいことです。しかし、五世紀から六世紀にかけて、膨大な筑波石の産出と運搬に力量を発揮した人物となると、三昧塚や小見川《おみがわ》の城山1号墳、霞ヶ浦市の風返《かざかえし》稲荷山古墳などが候補に上がってくると思います。もしかすると、そういう筑波石を上総《かずさ》や下総《しもうさ》の国に石を供出させる有力な豪族が霞ヶ浦沿岸にいて、権力を振るっていて、彼が馬を持っていたということは、やはりこの西日本の新しい文化とかなり直結した。馬の飼育あるいは騎馬文化というものに、この三昧塚の親方は相当関心を示したんじゃないかと思います。

この三昧塚の冠は一〇〇%完全に遺っていたのです。私は壊れないように慎重にして頭蓋骨から外しました。その冠を最初に写真に撮ったのは斉藤忠先生なんです。

その斉藤忠先生が私どもが泊まっている宿舎へ来て「大塚さん。これからこの冠、写真撮るからね」と、東京大学のキャビネ型の暗箱写真機で、三脚を立てて真上から俯瞰《ふかん》撮影するんですが、昭和三十年頃の私たちが調査に使う写真機のシャッターは写真屋さんのように、シャッターをレンズに取り付けて、丸いゴム玉を押して撮るんですよ。

「こういう俯瞰撮影をする時は、大塚さん気を付けないとね。落ちるからね」って言いながら、斉藤先生ご自分でシャッターを切ったら、そのシャッターが落ちたんです。冠の上へ落ちたんです。それで何点かに割れたんです。折角私が完全に取り上げたのにって思いましたが、調査現場では何が起こるか分かりません。生命を懸けた現場だと私はつくづく思ったものでした。

斎藤先生は後藤先生と相談されて、上野の博物館の修理専門の先生にお願いして、アメリカから金属の薄板を接着する薬を取り寄せます。もし角度を間違えたらたいへんですから、新しい接着剤を輸入してくっ付けたんです。それで一五万円かかったんです。昭和三十年の一五万円です。一〇〇歳を過ぎた今も、まだお元気で頑張っておられる斉藤先生の特別の話です。

そういうことで、私は霞ヶ浦沿岸に三月二十七日から四月二十七日まで丸一ヵ月、娘さんの鼻汁で光っているピカピカの掛け布団で寝ておりまして、随分苦労した懐かしさが甦ってきます。初めの頃は周りに荒縄を張りたいからから一巻提供してくださいって、区長さんに何度も頼んだんですが駄目なんです。調査に協力すると言った沖州地区の区長さんが、荒縄を持って来ないんです。

何べん言っても持って来ないんで、調査は途中でしたが、私は茨城県の人に「こんなんじゃ調査できない。私は帰る」と言って、地下足袋をリュックサックに入れて、荷物をまとめて帰る仕度をしたんです。芝居なんですけどね。そしたら茨城県の人が「大塚先生、ちょっと三〇分待って」と言うから「三〇分だけ待つから」と言ったら、彼は自転車で小川町まで行って生《なま》椎茸《しいたけ》と醤油を買ってきて、七輪《しちりん》で椎茸を焼いて「まあ、大塚さん。ちょっと一杯やって」と言うので、私は五合くらい飲みましたよ。それで心が治まって、帰らないで済んだということですけども、

四月二十七日に発掘がすべて終わって、私が茨城県庁によってから東京に帰るという時に、その区長さんが来て「大塚先生。秋にはお子さんが産まれるそうだから、赤飯炊いてくださいよ」と言って、餅米を袋に一斗（一五キロ）くれましたよ。私は写真機やらの荷物をたくさん持っているので、持てないんですよ。

それで水戸まで車で行って、水戸で新聞発表して一泊し、翌日常磐線に乗って帰るんですが、水戸駅で読売新聞を買ったら、「三昧塚古墳の発掘終わる、明治大学大塚初重考古学助手（二九歳）談」とあるはずが、助手が手じゃなくて平になって、大塚初重助平（二九歳）ってなってるんです。

私は駅から読売新聞の支局に電話したんです。ひどいじゃないかってね。そしたら、「どうせ先生、穴掘りでしょ」って、支局長に簡単にいなされてしまいました。

昭和三十年（一九五五）に発掘した三昧塚古墳の調査成果は、東国の騎馬文化や海上、河川と湖沼が持っている経済・軍事・政治上の課題についても、その重要性が増大している状況があります。考古学の発表とともに、古墳が示す事実の分析が重要になっています。

第五講 藤ノ木古墳の発掘とその被葬者を考える

世紀の発見秘話と葬られた二人の貴人

周辺の宅地化により調査

関西は特に鉄道が発達していまして、奈良県生駒《いこま》郡斑鳩《いかるが》町辺りは大阪のベッドタウン化し、近鉄で短時間に大阪に出られるので都市化や宅地化が激しく、斑鳩町にある藤ノ木《ふじのき》古墳の周辺も、畑が次々と宅地に変わっていくという状況になっていました。

現在の藤ノ木古墳は、整備されて残っていますが、当時の斑鳩町教育委員会は将来を心配して、奈良県立橿原考古学研究所と相談の上、学術調査をして後生に残す保存のための準備をしようと、昭和六十年（一九八五）と昭和六十三年（一九八八）の間に前後三回にわたって、橿考研と斑鳩町教育委員会が発掘調査を行ないました。

藤ノ木古墳は斑鳩の法隆寺《ほうりゅうじ》の南大門から西へ直線で三五〇メートルくらいのところにあります。調査が始まった頃に私が行った時には、墳丘に柿の木が植わっていました。

この古墳は直径は四八メートル、高さ八メートルの円墳で、六・七世紀代の後期古墳です。埼玉県の「さきたま古墳群」にある丸墓山《まるはかやま》などは日本最大の円墳で、直径が一〇〇メートルを超えるものですが、一般に円墳で五〇メートル近いとなると大型円墳です。しかも内部主体が横穴式石室ということで、後期古墳としてはかなり重要な大型円墳だと思います。

橿考研の研究員の藤井利章《ふじいとしあき》さんが担当して調査を始め、昭和六十年の第一回目調査で立派な横穴式石室が発見され、この石室は全長一四メートル五〇センチという大きなもので、奈良県内でも数本の指に入るものです。関西の研究者のほとんどは、大きな円墳なので五世紀代の中期古墳だろうとして、まさか横穴式石室が出てくるとは思っていなかったのです。

藤井さんが墳丘に上がって見たら大きな石の面が見えるのです。竪穴式石室の蓋石にすれば丸みがあるので、ちょっと周りを探ってみると大きな石と分かり、これは天井石で横穴式石室だとなったのです。そこで墳丘を探したら天井石の間に隙間《すきま》があり、その隙間から懐中電灯を入れて中を見たら、奥の方に石棺があり、しかも赤く塗ってあったのです。

私も随分と石棺を研究し、全国には多くの家形石棺がありますが、こんなに赤く塗った石棺の遺存例はほとんどなく、稀《まれ》に見る朱塗りの石棺だったのです。

昔の発掘・調査は、まず石室や石棺の主体部に手を付けるのですが、現代の常道ではまず墳丘の調査をします。段築や葺石があるか、円筒埴輪がどのように廻っているか、堀があるのかないのかということを確かめた上で、主体部の調査をするのです。しかし、朱塗りの家形石棺ということで、担当者も斑鳩町でも墳丘調査を後回しにしたと思われ、第一次調査で横穴式石室の調査をすることになり、墳丘の穴を大きくして、そこから出入りして調査が始まったのです。

考古学では、遺物がたくさん出た古墳を良い古墳と言ったり、あの人はあの古墳を掘って成功したと羨《うらや》むんです。本当はそういうことじゃないんですが、物が出たら大成功で、出ないと失敗と言われるのです。

屋根形をした石棺の蓋の傾斜面には、両側面に二つずつ縄掛突起が付いています。棺身と蓋の間に少し隙間があり、蓋の東側部分が少し割れています。この石室は柔らかい二上山《にじょうざん》の白《はく》色凝灰岩《しょくぎょうかいがん》で造られていて、遺骸を中に入れて蓋を閉めるときに割れたと思います。

石室に入ってみたら、遺骸を葬った玄室の右袖のところに、鼠《ねずみ》色をした硬い須恵器《すえき》と土師器《はじき》が約六〇個も転がっていたのです。

器台という須恵器が立ったままありました。長方形の透かしがあり、こういう器形を持った器台は六世紀頃のものです。この器台には油を燃やす灯心の跡が付いていたのです。これは何だと調べてみると、須恵器の下から江戸時代の灯明皿が出てきたので、現場では驚きました。

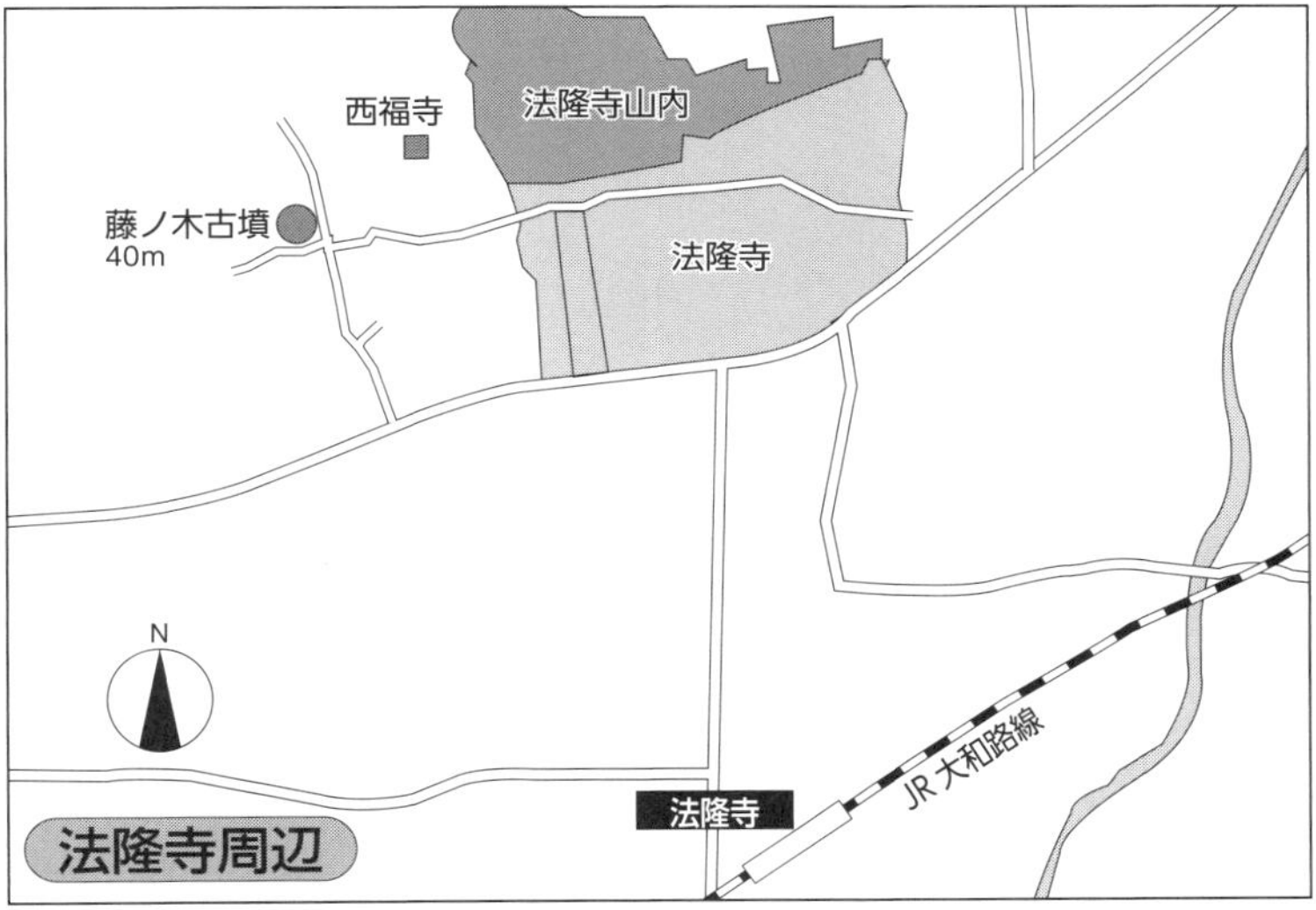

江戸時代に人々が石室内に入って灯明を灯してお祀りをしたのが明らかです。だが専門家が見れば、この須恵器は後から入れたものではなく、後の葬送儀礼で灯明皿に火を灯していることがはっきりしているので、石棺の蓋を開けるよりも、こういう調査が先だとなったのです。

家形石棺は横穴式石室の主軸に対して直角に置かれています。たいていは石棺と石室の間を通って石棺の奥に行けるのですが、石棺と石室の東（右）の壁との間は三〇センチ、西の壁との間は一〇センチほどしか隙間がないのです。私も呼ばれて行った時には、とても通れそうになかったです。

そこで石棺の上に毛布を厚く置いて、梯子《はしご》を架けて石棺の上から奥を調査したのです。石棺と奥壁の間は八〇センチほどの幅しかなく、その間に三組の馬具をはじめ挂甲《けいこう》、鉄製農具の雛《ひな》形品《がた》など三〇〇〇点の史料が、手付かずの状態で山のように置いてあったのです。

石棺の奥からすごい馬具が出てきた

藤ノ木古墳がマスコミをはじめとしてアッと驚かせたのは、家形石棺と奥壁の間から出た遺物は圧倒的に馬具が多く、しかも技術的に一級のものが含まれていたからです。三組の馬具類の中でもAセットとされるものは、東アジアの中国、韓国等の中でも大変な逸品だと思います。

Aセットの鞍の覆輪《ふくりん》と鞍金具はすべて金銅製ですが、その海金具《うみかなぐ》に六角形のレリーフ状の亀甲文があって、その中には透かし彫りをした模様が全面にあり、真ん中を切って鬼神像をレリーフをした板を嵌め込んでいます。

前輪では下の磯金具《いそかなぐ》にもレリーフ状の文様があって、金具が二つ付いていています。後輪《しずわ》には鬼神像のレリーフのところに三本柱の把手《とって》金具が付いていています。この取っ手金具の両端に濃紺のガラスが嵌め込んであり、そのガラスにフィリグリーと呼ばれる細金細工で金象嵌《ぞうがん》がしてあります。エジプトの十二王朝とかギリシャとかの時代から、こういう技術があるということですが、日本考古学を専門にしているわれわれの世代から見れば、六世紀ぐらいの日本でこんな技術はないだろうと、これは日本製ではないだろうと思ったのです。

そして磯金具のところから左右二個ずつ鞖《しおで》金具が出ています。そこから四本の革ベルトが馬の尻に向かって伸びていきますが、そのベルトに飾り金具の杏葉《ぎょうよう》がぶら下がります。

高さ十数センチの棘葉《きょくよう》形の杏葉は一八個出ています。馬の胸懸《むながい》から側面にかけて左右九個ずつ付けていたのでしょう。その革ベルトの先端部に付く帯先金具も出ているのです。

前輪と後輪の間に人が跨《また》がり、この部分は木製で居木《いぎ》といい、そこから障泥《あおり》という泥除けの布が両側に垂れるのですが、この布の縁金具も出ています。さらに三角錐型の壺鐙《つぼあぶみ》があり、これに足を入れて馬に乗るのです。この木の部分はすでに腐ってますが、金銅製の金具が残っています。さらに杓子《しゃくし》型の壺鐙の金具や心葉形（ハート形）鏡板付轡《くつわ》もあります。

鞍の海金具の六角形に象《かたど》った文様の中に、唐草文様や龍文、鳳凰《ほうおう》文がレリーフされ、交点にはガラスが嵌め込まれています。ここで問題になったのは象の文様があることです。六世紀代の日本に象の文様はないだろうし、これだけしっかり象の形をしたものは日本製ではないということで、この金銅製鞍金具は輸入品だろうとされていたのです。

こうした金ピカそのものといった飾り馬に乗っ

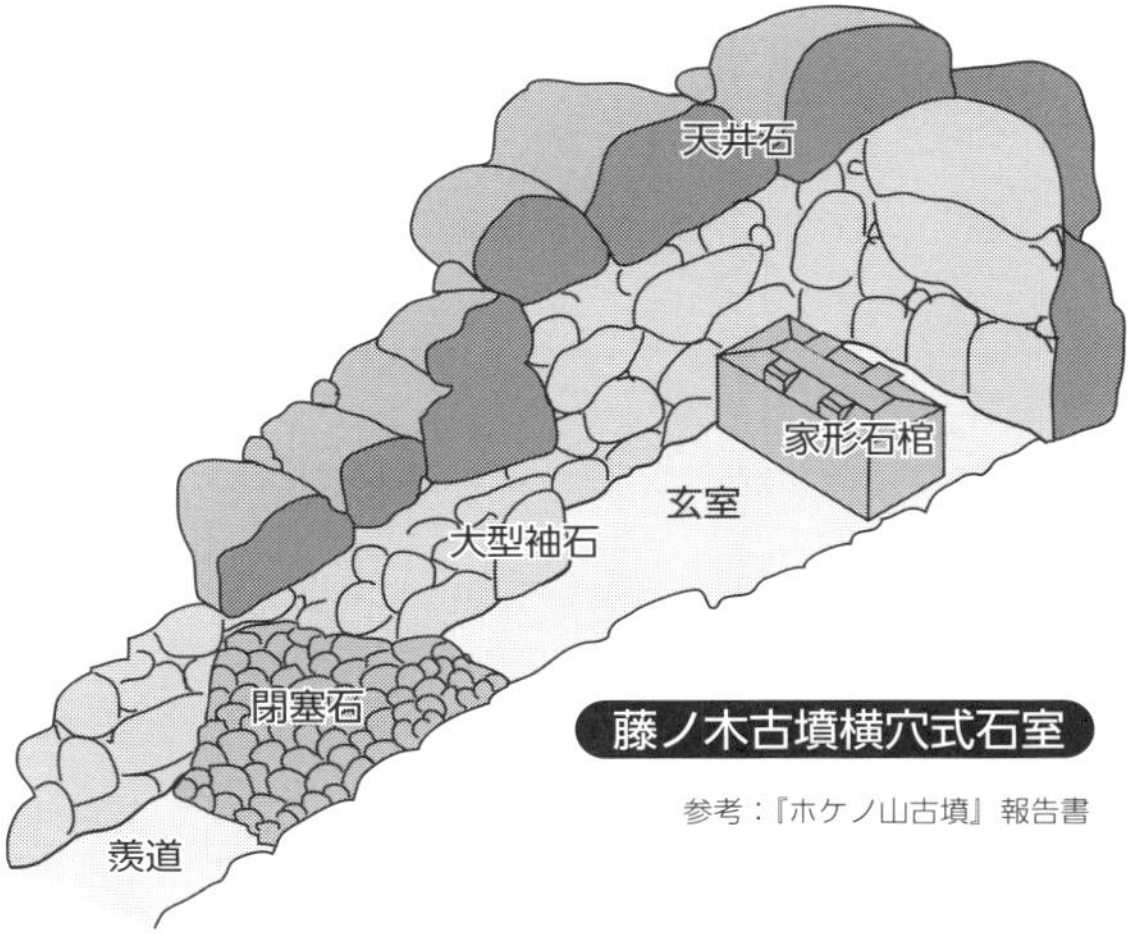

藤ノ木古墳横穴式石室

参考：『ホケノ山古墳』報告書

ていた人が、奈良盆地の平群《へぐり》の地域の単なる豪族と考えて良いのかどうかです。

馬を飾り立てる金具がいっぱい

その後の、中国や日本の東アジアの研究者によると、たとえば北京の中国社会科学院考古研究所で武器を研究している揚泓《ようこう》氏とかは「この技術は高度ですごいが、文様全体に思想性がない」と言いました。

中国だったら宇宙観とかの理にかなった文様構成があるようで、北京大学の斉東方《せいとうほう》氏も日本製説に言及しています。しかし技術的な見地から、これは日本製ではないかという見解が強いのです。一概に素晴らしい技術のものだから外国製、拙《つたな》いものだから日本製としたのは、われわれの思い違いであったかもしれません。しかし、西方アジアの象という日本にいない動物が、文様化されるのは問題だとされています。

また、馬の胸から鞍に掛け渡す組紐や革帯などの胸懸《むながい》や、同様に尻に掛けた尻懸《しりがい》などの両側に金銅製の鈴や杏葉という飾りをぶら下げるのですが、尖《とが》った葉の形をした棘葉形杏葉もあったのです。中の文様は鳳凰が向かい合い、羽が伸びているという流麗なもので、われわれは六世紀の日本にこれだけの技術は難しいのではとしていたのです。

さらに、歩揺《ほよう》付飾り金具というのがあります。本来は座金のところに心棒があって、そこから支脚がたくさん出ており、その先にハート形の歩揺が付いて、ヒラヒラするものです。ところが藤ノ木古墳で発見された数十個の歩揺付飾り金具には、ヒラヒラする歩揺がすべて外されてたのです。

調査の結果、石棺の中に四〇〇枚を超える歩揺と考えられるものが、ちりばめられた状態で出てきました。これに対して橿原考古学研究所の研究員の中には、仏教でいう散華《さんげ》の精神で行なった埋葬行事ではないかとする人もいます。大仏開眼供養などで、紙で作った花びらのようなものを撒くことを散華というのですが、そうなると藤ノ木古墳の埋葬状況の中に仏教思想が現われるという大問題になります。

つまり、仏教伝来が西暦の五三八年とか五五二年とすれば、六世紀中頃に仏教が入っており、この古墳の年代論からも

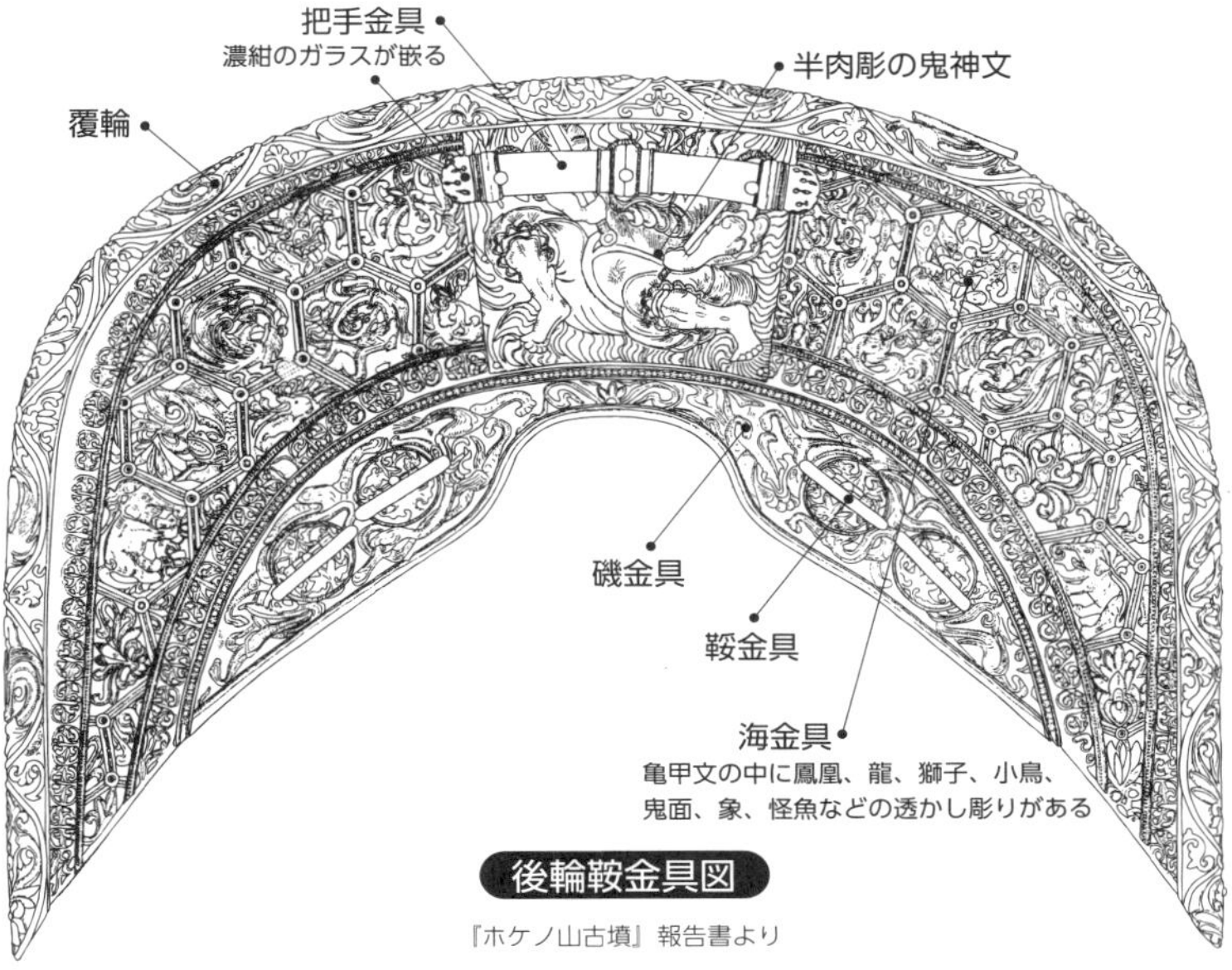

後輪鞍金具図

『ホケノ山古墳』報告書より

そんなことは有り得ないとは言えないのです。

馬具などと一緒に出てきた「龍文の飾り金具」があるのですが、何に使われたかははっきりとは分かりません。こういうものから緑青などをすべて取り去って、修理委員会がレプリカを作ることになりました。

今の鍍金《メッキ》工場の技術ではなく、昔の古墳時代の水銀アマルガム法で、金を水銀に溶かし、銅板に水銀朱を塗って熱を加えて水銀を蒸発させ、金を定着させて鍍金させるのです。だが、この方法で復元品を作るとなると、有毒なため街中の工場ではできないのです。そこでレプリカ製作を請け負った業者さんが吉野山《よしのやま》の山の中で、昔の鍍金法でやったのです。他にBのグループ鞍金具、Cグループの鞍金具とありますが、昭和六十年の調査ではそこまでだったんです。

私は、文化庁から藤ノ木古墳の修理委員会の

馬具装着図

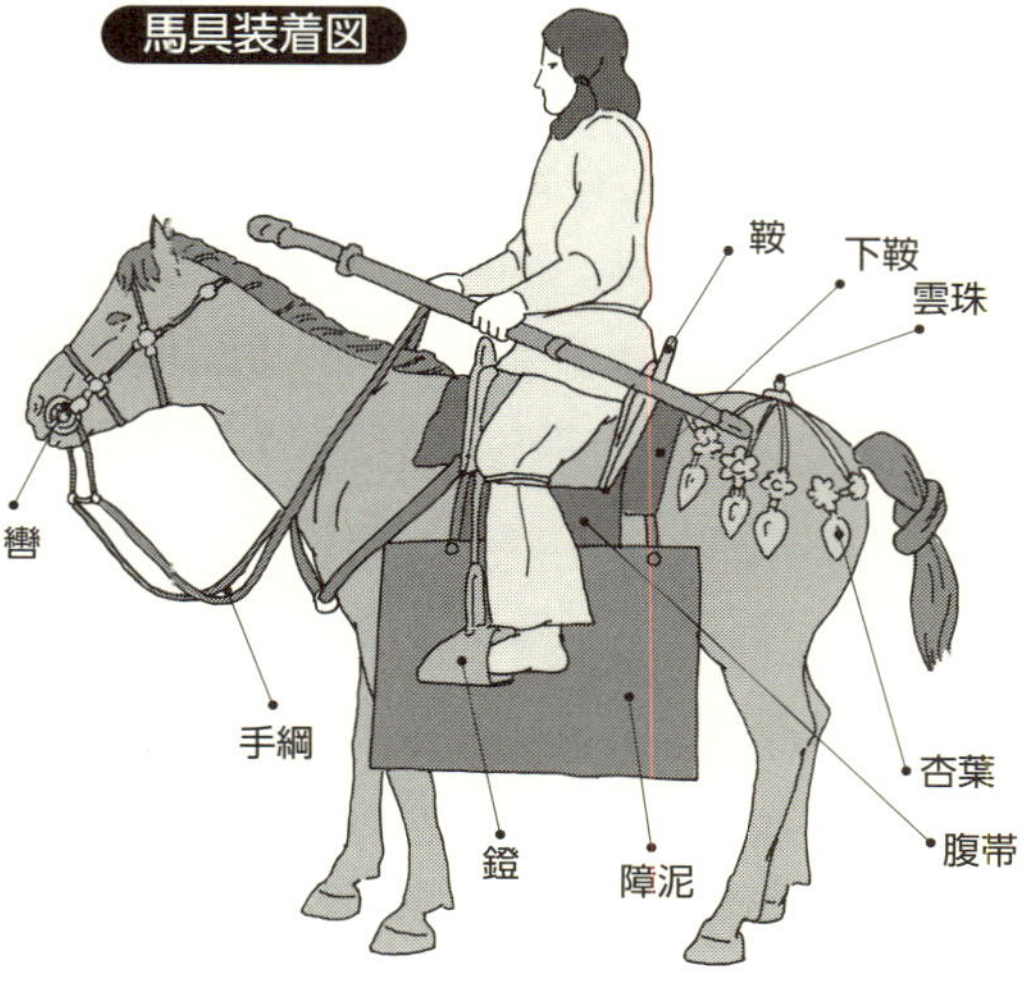

鐘形杏葉

棘葉形杏葉

委員長の依頼を受け、調査が終わってからも数年間にわたって、橿原考古学研究所と奈良文化財研究所の先生方とで、どこまで錆を落とすか、復元をどうするか、レプリカを作るかを話し合っていたのです。その結果、まず鞍金具のクリーニングをしたんです。

現在、国士舘大学の教授になった沢田正昭《さわだまさあき》さんという保存科学の先生がいます。彼が奈良文化財研究所の保存修復科学研究室にいた時に、この藤ノ木古墳の緑青で覆われて文様もはっきりしない鞍金具を、どのようにクリーニングするかとなったのです。

沢田さんは自宅で観ていたテレビの、赤ちゃんのオムツのコマーシャルで、吸収性の高い合成樹脂繊維が青い水を吸い込むことにヒントを得て、三%の蟻酸《ぎさん》を混ぜたペースト状の薬品を開発したのです。その薬品を緑青にまみれた金銅の鞍金具の上に垂らすと、数分で金ぴかになったんです。しかし、鉄部分はどうしても錆が取れなかったということです。

石棺の蓋を開けるのも慎重に

石室内からこれほどに遺物が出てきた藤ノ木古墳ですから、石棺の蓋を開けたらどういうことになるかと、橿原考古学研究所の石野博信《いしのひろのぶ》氏を中心に、いろいろと検討を重ねたんです。

私が昭和三十年（一九五五）に霞ヶ浦《かすみがうら》沿岸の三昧塚《さんまいづか》古墳を発掘した時に、青年豪族が金鍍金をした透かし彫りの馬の飾りのついた見事な冠を被っていました。この完形品の冠を外して、傍に置いたダンボールの箱に納めようとした一、二秒くらいの間に、冠に裏打ちしてあった包帯状の白い布が、アッという間に粉々になって飛んでしまった経験があるので、そういう拙《まず》い失敗を気をつけた方が良いよと、石野氏に伝えておきました。

後で話を聞きますと、橿原考古学研究所では石棺の蓋を開けると革製品や木材製品、布も紙もあるだろうと考え、普通の金属のピンセットを使わないで、正倉院《しょうそういん》の事務所で竹のピンセットを使ってると知って、そのピンセットを用意したり、具合を試したりしています。さらに、二上山の白色の凝灰岩を現地から取り寄せ、藤ノ木古墳と同じサイズの家形石棺の模型を作って、蓋を開けるシミュレーションを繰り返しやったということです。そうした段取りに三年間がかかり、昭和六十三年（一九八八）五月九日から七月八日まで、墳丘と石棺内内視鏡調査を行ないました。

石棺の蓋を開けるのは、専門の石屋さんとか土木建築の方がやったのですが、長さ一四・五メートル、床から天井までの高さが約五メートル、幅約三メートルという石室の中に鉄骨を組んで、レールを敷いて滑車を下げてチェーンブロックを使って蓋を開けるんです。

石棺の出土状況　『ホケノ山古墳』報告書より

不祥事故を想定して、蓋が二～三センチくらい浮いたところで、アクリル樹脂の厚い板を入れて蓋を開け、蓋をレールで手前に持ってきて天地を逆にして安定させて降ろすんです。私も昭和三十四年（一九五九）に、静岡県清水《しみず》の三池平《みいけだいら》古墳の大きな割竹形石棺を後藤守一先生と一緒に開けた時も、地元の石屋さんがコロを使って見事に蓋を開けて移動させていました。

藤ノ木古墳の石棺は、表も裏も水銀朱で真っ赤に塗っていました。関西では考古学の記事は大々的に扱ってすごいのです。そういうように扱わないと関西では新聞が売れないという話もあり、関西テレビなど、いくつかのテレビ局が真っ赤に塗られた家形石棺のニュースを大きく報道したのです。ＮＨＫが朝七時のニュース番組『おはよう日本』で、「真っ赤に色を塗った石棺出現」と現地から中継をしました。

石棺の蓋を開く前に棺身との隙間から入れた内視鏡で中を見たところ、中に水が溜まっていて有機物質が浮いているのです。結果的に三五〇個の布や木片が水に浮いていたのです。ということは、この藤ノ木古墳の横穴式石室の中の石棺の棺身と棺蓋の隙間から水が入ったということです。じつは蓋の裏側にも点々と有機物質が付着していましたから、いつの頃か分かりませんが、石室の中に水がたっぷりと溜まっていた時期があったと思います。この水の全サンプルを取って掻き出し、分析をしています。

この三年の間に、私のところにも韓国のテレビ局から何回か電話があり「どうして橿原考古学研究所は、藤ノ木古墳の石棺の蓋を開けないんですか？　蓋を開けると日本の皇室が韓国系

ですが、韓国ではそんな見方をしていました。

るシュミレーションをしたり、竹製のピンセットの用意までも準備をしてるから」と言ったん

だとはっきりするからでしょう」と言ってきました。私は「そんなはことないよ。棺蓋を開け

豪華な装身具に包まれた被葬者

石棺の蓋を開けて中の水を取り去って、沈殿しているゴミを掃除していきますと、石棺の北のコーナーに大きな靴が立てかけてありました。六角形の亀甲文が付いていて、丸い歩揺と魚の形をした飾り金具が靴の全面からぶら下がっています。

この靴は三八センチあり、日常でこんな靴を履いて歩いているわけがないでしょうから、葬祭用の靴だと思います。そして真ん中に全長一一〇センチの銅製の大帯が折りたたんで置いてあります。石棺の奥にも長さ四二センチの靴が一足あります。千葉県の金鈴塚《きんれいづか》古墳から出た靴は、四五センチありました。

福島県の飾り靴の研究をしている馬目《まのめ》順一《じゅんいち》さんは、韓国の新羅《しらぎ》と百済《くだら》では靴作りの技術が多少違っていて、日本の靴は百済系のようで、工人技術者集団が日本に来て作ったのではないかとしています。飾り靴は全国で一二～三例ありますが、学術的に掘って残っているものは少ないのです。

靴と石棺の間に冠が二つに折って突っ込んでありました。冠は日本で七〇例ほどあっても、

まったく同じ物はありません。調査者たちはあまり問題にしないのですが、私はステイタス・シンボルでもある冠を折って足の方に入れるという前例は知りませんので、ちょっと異様な感じがしました。

この冠には二つの山があって「二ツ山式」とされるもので、正面に蝶ネクタイ状の飾りが付いていて、全体に円形や魚の形をした歩揺が付き、二本の茂った木が聳《そび》えて、木の枝に鳥や船

石棺内遺物出土状態概要図

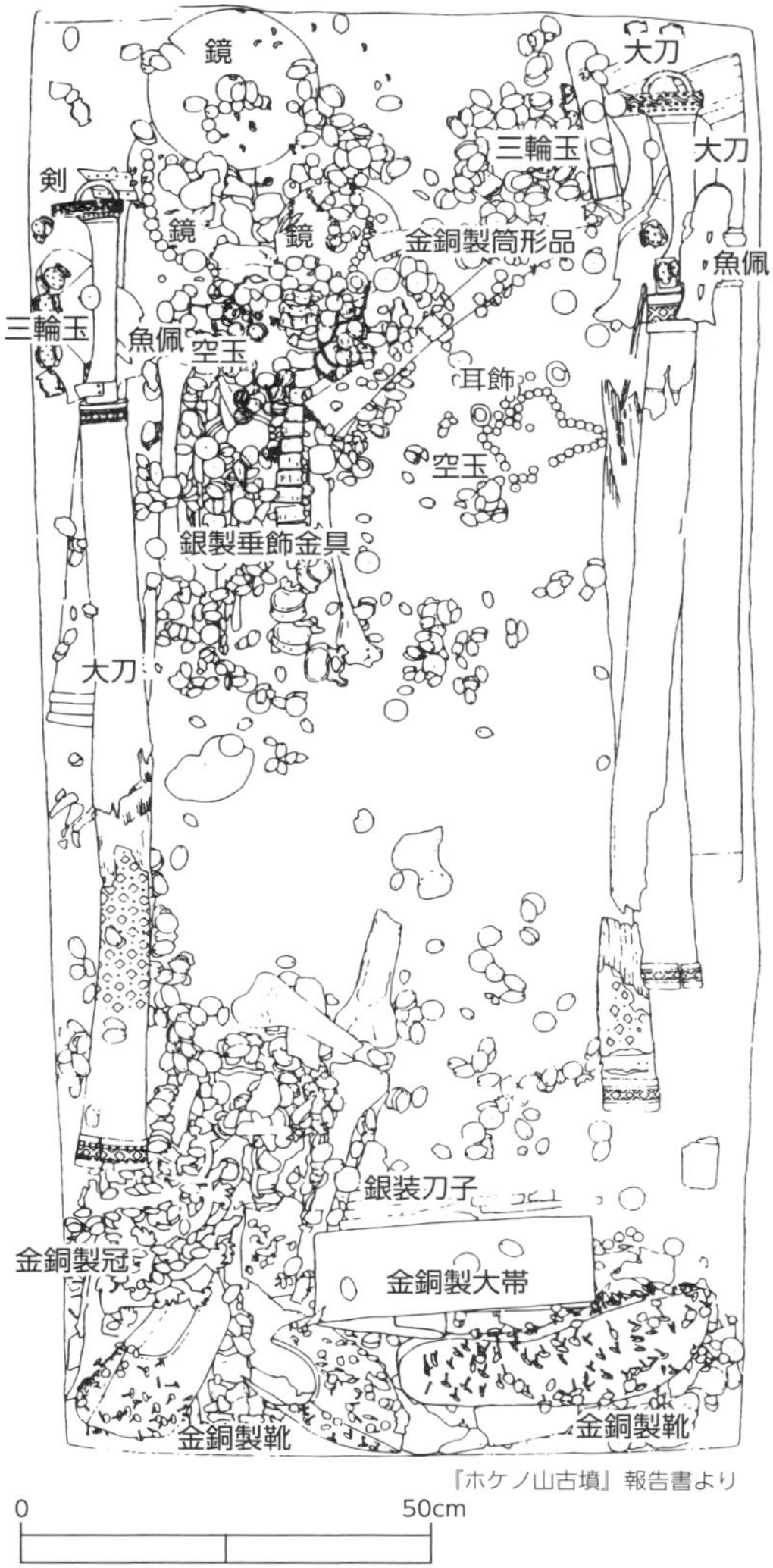

『ホケノ山古墳』報告書より

などの飾りが付いている日本製のものです。推古《すいこ》天皇十二年（六〇四）にはじめて冠位を賜うのですが、それより前の時代のものでしょう。

そのほか、棺内は飾り金具でいっぱいです。六世紀後半とされる藤ノ木古墳の埋葬した時の副葬品の内容が、いかに高価なものであったかという片鱗《へんりん》です。

石棺の蓋と棺身の接着するところにまで水銀朱が塗ってあり、頭が東の方にあって、斜めに円筒状のものがあり、両側に大刀が五本、剣が一本の合計六本あります。そして真ん中よりちょっと上に脊椎骨がきれいに並んでいます。したがって石棺内には北寄りに一人埋葬されていることは間違いないが、靴が二足あるので、もう一人右側に埋葬されていると誰でも思います。二人となると男女で、夫婦だろうとなり、ほとんどの研究者は奥の北側が男性で、入り口側の南側が女性と思ったんです。

ところが京都大学霊長類研究所の片山一道《かたやまかずみち》教授や、大阪市立大学の池田次郎《いけだじろう》教授等が、解剖学的な骨の検討をしたところ、男性二人を納棺しているとしたのです。となると一方が先に埋葬され、もう一方は追葬されたと考えられ、副葬した遺物も第一次埋葬と追葬時での埋葬の遺物に年代的な差があるかも分からないと、細心に吟味《ぎんみ》しながら棺内を掘り上げたのですが、同時埋葬としか考えられないとなりました。

女性と思われた南側に埋葬された人物は、背が小さいのではと思われていたのですが、片山教授が分析したところ、踵《かかと》を中心とした脚の骨がかなり大きく、とても女性とは考えられないとされ、血液型がB型の男性二人の埋葬だったのです。

われわれが聞いている話では『日本書紀』「神功皇后　摂政《せっしょう》元年二月」の記述に、神に仕える二人の祝《はふり》の男性はとても仲がよく、それが病気で亡くなったので同じ棺に入れて葬ってやったとあります。ところが空が一転して悪天候が続き、世の中の状況が変わってきたので、絶対に祝同士を一緒に埋葬してはならないという「男同士同棺重葬の罪」が作られたというのです。これを「伊豆那比之罪《あずなひのつみ》」と言っています。だから同じ棺から二つの遺体が出てくれば、考古学的に旦那と奥さんだとなるのです。新聞社などでは北は男性、南は女性という何通りもの絵まで用意して、どれがいいかと相談を受けたこともあります。

北側の人物は一七歳から二五歳くらいで、身長が一六四センチから一六六センチくらいと発表されています。この人物の頭のところに三枚の鏡が鏡の面を下にして置かれています。このあたりから銀の玉に金鍍金をした梔子《くちなし》形の空玉《うつろだま》や丸玉があり、これはネックレスと思われ、頭部の位置が推定できます。さらに鏡の下から三〇センチ×六〇センチを超える範囲に、一万五〇〇〇個以上のガラスの粟玉が出ています。これは関西の葛城《かつらぎ》の牧野《ばくや》古墳を調査した河上《かわかみ》邦彦《くにひこ》さんなどが、『日本書紀』にも出てくる〝玉鬘《たまかずら》〟といい、簾《すだれ》状の飾り玉を頭から背中に垂らしたものではないかとしています。

大刀が五本、剣が一本出たので、橿原考古学研究所が専門家に頼んで復元しています。豪華な銀と金を使った大刀は全長一三八センチで、楔《くさび》形をしている柄頭《つかがしら》の上に、鉄の捻り金具の上に金を巻き、把《つか》も金線を巻いて、護拳の金具に三輪玉と呼ばれる飾り金具が付いています。鞘《さや》にも透かしがあって金と銀の飾りをして、全面にガラス玉が付いているのです。これは伊勢《いせ》の皇大神宮《こうたいじんぐう》で二〇年に一度行なわれる式年遷宮で使われる「玉纏大刀《たままきのたち》」を彷彿《ほうふつ》とさせるものです。

そして赤いベルトにぶら下がった魚の形をしたものは「双魚佩《そうぎょはい》」と言います。これは腰飾りではないかとされていたのですが、伊勢の皇大神宮の玉纏大刀は把の先から魚の形の飾り金具が下がっているので、藤ノ木古墳の双魚佩も刀の把から下げられていたものと証明されました。長さ七三センチの剣も大変豪華なものです。こういう豪華な玉纏大刀や剣を持って、あの世に旅立った人はいったいどのような人物なのでしょう。

副葬品から年代を考える

藤ノ木古墳の、非常に高度な技術の副葬品が集中的に出てくるのは、これまでの古墳にはないものと思います。いろんな内容を持つ、藤ノ木古墳の横穴式石室は、近畿地方の後期古墳の石室として年代はいつ頃かとなります。

長さ八メートル一九センチの細い羨道《せんどう》を入ると、両袖が開いて矩《く》形《けい》の玄室になります。石棺は長さが二メートル四五センチで、石棺と側壁の間が狭く、石棺の奥は八〇センチしかないのですが、こういう石室の奥壁は大型の石で五段に積んでいるのが通常です。横穴式石室の構造では羨道と玄室の間に袖石という大きな石が立っています。ここに大きな袖石を使うのは、畿内では六世紀の後半段階のものに見られます。

また石棺の前に約六〇個の須恵器と土師器が、葬送儀礼の道具として置かれて、灯明皿として使われたものもあります。中世から近世にかけて石室内に人が入り、灯明を灯して何かの儀礼をしていたようですが、副葬品が盗まれたり位置が変わっているという現象は見られません。

須恵器の年代をどのくらいに見るかは、古墳時代の須恵器の編年的な研究の成果が問題になります。須恵器の編年研究は、戦後に大阪の陶邑《すえむら》の須恵器の窯の発掘調査が大々的に行なわれ、その研究の中心になったのは静岡県の菊川《きくがわ》市出身の田辺昭三《たなべしょうぞう》さんで、須恵器は二五年刻みくらいの田辺氏の編年研究が今でも使われています。

これが一〇〇%確実かどうかは、研究の進展によって将来に修正があるかも分かりませんが、須恵器は日常の生活用具ですから、鋭敏に形式が変化することになりますので、編年の年代は事実に近いのではと思います。陶邑の窯跡群の中の高蔵《たかくら》地区の43号という窯番号の窯から出た須恵器と同じような特色を持ったもので、六世紀の第4四半世紀という年代が与えられています。関西の研究者によると、西暦五七六年頃から六〇〇年くらいの

須恵器や土師器が大量に埋納されていた　『ホケノ山古墳』報告書より

ＴＫ（高蔵の頭文字）43型式となります。これらのことから藤ノ木古墳は、五〇〇年代の後半の六〇〇年代に近いくらいの古墳となります。

石棺と東の壁との隙間から鉄鏃《てつぞく》が出てきましたが、箆《の》と呼ばれる矢竹の部分は腐ってありません。時代により戦い方も変わるため、鉄鏃も時々刻々と変化し、時代性が鋭敏に出ます。

石室内には大型の鉄鏃もありますが、細身の先端部を持った鏃《やじり》があります。七世紀の後半段階では、こういう鏃が使われています。

葬られていたのは誰なのか

誰が、この平群《へぐり》の斑鳩の法隆寺近くの藤ノ木古墳に埋葬されているのか？　これは誰しもが関心を持つことです。

法隆寺の前管長の高田良信《たかだりょうしん》さんが、長く法隆寺文書の研究をやっておられ、それによると鎌倉時代の文永二年（一二六五）の法隆寺文書の中に、荒涼寺《こうりょうじ》あるいは宝積寺《ほうしゃくじ》の名があって、御陵《みささぎ》の言葉が出てくるそうです。その宝積寺の傍にお祀りをする〝陵堂〟があって、法隆寺に関連のある宝積寺は〝御陵〟とあるのです。

鎌倉時代の文書には、これは崇峻《すしゅん》天皇の陵であると出てきます。鎌倉時代以降の中世に陵山《みささぎやま》が崇峻天皇を葬ったものだといわれていた時期があったようです。その陵山を管理するのは法隆寺で、法隆寺関連の宝積寺がその地でお祀りをするのです。

となると、中世から近世にかけて藤ノ木古墳に出入りして、須恵器の器台に灯明を灯してお祀りをすることが事実としてあったということです。しかも須恵器の器台に灯明を燃やした痕跡があるだけでなく、六〇個の須恵器の中に江戸時代の灯明皿が何個も混じっていたということで、恒常的にここでお祀りが行なわれていたと言えるようです。

江戸時代後半の文書によると、尼さんがこの寺に住んで陵山をお守りしたとあり、火事になって、その尼さんも焼死したという文書があって、それ以降お祀りをやっていないんです。

したがって、紛れもなく中世から鎌倉時代以降に、地元では藤ノ木古墳が陵山と呼ばれて、法隆寺が陵山を管理して、皇族に関わる山として大事にしてきたということです。それが斑鳩町教育委員会と橿原考古学研究所が、昭和六十年（一九八五）と昭和六十三年（一九八八）に共同の調査によって明らかになり、第一級の金銅透かし彫りを持った豪華な馬具などから、かなり身分の高い人の権威を見ることができるのです。

藤ノ木古墳は法隆寺と関係があるのか

考古学は事実が出てくれば、時々刻々と考え方が変わるという学問なんです。だから斑鳩で茜《あかね》色の石棺が出た、すごい鞍金具が出たという時点で、いろいろと推測する人が出てくるのです。作家の黒岩重吾《くろいわじゅうご》さんは早くから、斑鳩となれば膳臣《かしわでのおみ》だろう、膳臣ということなら、朝鮮半島に出兵した膳臣の巴提便《はてび》だろうと、週刊誌などに発表していました。考古学で出てきた事実によって、すぐに具体的なことを発表し、この通りというのは信用できないように思えます。

『日本書紀』に、泊瀬部天皇《はつせべのすめらみこと》（崇峻天皇）の即位に関する記述があります。泊瀬部皇子は欽明天皇の第十二皇子で、母は蘇我稲目《そがのいなめ》の娘で蘇我馬子《うまこ》の妹の小姉君《こあねのきみ》です。

第三十一代用明《ようめい》天皇が五八七年に崩御すると、物部守屋《もののべのもりや》は泊瀬部皇子の兄の穴穂部皇子《あなほべのみこ》を推したのですが、物部氏と対抗する蘇我馬子は、泊瀬部皇子を立てようと手配りし、先帝の敏達《びだつ》天皇の皇后であった炊屋姫《かしきやひめ》（後の推古天皇）を奉じ、佐伯連《さえきのむらじ》丹経手《にふて》、土師連《はじしのむらじ》磐村《いわむら》、的臣《いくはのおみ》真《ま》噛《くい》に「汝等《いましたち》、速《すみやか》に往きて穴穂部皇子と宅部皇子《やかべのみこ》とを誅殺《ころ》せ」と命じたのです。

六世紀後半の欽明天皇以降は国政が乱れ、天皇の皇位継承問題が混乱していたのです。穴穂部皇子は蘇我氏の血統ですが、早くから皇位を望み、敏達天皇の殯《もがり》をする炊屋姫を奸《おか》そうと、殯の宮に押し入ろうとしたが三輪逆《みわのさかし》に阻止されています。穴穂部皇子はそれを恨み、物部守屋に三輪逆を殺させたことで急接近したとされます。

馬子に命じられた兵たちは、夜中に穴穂部皇子の宮を包囲し、楼《たかどの》の穴穂部皇子を襲って肩を斬ると、皇子は楼上から転落し傍の家屋に逃げ込んだのですが、兵士らは灯りをともして探し出して殺害しました。翌日には穴穂部皇子と親しくしていた宅部皇子も殺されたのです。これらは六月七日から八日にかけてのことです。

翌月には、馬子は河内国の物部守屋の屋敷を襲って、これを滅ぼします。この時に厩戸皇子《うまやどのみこ》（後の聖徳太子）も一六歳で参戦しています。

泊瀬部皇子が皇位を継承し第三十二代崇峻天皇になりますが、大伴氏も物部氏も衰微し蘇我氏の権勢はますます大きくなって、馬子の専横も目立つようになります。崇峻天皇の五年（五九二）冬十月のこと、崇峻天皇に猪を献上する者があり、天皇はこの猪を見て、多くの兵士の前で「いつかは、この猪の頭を断つように、憎いと思っている者の首を斬りたいものだ」と言ったのです。

この話を聞いた馬子は、翌月の三日に朝廷の群臣らに「今日、東国からの貢物を天皇に献上する」と言って、東漢直駒《やまとのあやのあたいのこま》を崇峻天皇に近づけて殺害させたのです。即日、崇峻天皇を倉梯岡陵《くらはしのおかのみささぎ》に葬ったとあり、これは奈良県桜井市倉橋に葬っ

復元された藤ノ木古墳

たということになるでしょう。

法隆寺の中世以降の文書の中に、崇峻天皇を藤ノ木の古墳に……ということは、中世以降の江戸時代の初め頃までに出てきますが、その後は出てこないんです。私の見るところでは、崇峻天皇が殺されたのが事実なら、即日倉梯岡陵に葬るという記載は信じて良いのではないかと思います。

しかし、宮内庁が指定している倉梯岡陵は古墳とはいえないのです。むしろ赤坂天王山古墳《あかさかてんのうざん》という家形石棺を持った方墳を、多くの研究者は真の崇峻天皇陵ではないかとしており、私もそう思っています。赤坂天王山古墳は今のうちならお参りできます。今後、宮内庁がどうするか分かりませんが。

そうなると、藤ノ木古墳の被葬者は、橿原考古学研究所の調査所見によれば、男二人の同時埋葬ということで穴穂部皇子と宅部皇子を想定できる可能性はかなり高いと思います。しかし韓国の武寧王《ぶねいおう》と武寧王妃のように、ここに葬ったという石の墓碑が出てくれば別ですが、日本では六世紀の後半段階では墓誌は出てきませんので、これはあくまで推察に過ぎません。

戦前・戦中・戦後の日本の考古学の研究や発掘で、六世紀後半段階の終末期に近い大型円墳で、これだけの構造を持った石室で、朱塗りをした石棺に男性二人を埋葬し、東アジアで第一級の馬具を持っている藤ノ木古墳は、並の豪族の埋葬とは考えられないし、やはり皇族だろうとなります。

となると歯切れが悪いのですが、穴穂部皇子と宅部皇子を考えるのが、蓋然性《がいぜん》が高いのだろうと思います。考古学というのは決定的に実証する史料が出ない限り、断言できないのです。

私は石棺が開いた直後に、夜来てくれというので、陣中見舞いとして好きな〝菊正宗〟を持って調査本部に行きました。発掘担当の橿考研の石野博信さん以下四人は、日本の考古学界などから羨望とともに注視されて、失敗できないと目が吊り上がっていました。手術用の衣服やマスク、帽子を付けて石棺内を拝見した後、午前三時頃まで酒を飲みました。

あまりに石野さんたちがコチコチになっているので、私はこれを解《ほぐ》すには考古学以外の話題がいいだろうと思い、一世一代の猥談をしました。彼らはそれで和《なご》んで、平常心に戻ったといいます。

藤ノ木古墳の発掘が成功したとすれば、私の力も多少はあるのではないかと思っています。

第六講 牽牛子塚古墳から斉明天皇陵を考える

新たな大発見で高まった「牽牛子塚古墳」説の信憑性

中大兄皇子が蘇我氏を滅ぼし政権を握る

聖徳太子《しょうとくたいし》（厩戸皇子《うまやどのみこ》）は多くの業績を遺し、推古三十年（六二二）に、斑鳩《いかるが》の宮で四九歳の生涯を閉じました。日本初の女帝である推古天皇は治世の三十六年（六二八）七五歳で崩御し、後継は敏達《びだつ》天皇の孫の田村皇子《たむらのみこ》と聖徳太子の子の山背大兄王《やましろのおおえのおう》とが候補でした。

権力を握る蘇我蝦夷《そがのえみし》は、甥ではあるが、聖徳太子の長子として徳望のある山背大兄王よりも、操りやすい田村皇子を推して皇位に即《つ》け、第三十四代舒明《じょめい》天皇とします。舒明天皇は在位一三年の六四一年に亡くなり、八角の上円下方墳の押坂内陵《おさかのうちのみささぎ》（忍坂段ノ塚《おしさかだんのつか》古墳）に葬られました。

翌年に舒明天皇皇后の宝皇女《たからのひめみこ》が、皇極《こうぎょく》天皇となって、史上二人目の女帝になります。宝皇女は舒明との間に、中大兄皇子《なかのおおえのおうじ》（天智《てんぢ》天皇）、間人皇女《はしひとのひめみこ》、大海人皇子《おおあまのおうじ》（天武《てんむ》天皇）の二男一女をもうけていました。

この頃になると、ヤマト政権の連合体を構成していた大豪族の物部《もののべ》氏も大伴《おおとも》氏も没落し、実力があるのは蘇我氏だけになっています。蘇我蝦夷と入鹿《いるか》の親子は驕慢《きょうまん》になり、舒明天皇の頃には群卿百寮《ぐんけいひゃくりょう》は朝廷ではなく、甘樫丘《あまかしのおか》にある蝦夷の邸に出仕するようになっていて、王権は蘇我氏に移ったかのようになっていました。

皇極二年（六四三）には、蝦夷の子入鹿は徳望のある山背大兄王を妬《ねた》み、滅ぼしてしまいます。

このような蘇我氏を打倒しようとするグループがあります。神話に出てくる天児屋命《あめのこやねのみこと》を遠祖とし、神事を司《つかさど》る中臣鎌子《なかとみのかまこ》（鎌足《かまたり》）は〝蘇我氏が君臣の序を乱しているのを慷慨《こうがい》し、天下を匡済《きょうさい》（正しく救う）する志《こころざし》から〟密《ひそ》かに中大兄皇子に接近します。

君主として振る舞う入鹿は、めったに飛鳥板蓋宮《あすかいたぶきのみや》に出仕しなかったので、皇極四年（六四五）の夏に、三韓から進貢の使者があったとして入鹿を誘《おび》き寄せます。六月十二日に、蘇我倉山田《そがのくらやまだの》石川麻呂《いしかわまろ》は入鹿と同族だが、中大兄皇子に娘を献じて共謀し、皇極天皇と入鹿の前で三韓からの表文を読み上げている時に、隠れていた中大兄皇子らが飛び出して入鹿を殺害したのです。

中大兄皇子らクーデター派が、飛鳥《あすか》寺に入ると諸皇族や諸豪族も集まり、蘇我氏側も家来同然の者が続々と集結して、一触即発の状況になったのです。中大兄皇子は将軍巨勢徳陀《こせのとこだ》を使者にして、大義名分を説かせたところ、蘇我軍はちりぢりになり、翌日に蝦夷は邸に火をつけて自殺したのです。これを「乙巳《いっし》の変」といいます。

遠征先の筑紫で死亡する斉明天皇

こうして「大化の改新」と呼ばれる、中大兄皇子を中心とする新政が始まります。

事件後に、中大兄皇子の母である皇極天皇は退位しました。クーデターの首謀者である中大兄皇子は、皇極天皇の実弟である軽皇子《かるのみこ》を皇位に就け、第三十六代孝徳《こうとく》天皇とします。

当然、中大兄皇子が皇位に就くべきだとする意見もあったのですが、策士の中臣鎌足は、政権奪取のためのクーデターと受け取られてはいけないとか、聖徳太子に見習って後方から政治をすべきとしています。したがって孝徳天皇は、中大兄皇子と中臣鎌足の傀儡《かいらい》政権です。

退位した皇極天皇は皇祖母尊《すめもおやのみこと》となり、孝徳天皇には相応《ふさわ》しい皇后が必要とされて、中大兄皇子の妹の間人皇女《はしひとのひめみこ》が選ばれました。

大化二年（六四六）一月一日、中大兄皇子は群臣に対して、新政策の根本を発表します。

それは、地方豪族の国造《くにのみやつこ》の権益を極端に縮小させ、戸籍を作って公地公民とする、天皇中心の統一国家とするというものでした。また厚葬の風俗を改め、身分によって墓の大きさ、人夫の数、工事日数を規定し、勝手な場所に埋葬してはならないとし、殉死も禁止しました。これらは孝徳天皇の名で出されています。

孝徳天皇の即位後に、中大兄皇子は難波《なにわ》の長柄豊崎宮《ながらのとよさきのみや》を建造し、白雉《はくち》二年（六五一）に遷都していましたが、白雉四年（六五三）には、新政に対する豪族たちの不満が大和にもくすぶっているため、中大兄皇子は飛鳥に戻りたいと奏上しました。

しかし、天皇はこれを許さなかったので、中大兄皇子は勝手に皇祖母尊、間人皇女、諸皇子たちを連れて、飛鳥の河辺行宮《かわべのかりみや》に戻ってしまいます。

難波に残された孝徳天皇が、翌年に亡くなると、中大兄皇子は史上初の重祚《ちょうそ》で母の皇祖母尊を天皇の座に返り咲かせ、斉明《さいめい》天皇となって飛鳥板蓋宮《あすかいたぶきのみや》で即位しました。

この間にも、朝鮮半島の情勢は急を告げており、百済《くだら》は新羅《しらぎ》の圧迫に対抗するため、舒明三年（六三一）には王子余豊璋《よほうしょう》を人質として日本に送って、日本の支援を得ようとしました。

新羅の武烈王《ぶれつおう》は唐の力を利用して半島に威を振るおうとし、斉明六年（六六〇）には唐と新羅の連合軍が陸海から百済に侵攻を始めると、たちまち百済は王城を落とされてしまいます。百済では義慈王《ぎじおう》の従弟鬼室福信《きしつふくしん》が敗軍を集めて抵抗し、日本に救援軍を求めるとともに、王子余豊璋の返還を求めてきました。

中大兄皇子は、百済が滅べば半島の足がかりを失うことや、大国としての立場を維持するため、これらを了承して斉明天皇を奉じて筑紫《つくし》（福岡県）に赴《おもむ》き、諸軍を指揮する決意をします。

斉明七年（六六一）五月には筑紫朝倉橘広庭宮《つくしのあさくらのたちばなのひろにわのみや》に到着しましたが、七月末には斉明天皇は病になって、六八歳で崩御してしまいましたので、遺骸は大和に送られました。

中大兄皇子は百済に武器、食糧と兵を送ったので、一時は退勢を挽回するかに見えましたが、王子余豊璋と鬼室福信が仲違いし、鬼室福信は謀反人として斬られてしまいました。

こうした情報は新羅に筒抜けになり、唐と新羅の連合軍が押し寄せて、白村江《はくそんこう》で両軍は激突しましたが、日本の水軍は壊滅的な敗北を受けてしまったのです。遠征軍は残った舟に亡命を希望する百済人二四〇〇人を乗せて帰国しました。

わからなくなっていた斉明天皇陵

斉明天皇は、『日本書紀』によれば土木工事が大好きな女帝であったとされています。飛鳥板蓋宮が火災に遭うと、飛鳥川原宮《あすかかわらのみや》に移ったり、

牽牛子塚古墳

後飛鳥岡本宮《のちのあすかのおかもとのみや》を造り、多武峰《とうのみね》の頂に〝両槻宮《ふたつきのみや》〟とよぶ立派な宮殿を造営しています。

また、水工《みずたくみ》に香山《かぐやま》の西方から石上山《いそのかみやま》まで水路を掘り、二〇〇隻の舟に石上山産の石を積んで、その舟を引かせて運び、飛鳥一帯に石垣を造るという大規模な土木工事をしたようです。

後飛鳥岡本宮の東の酒船石《さかふねいし》の近くの丘陵の上に、この凝灰岩の切石を使った石垣が発見され、誰が造ったのかとされていたのですが、これが斉明天皇が造った石垣だと考えられ、このような多くの石造物が、最近になって考古学の発掘で分かってきたのです。

当時の人びとは「狂心渠《たぶれごころのみぞ》。損費功夫三萬餘矣《おとしつひやすことひとちからさんまんよ》。損費造垣功夫七萬餘矣《おとしつひやすことかきをつくるひとちからななまんよ》」と非難したとあります。延《の》べ三万人、時には七万人という動員体制がどれほど真実かは分かりませんが、石垣の防御壁が必要なほど、尋常な世の中ではなかったのでしょう。

中大兄皇子の娘の大田皇女《おおたのひめみこ》の弟である建王《たけるのおう》は、口がきけない障害を持っていて八歳で亡くなったのですが、祖母の斉明天皇は建王を可愛がり慈しんだのでしょう。斉明天皇は王の死に際して歌まで詠んで、私の墓に一緒に入れてくれと遺言しています。斉明天皇を凄腕のしたたかな人であったとする見解もありますが、こうした女性としての優しい面もあったのです。

友好国であった百済が唐・新羅の連合軍の侵攻を受け、援軍を要請されると天皇自らが前線基地の筑紫朝倉橘広庭宮にまで赴いています。しかし六〇歳を過ぎた高齢の斉明天皇は、六六一年七月に朝倉宮で崩御され、遺体は十一月に飛鳥に戻り、殯《もがり》の行事が行なわれます。

『日本書紀』の天智天皇六年（六六七）春二月の条によれば、「壬辰朔戊午《みずのえたつつきたちつちのえうま》（二十七日）。

合葬天豊財重日足姫天皇《あめとよたからいかしひたらしひめのすめらみこと》（斉明天皇）與間人皇女於小市岡上陵《おちのおかのうえのみささぎ》。是日。以皇孫大田皇女葬於陵前之墓」とあります。

斉明天皇の娘の孝徳天皇皇后間人皇女が、四年後の六六五年に亡くなっており、その遺骸とともに〝小市岡上陵〟に葬られ、同時に孫の大田皇女を、斉明天皇陵の陵のすぐ前面（南側）の墳墓に葬ったと記されているのです。

『続日本紀《しょくにほんぎ》』の天平十四年（七四二）五月十日の条によると、〝越智山陵《おちのみささぎ》〟は長さ一一丈（約三三メートル三三センチ）、広さ五丈二尺（約一五メートル七五センチ）にわたって崩壊し、五月十三日には知太政官事・正三位の鈴鹿王ら一〇人を派遣し、各種の工人たちにより越智山陵を修理させているので、八世紀頃まで斉明天皇陵の存在は明確であったと思われます。

しかし、中世の激しい動乱の時代には天皇陵の荒廃を招き、多くの天皇陵の存在も忘れられる状況にあったのです。

元禄十年（一六九七）の、奈良奉行所による陵墓調査では、高市《たかいち》郡鳥屋村の塚穴を斉明天皇陵としています。この鳥屋村の塚穴は現在の小谷《こたに》古墳のことを指しているようで、斉

宮内庁が斉明天皇陵とする車木ケンノウ古墳

明天皇陵としては車木《くるまぎ》古墳説と小谷古墳説があったのです。

蒲生君平《がもうくんぺい》が文化五年（一八〇八）に著した『山陵志《さんりょうし》』の中で、車木村の天皇山を斉明天皇陵に比定していますので、車木ケンノウ古墳を、斉明天皇陵に治定したのは江戸時代になってからと思われます。さらに文久年間の陵墓大修築で、車木説が幕府に採用され、それが明治政府に継承されて、現在、宮内庁が管理する第三十七代の斉明天皇陵は、奈良県高市郡高取町車木にある車木ケンノウ古墳となっています。

車木ケンノウ古墳は直径約四五メートル、高さ約一〇メートルの円墳です。七世紀後半の終末期古墳とはみなしがたく、宮内庁書陵部陵墓課編『陵墓地形図集成』（学生社）の、陵墓測量図にある斉明天皇陵と大田皇女墓の距離

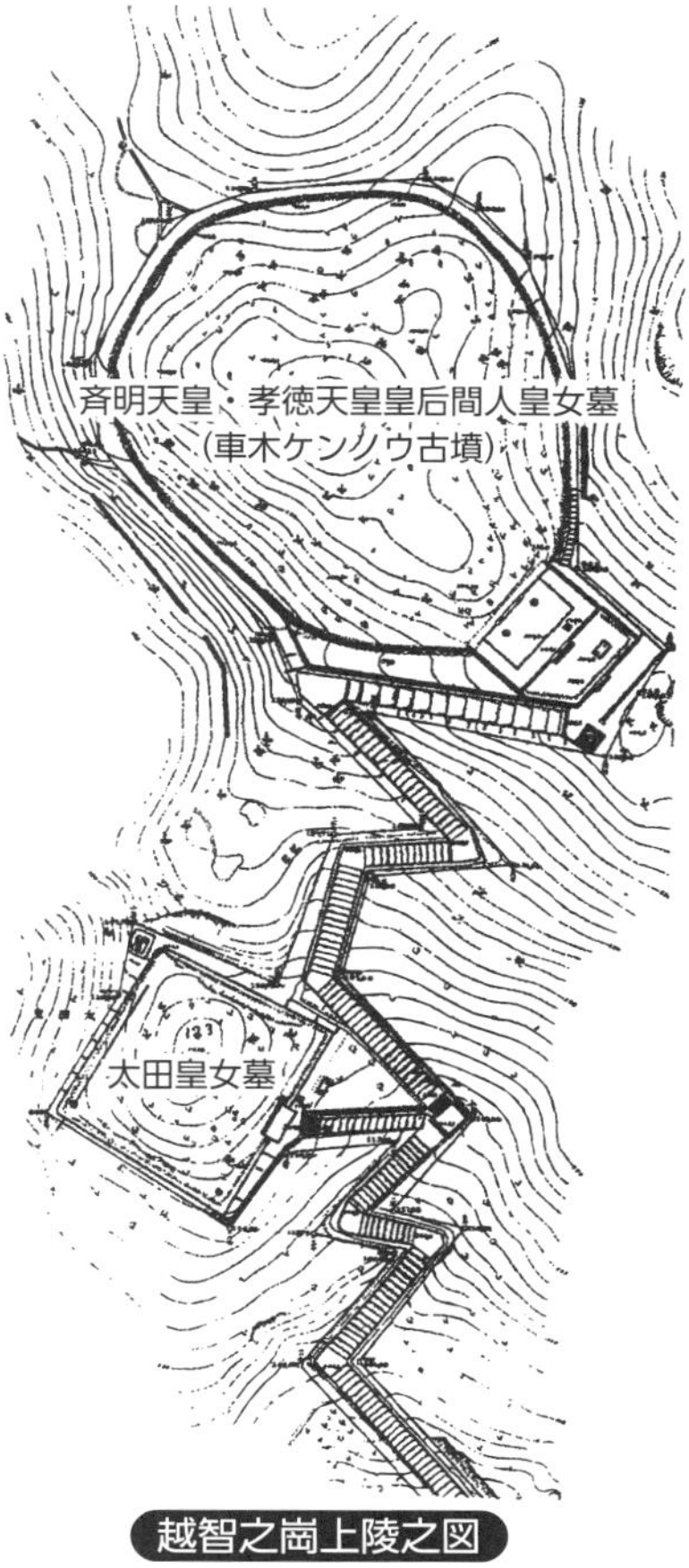

越智之崗上陵之図

宮内庁書陵部陵墓課編『陵墓地形図集成』より

や墳丘規模も、『日本書紀』の記述と照らし合わせると大きな違和感があるのです。

私もずっと古墳時代の研究をしてきておりますが、亡くなった後藤先生をはじめ偉い先生方から、国の史跡として文化庁が指定している「牽牛子塚古墳《けんごしづか》」は、宮内庁が指定をしていないが斉明天皇の墓だと伺っていましたから、考古学界では古くから牽牛子塚古墳こそ真の斉明天皇陵と考えられていたことが分かります。

牽牛子塚古墳から新たな発見

平成二十二年（二〇一〇）九月十日の新聞には、奈良県明日香村《あすか》大字越にある牽牛子塚古墳（別名あさがお塚）が、『日本書紀』による第三十七代の斉明天皇陵と特定されると大きく伝えていました。

前年の二〇〇九年度から、明日香村教育委員会が行なっていた、牽牛子塚古墳の構造を明らかにする範囲確定調査で、墳丘の平面形が終末期古墳の天皇陵の条件である八角形だと判ったのです。また、三段からなる墳丘の斜面には、レンガ状に加工した三〇センチ角の凝灰岩を積んだ痕跡がみられ、裾の部分には墳丘を凝灰岩の切石で八角形に囲む石敷きの遺構があり、七世紀後半の王陵の威容を示すものでした。

牽牛子塚古墳が斉明天皇陵ではないかという、考古学上の推測は古くからありました。

牽牛子塚古墳は大正元年（一九一二）に調査され、また大正三年（一九一四）には保存のための工事が旧阪合《さかあい》村役場によって行なわれ、昭和五十二年（一九七七）には環境整備工事にともなう考古学調査が明日香村によって行なわれています。

過去の調査によって、盗掘を受けていたことは明らかでしたが、明日香村教育委員会の報告によると、棺飾金具である七宝亀甲《しっぽうきっこう》形座金具八点（亀甲形六点、梯形二点）が出土し、わが国最古の七宝製品とされています。

金銅棺飾金具数点と夾紵《きょうちょ》棺の破片が出ています。夾紵棺とは麻布を何十枚も挟むようにして漆で貼り合わせた乾湿製の棺で、牽牛子塚の棺は麻布に漆を塗って三五枚重ね合わせ、数センチの厚さにまで固め、一番外側に黒漆がかけられた絹が張られてあった破片が出ており、長さを一八〇センチ、幅六九センチ、高さ五五センチと計測しています。

牽牛子塚古墳の墳丘斜面から現われた凝灰岩の石敷

斉明天皇か間人皇女のどちらかの夾紵棺なのか、棺の破片が一〇〇点ほど出ていますから、もしくは両方が夾紵棺であった可能性が高いと思います。

ほかにも、ガラス丸玉・小玉・臼玉が計二二〇個などの副葬品が発見されています。臼歯も残っており、大阪の歯医者さんで考古学研究者だった宮川徏《みやがえあすすむ》さんの研究論文によれば、男女は不明だが、四〇歳前後の歯だとしています。斉明天皇の没年はもっと上なので間人皇女のものかもしれません。

これらの遺物から、牽牛子塚古墳の年代と被葬者の性格を読みとることができます。この遺物は奈良県立橿原考古学研究所、奈良文化財研究所あるいは京都大学など数カ所に分けて保存されています。今後研究が進み、牽牛子塚古墳が斉明天皇、間人皇女の合葬墓と確定されれば、これらの遺物も両者に関わる資料となります。

牽牛子塚古墳は古くから盗掘に遭って墳丘が乱れ、棺を入れる石槨の入り口が見えています。

中を覗くと石を刳り貫いて中央の仕切りで二つの墓室に分けた特異な形式で、二人埋葬用の横口式石槨として

ふたつに仕切られた牽牛子塚古墳の横案式石槨

有名でした。現在でも埋葬施設の入り口から、横口式石槨（石室）の様子を見ることができます。

石槨は巨大な二上山《にじょうさん》産の凝灰岩を刳り貫いたもので、幅五メートル、奥行き三・五メートル、高さ二・五メートルという石造物で、重さ七〇トンと発表されています。厚さ七〇センチの石英安山岩の柱で堅固に囲い、一六個の石柱を廻らせてあると推定されています。

内部の二つの玄室を隔てる仕切りの石は角を削って面取りがしてあります。左右の長さは一メートル九〇センチ、幅八〇センチ、床面から一〇センチの高さという低い棺台が二つ造り付けられています。

牽牛子塚古墳の近くに「益田岩船《ますだのいわふね》」という遺跡があり、それも凝灰岩を山から切り出そうとした痕跡とされています。また兵庫県高《たか》

牽牛子塚の石槨入り口と、その前に立てかけられた扉石

砂市《さご》の「石の宝殿《ほうでん》」という遺跡も、凝灰岩の塊を切り出そうとした痕跡でしょう。

京都橘女子大学の教授をしていた猪熊兼勝《いのくまかねかつ》さんなどは、石の宝殿では石を切り出そうとしてヒビが入ったので中止し、益田岩船も途中まで工事が進んだがダメになって、斉明天皇の時は三度目が今の牽牛子塚古墳になる凝灰岩の横口式石槨ではないかとしています。

飛鳥にある有名な史跡に「鬼の俎《まないた》」と「鬼の雪隠《せっちん》」があります。現在は二つは少し離れたところにありますが、これは本来はセットで、俎が棺台部分で雪隠が上に載って天井部分と壁面

鬼の雪隠（上）と、鬼の俎（下）

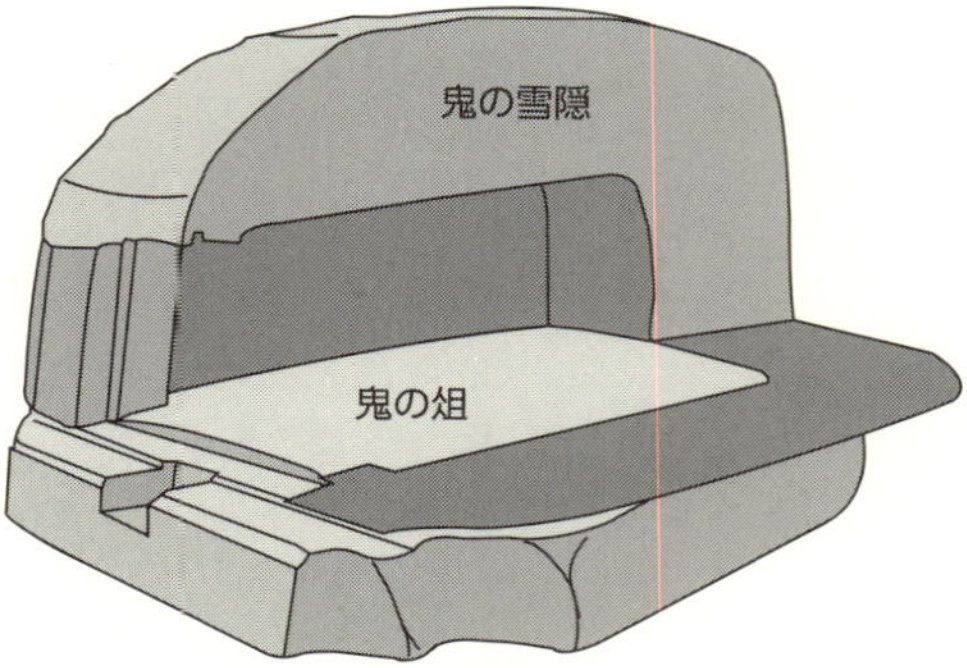

鬼の雪隠と鬼の俎は一体となって石槨になる

部分になるもので、寸法も大化の改新で定められた〝薄葬令《はくそうれい》〟に規定する、長さ九尺、幅五尺に合致するものです。

牽牛子塚古墳の入り口のところには、幅一メートル四〇センチ、高さ一メートル二〇センチ、厚さ六〇センチの扉石があります。これも二上山の凝灰岩の塊を切り出したかなり大きな石です。この扉石を嵌め込むように、石室の天井部に溝が彫ってあります。扉石の四隅に穴が開いていて、これは飾りを取り付けた穴だろうといわれています。

これらを二上山から一五キロの距離を運搬し、現在地に運び上げた技術者集団や、組織された作業員集団の実態は容易には描きがたいものです。

中心部の凝灰岩を刳り貫いたダブルの棺台を持つ石槨だけでなく、石槨の周りに高さ二メートルを超える厚い板石を立て廻らせるという構造を持っています。

墳丘の裾周りには、寸法も合わせた長方形の切り石で石敷きを作り、それも長方形の石を平面的に八角形に積んでいます。さ

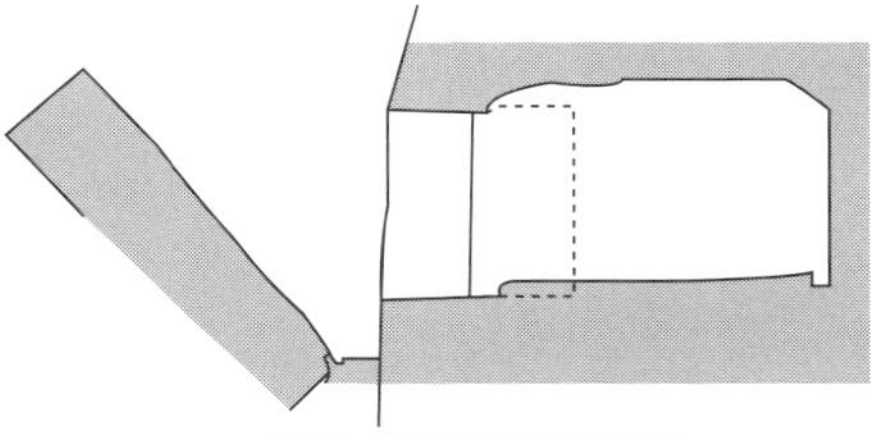
牽牛子塚石槨側面図

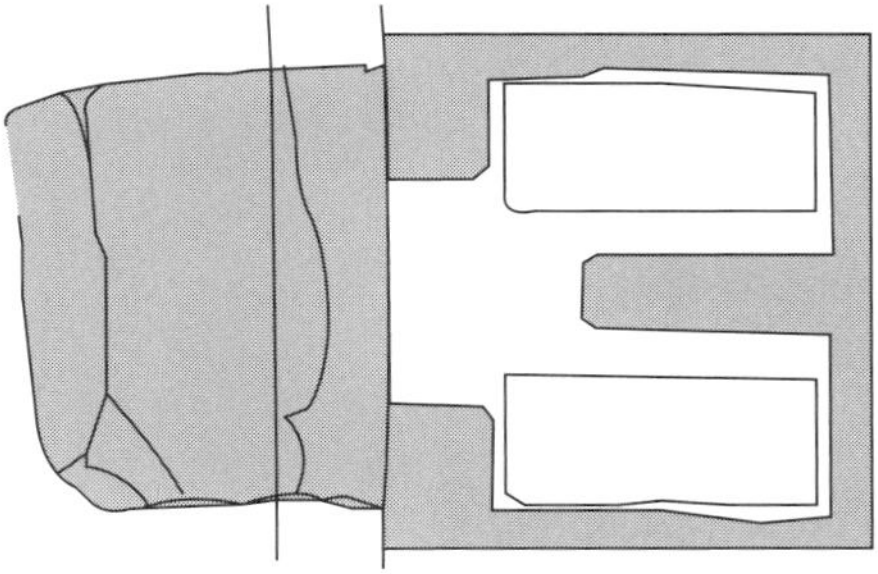
牽牛子塚石槨平面図

らにそのちょっと低いところの周りに河原石を幅広く廻らせて墓域を形成しているのです。その墓域の全体は三二メートルはあるということで、中心部は横口式石槨で小型だけれども、墳丘としては非常に大きな墓域を持っています。とにかく大変な労働力を動員した墓であるということが分かります。

多くの考古学者は牽牛子塚古墳の立地、規模と墳丘の特色、埋葬遺構と副葬品の特徴などから古墳時代の終末期、七世紀後半から八世紀初頭の古墳だと理解しているのです。

現代の古墳時代研究者の間では、奈良県明日香村の牽牛子塚古墳が終末期古墳であることは常識化しています。〝終末期古墳〟とは、単に古墳時代の終末頃の古墳というだけではなく、ヤマト王権の前方後円墳の長い伝統を断ち切って、大型円墳や方墳に変質していく過程で、横口式石槨（石室）を採用し、豪華な夾紵棺や漆塗り木棺を取り入れた、天皇陵など一部の有力な首長の墳墓に限定して名付けられた古墳なのです。

同じ明日香村にある、高松塚《たかまつづか》古墳やキトラ古墳も終末期古墳で、七世紀後半から八世紀初頭の王陵や貴族たちの墳墓です。終末期古墳に関しては、摂津《せっつ》国高槻《たかつき》の阿武山《あぶやま》古墳が藤原（中臣）

終末期古墳の代表である高松塚古墳

鎌足の墓ではないかという見解もありました。昭和七年（一九三二）頃に京都大学の地震研究所を造るので、二百数十メートルの山の上での工事が始まったのですが、そこに古墳があるということで調査すると、それは煉瓦や瓦を使っているものだったのです。

当時、京都大学の地震研究所では、海外から輸入したばかりのハンディーなレントゲンを持っていて、それを山の上に運んで棺桶の蓋を開ける前にレントゲン撮影をしているのです。戦後になって、京都大学の考古学研究室の倉庫にあった木の箱の中から、写真乾板がたくさん発見されたのですが、その乾板の中にレントゲン写真が入っていて、それが阿武山古墳の遺骸を撮影したものでした。

それを見ると、遺骸は腰の骨が折れていたのです。藤原鎌足が天智天皇と一緒に山科《やましな》の野原で狩りをした時に、落馬したという話があり、天智天皇は重傷を負った鎌足を、何度か屋敷に見舞って、〝大織冠《たいしょっかん》〟という最高位の冠を鎌足に授けるということがあったのです。

阿武山古墳が藤原鎌足の墓かどうか確定はできませんが、問題となる古墳なのです。

斉明天皇の遺骸は仮埋葬されていた

斉明天皇の死後、遺体を棺に仮安置し、死者の復活を願いながら死者の霊魂を畏《おそ》れ、遺体が白骨化するなどの最終的な死を確認する〝殯《もがり》〟の儀式がなされています。

四年後に間人皇女が亡くなった時に、遺言によって牽牛子塚に一緒に葬ったにしても、斉明天皇の遺骸はいきなり牽牛子塚古墳に埋葬したということにならず、最初にどこかに仮埋葬されていたと考えられ、次には間人皇女と一緒になり、最後に天智天皇六年に孫も一緒に葬ったという『日本書紀』の記述の年月と場所を見れば、遺体は動いており、結果として牽牛子塚に葬られたということです。

研究者の中には、斉明天皇と孝徳天皇の皇后である間人皇女と建王の三人を、同じ墳墓に葬った〝三骨一廟〟ということもあり得るとしています。橿原市白《しら》橿《かし》町にある小谷古墳は横穴式石室が剥き出しになっていますが、切り石造りで七世紀代まで下るものです。中に縄掛突起のない石棺が一つ置いてあります。蓋は外されているんですが、正常の位置より脇に寄っています。一つの石室の中に三人を葬ったこともあり、だから斉明天皇の傍に木棺に入れた間人皇女と建王を入れたとすれば、小谷古墳も斉明天皇陵になり得るという見解を出しています。

でもこれは学界で賛成する人はいないんですが、いろんな理解ができるということです。

牽牛塚古墳以前に遺体を埋葬していたと考えられる岩屋山古墳

そこへいくと、近鉄の飛鳥駅から線路を渡ったすぐのところに越の「岩屋山古墳《いわややま》」という有名な古墳があります。これは見事な切り石造りの横穴式石室です。墳丘は古くから削られていて築造当時の姿は止めていません。

しかしこの岩屋山古墳は、八角形になる可能性はきわめて高いとする人もいるのですが、学術調査は行なわれていません。もし、岩屋山古墳を学術調査をして、裾石に八角形の敷石が見事に廻っているという事実が出てくると、斉明天皇陵の問題に発展して、最初の埋葬例や、それから改葬するという問題に飛び入りしてくるかもわかりません。

今回の明日香村の調査が、非常に強烈で具体的な事実を提起したのですから、学界は牽牛子塚が斉明天皇の合葬陵という方向に傾いていています。しかし、岩屋山古墳には長さが十数メートルの見事な切り石造りの石室もあり、七世紀の後半の年代は斉明天皇の崩御した年代と合ってくることも、われわれは考えておく必要があるんではないかと思うんです。

さらなる大発見があった

平成二十二年（二〇一〇）十二月十日には、牽牛子塚古墳に隣接した南東で、大田皇女を葬った「越塚御門古墳《こしつかごもん》」が発見され、新聞各紙は「斉明天皇陵決定的」（読売）、「皇女三代眠れる丘」（東京）と報じたのです。

牽牛子塚古墳の調査が終わった明日香村教育委員会は、『日本書紀』によると「同日、陵の前に大田皇女を葬る」とありますので、確かめようとなって、牽牛子塚の入り口が南に開いているので、そこから南の方になだらかに地形が下がっていったところに幅二メートルのトレンチ（試掘壕）を掘ったのです。そうしたら二日か三日目にカチッと当たったんです。

十二月九日に、明日香村教育委員会は、牽牛子塚古墳石室の南東方約二〇メートルの地点で、飛鳥石とよばれる石英閃緑岩《せんりょくがん》製の横口式石槨（石室）の床石と、大部分が破壊されていた石槨壁面を発見したと発表しました。

床には牽牛子塚と同様に少し高く作り出した、長さは一メートル八〇センチくらいの棺台があり、その上に大きな石を刳り貫いた分厚い側壁と天井石を一対にした石槨が載るわけですが、これは壊されていて、内法《うちのり》の長さは約二・四メートル、幅〇・九メートル、高さ〇・六メートルです。古墳の位置は牽牛子塚古墳の墳丘に接した南東部で、石槨の中心部から今回発見の石槨までは約二〇メートル、高低差ではやや低位にあって、その横口式石槨から南に下がりながら、幅一メートルを超えるような、川原石がビッシリと敷き詰められた墓道が続いているのです。

牽牛子塚古墳が、斉明天皇と間人皇女の二人の合葬墓であると考えれば、大田皇女の墓があるということで、南にトレンチを入れたらパチッと当たったわけで、ここに『日本書紀』の記述と考古学的事実が一致したことになりました。『日本書紀』の記述では「是日」とあるから、二月二十七日に埋葬されたものと想定されます。

新たに見つかった越塚御門古墳の墳丘は消失しており、牽牛子塚古墳と同時期に造墓された親近性がありますが、まだまだ斉明天皇の陵墓と決定するには、岩屋山古墳や小谷古墳の例もありますので、今後考古学的な調査をもっと進めなければいけないと思います。

それにしても、あの斉明天皇が牽牛子塚に葬られて、娘である孝徳天皇皇后の間人皇女と一緒に、同じ石室の中で左右に分かれて葬られ、かわいがっていた孫を、すぐ近くの古墳の裾に同じ形式の横口式石槨で伴っていくという気持ちは分かります。

そう簡単に牽牛子塚古墳を斉明天皇陵と言い切るのは、どうかなぁと多少は反省しているのですが、私は単純な男ですから、明日香村が調査した牽牛子塚古墳は真実の斉明天皇陵と思います。そして、しっかり勉強すれば、こういう大発見のチャンスにもめぐり会えるので、頑張らねばならないと思っています。

それにしても、木簡か墓誌板が出ないとダメだという、宮内庁の対応も残念に思います。現代の進歩した考古学の実証を認めて、治定の再検討に踏み切ってもよいのではないかと思うのです。

第七講　天武・持統天皇合葬陵を考える

今こそ学んでほしい明治十四年の宮内省の英断

大海人皇子は吉野に向かう

私が考古学を始めるようになった、昭和二十二年（一九四七）頃に、東京下町の浅草《あさくさ》のお寺から頼まれて、持統天皇《じとうてんのう》のことを仏教新聞のようなものに書いたのです。

これは私が考古学の文章を書いた最初のものだったと思いますが、いろんな文献を読みましたら、日本の皇室・皇族で最初に荼毘《だび》に付されたのは持統天皇だと分かりました。持統天皇が仏教に帰依していたというのは、なかなかのもんだったなと思いました。日本では最初に火葬にされたのは、道昭《どうしょう》というお坊さんなんですが、それに続いて持統天皇が「私が死んだら絶対に火葬にしてよ」と遺言をしたので、火葬されています。

しかも、調べていくと持統天皇と天武《てんむ》天皇の合葬陵は、中世の鎌倉《かまくら》時代に大盗掘を受けて、持統天皇の金銅製の一斗ばかりという骨桶は墓泥棒によって持ち出され、桶に入った火葬骨はばら撒《ま》かれたとありますから、日本国としても大変に忌《いま》わしい事件だったと思います。

古代日本でいつ頃から「スメラミコト（天皇）」という言葉を使っていたかについて、いろんな本や、古代史の先生方の話によっても問題になっています。私は考古学が専門ですから、日本の古代は文献の上でどうなのかというのはよく分かりませんが、推古天皇の頃から天皇という言葉は使っていたという説もあります。しかし現在は、おそらく天武天皇からだろうというように、古代史の多くの研究者は考えていると思うのです。

松村恵司《まつむらけいじ》氏は、明治大学を卒業して奈良文化財研究所に入り、文化庁の文化財監査官という、文化庁関係の専門職では最高位の監査官をやって定年で辞める最後の段階で、飛鳥池《あすかいけ》遺跡に万葉博物館を造るために調査をしたのです。

飛鳥池遺跡は、一番古いことで有名な法興寺《ほうこうじ》の裏にあり、富本銭《ふほんせん》の鋳型や鋳造された富本銭が出てきた国営工場の跡地があったんです。その発掘中に、大宝年間の木簡がかなり発見されて、その中に天皇の文字があって、「天皇《すめらみこと》○○を集める」と読める木簡だったのです。

『日本書紀』によれば、天武天皇は六七三年に即位し六八六年に崩御していますから、七世紀の後半の在位ということです。その木簡は多分、天武天皇の在位年間の頃のものです。考古学的にも古代史の上からも、古代日本においてはスメラミコトという言葉。天皇という漢字で書いた時期は、天武天皇の時代に間違いないと、現在はなっています。

天武天皇のお父さんは舒明《じょめい》天皇で、お母さんは斉明《さいめい》天皇です。明日香村の教育委員会の調査で、牽牛子塚《けんごしづか》古墳が斉明天皇の最後の埋葬地だろうという結論が出ましたが、天智《てんぢ》天皇と、間《はし》人皇女《ひとのひめみこ》の弟になる天武天皇は、三人ともに父母が同じ兄弟なんです。

天武天皇は若い頃は大海人皇子《おおあまのおうじ》と呼ばれて、諡号《しごう》では天渟中原《あまのぬなかはら》瀛《おきの》真人《まひとの》天皇《すめらみこと》という長い名前がついています。じつは、天智天皇と大海人皇子は、額田王《ぬかたのおおきみ》という女性をめぐって葛藤があり、酒宴の時に大海人皇子は天智天皇の前に大槍を突き刺すという事件があり、この無礼な振る舞いに天智天皇は怒って大海人皇子に死を命じたのです。しかし、藤原鎌足《ふじわらのかまたり》が取りなしていたのです。

でも、大海人皇子は兄の天智天皇から大田皇女《おおたのひめみこ》、菟野皇女《うののひめみこ》、大江皇女《おおえのひめみこ》、新田部皇女《にいたべのひめみこ》の四人の娘を后として与えられているのです。天智天皇が行なった大化の改新に対して、豪族たちの不満が燻《くすぶ》っていたので、天智天皇には実弟の大海人皇子に娘を与えて、取り込んでおきたいとする気持ちがあったのかもしれません。

斉明天皇が可愛がった建王《たけるのおう》、斉明天皇と合葬された大田皇女と菟野皇女の母は、乙巳《いっし》の変の時に表文を奏上した蘇我倉山田石川麻呂《そがのくらやまだのいしかわまろ》の娘の遠智娘《おちのいらつめ》で、三人は兄妹なのです。二女の菟野皇女（鸕野讃良皇女《うののさららのひめみこ》）は一三歳で叔父の后となっており、持統天皇になります。

天武天皇には、草壁《くさかべ》、大津《おおつ》、長《なが》、弓削《ゆげ》、舎人《とねり》、新田部《にいたべ》、穂積《ほづみ》、高市《たけち》、忍壁《おさかべ》、磯城《しき》という皇子がいました。古代の天皇には何十人とお子さんがいますが、そういう中で、大海人皇子は天智七年（六六八）に、天智天皇の東宮《とうぐう》（皇太子）として重要な政務に参画するようになります。

しかし、天智十年（六七一）に、天智天皇の子の大友皇子《おおとものおうじ》が太政大臣になり、だんだんと天智天皇と大海人皇子は反目するようになります。大海人皇子は天智天皇の弟ですが皇太子ですから、皇位継承の順位では大友皇子より上なんですが、天智天皇は大友皇子が成長してくると、血を受け継ぐ息子を後継者にしたいと思うようになったようです。後の時代に豊臣秀吉《とよとみひでよし》が子の秀頼《ひでより》に継がせたく、関白にした甥の秀次《ひでつぐ》を処分したように、人間の悲しい部分なのでしょう。

天智天皇は即位一〇年後の天智十年冬十月に、病気になって重態になるんです。その時に天智天皇は、東宮の大海人皇子を宮中に呼んで、俺はもう駄目だ、もう余命いくばくもない、だからお前に天皇の位を譲りたいと言ったというのです。

ところが、『日本書紀』には細かいことが書いてあるんです。大海人皇子は周りの舎人から、もし天皇の所に行ったら気を付けた方がいいですよ、言葉遣いや、それから天皇の言う言葉等については随分慎重にした方がいいと、天智天皇の前に行ったら皇位の継承についての話があるので慎重に聞いてくださいよと、事前に教えられるのです。

そこで、大海人皇子は自分はもう病気がちで、とてもじゃないけれども受けられないので、それなら兄貴、貴方がもう体に自信がないなら、皇后の倭姫王《やまとひめのおおきみ》に天皇の位を譲ったらどうですか、そして大友皇子を皇太子になさったらいいんじゃないでしょうかと言ったとあります。

つまり、私は体が弱いし出家して、兄貴が健康になるように一生懸命祈るよ、だから、それを認めてくれよって言ったというんです。天智天皇は、そこまでお前が思うなら、お前の思うようにしなさいよとなって、大海人皇子は十月十九日には吉野山《よしのやま》に向かうのですが、この時に人々は〝虎を野に放つようなものだ〟と言っており、必ず騒動になると見ていたのです。

天智天皇は十二月に琵琶湖《びわこ》の畔《ほとり》の近江宮《おうみのみや》で亡くなります。近江朝は大友皇子が跡を継ぐのですが、皇太子のままで政治を執《と》り行なう称制《しょうせい》をしているのです。摂政《せっしょう》は天皇が在位していて天皇に代わって政治を行なうことを言いますが、称制は天皇がいないけど、天皇に代わって政治を行なうことで、父の天智天皇も斉明天皇の崩御後の数年間は称制をしていました。

大友皇子については、もう天皇の仕事をしていたという意見や、いや皇太子として称制していたので天皇とは言えないと議論はあったようですが、明治三年（一八七〇）に、明治天皇が大友皇子を正式に古代の天皇の地位に置き、弘文《こうぶん》天皇という諡号《しごう》が与えられて、現在は古代史の研究の上では、弘文天皇と呼ばれています。

宮内庁のいろんな陵墓の資料を調べても、大友皇子では載ってないんですが、弘文天皇として天皇陵もちゃんと測量されていました。だけどそれは明治以降に決めたものですから、どこまで信じられるか分かりませんけども。

大海人皇子は天武天皇となる

吉野の山に入った大海人皇子に、付き従う人たちから次々と情報が入るのです。近江朝が美《み》濃《の》と尾張《おわり》の国司に、天智天皇の陵墓を造るから作業員を調達するようにと通達しますが、その作業員には武器を持たせているということで、とても天智天皇の御陵を造るとする雰囲気とは違い、これは危険だという情報が、吉野にどんどん入ってきます。

朝廷内も、天智天皇の跡を継いだ大友皇子の近江朝グループと、吉野に行った大海人皇子を支えるグループの、二つに割れているのです。そういう中で壬申《じんしん》の乱が起こるのですが、『日本書紀』等では、近江朝の大津宮《おおつのみや》では、大友皇子に早く軍備を整えて先制攻撃をした方がいいという策などが出ますが、大友皇子は正々堂々と戦うとして、準備が遅れるのです。

一方、吉野の大海人皇子は、情報によると危ないから早く動いた方がいいとなって、菟野皇女や皇子たちを連れて吉野を脱出します。敵地の伊賀《いが》を抜けて、三重県で一番大きな古墳の御《み》墓山《はかやま》という一八八メートルの大前方後円墳の脇を通って鈴鹿《すずか》と不破《ふわ》の両関を占拠したのです。美濃の不破から東海・東山道の諸国に参軍を呼びかけ、大和に隠棲していた大伴連馬来田《おおとものむらじまくた》なども駆けつけ、近江へ向かって進軍します。

琵琶湖の畔の瀬田《せた》で両軍は激突し、大海人皇子軍が勝利し、大友皇子は逃れて自殺します。これが六七二年に起こった壬申の乱です。

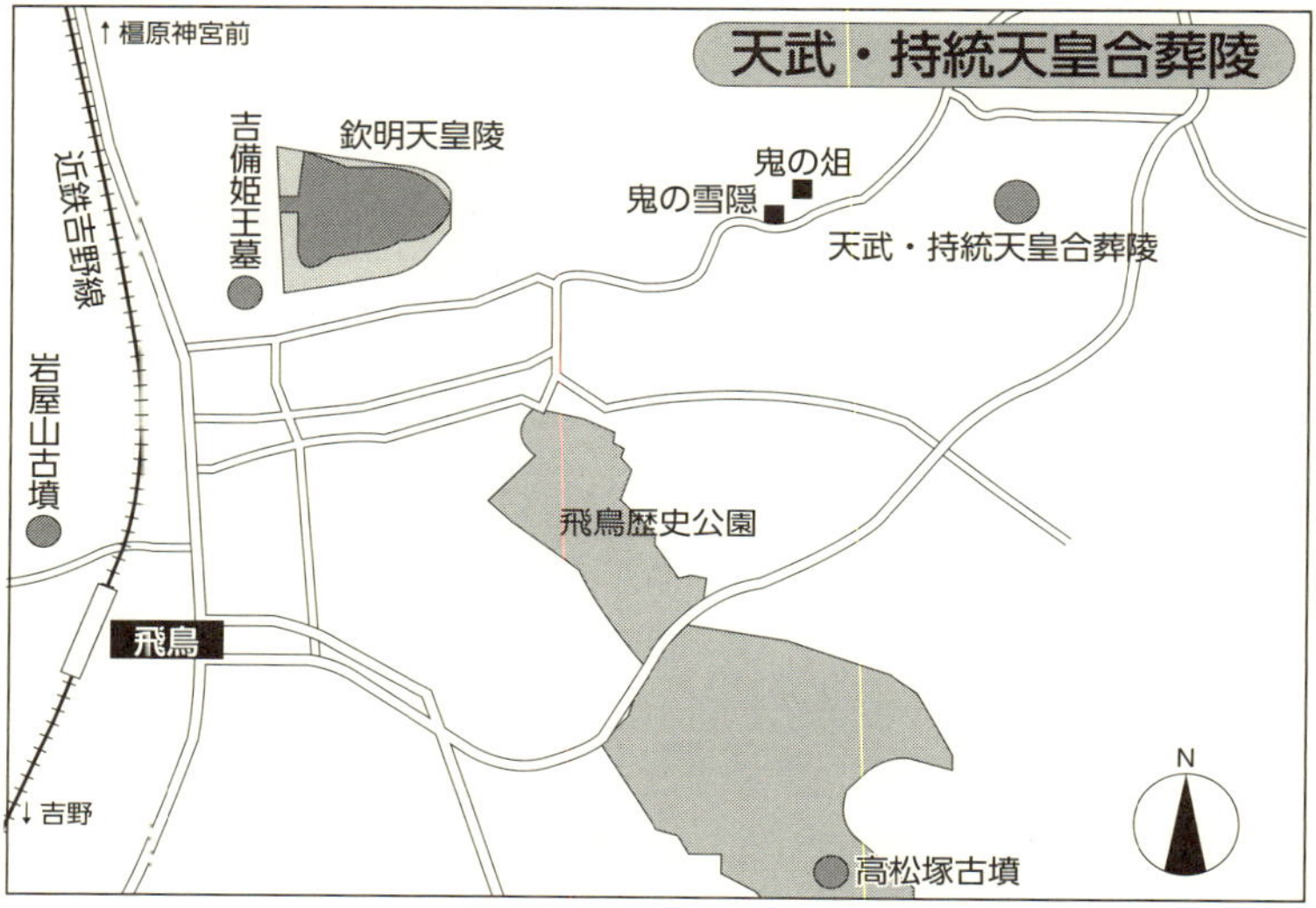

じつは関西の大阪や京都の、カルチャーセンターで勉強している皆さんが一番好むのは、壬申の乱の道を歩くというコースなんです。これは容易じゃないんですが、そういう催し物が時たま行なわれております。

六七三年二月、大海人皇子は飛鳥浄御《あすかきよみ》原宮《はらのみや》で即位し、天武天皇になります。

壬申の乱の結果がどういうことになるかという、これは古代史のどの先生も同じようなことを言っておりますが、中央集権体制の確立。親王・諸王などに十二階、諸臣に四八階などの冠位制を施行する。神祇《じんぎ》の祭祀《さいし》権を天皇に集中するということや、あるいは大官大寺を造営し仏教を国家宗教として認めていく。さらに『日本書紀』『帝紀《ていき》』『旧辞《きゅうじ》』を編纂する。つまり、日本古代国家と天皇制の基礎は、天武天皇によって固められたと評価されているのです。

天武天皇にはたくさんのお子さんがあって、皇位継承をめぐる争いが再発しないように、六人の皇子を吉野に集め、それぞれが自分の地位や身分を守って、兄弟間の争いがないように契りを交わすということをします。

天武十年（六八一）には菟野皇女の子の草壁皇子を皇太子にしますが、朱鳥《すちょう》元年（六八六）九月に天武天皇が亡くなった翌月には、大田皇女の子の大津皇子が謀反とされて死を賜ります。人間ですからいろんなことがあって、一筋縄ではいかないということです。

皇位は皇后の菟野皇女が継ぎ、持統天皇となります。

持統二年（六八八）十一月に、檜隈大内陵《ひのくまおおうちのみささぎ》に天武天皇を葬ります。持統天皇は天智天皇の二女で、六五七年の一三歳の時に、叔父の大海人皇子と結婚をし、大海人皇子が天武天皇になるまで行

天武・持統天皇合葬陵とされる檜隈大内陵

動をともにしています。

持統三年六月に飛鳥浄御原令を施行し、戸籍制度の庚寅年籍《こういんのねんじゃく》の作成とか、藤原京への遷都や薬師寺の造営とか、大宝元年（七〇一）に大宝律令《たいほうりつりょう》を制定するなど、持統天皇は律令国家として地方や人民の支配体制を完成させる業績が上げられています。

大宝二年（七〇二）の十二月に、五八歳で崩御され、檜隈大内陵に天武天皇と合葬されます。

このままなら別に何も問題がないんですが、それが古代から中世、中近世という段階の中で、天武天皇と持統天皇を合葬した檜隈大内陵も、何処《どこ》にあったか分からなくなってしまうのです。日本古代の天皇陵のほとんどは、中世から江戸初期までは荒廃し、陵名まで忘れ去られたり、間違えられたりしています。律令体制の崩壊や、うち続く戦乱などによる社会不安で、人びとに歴史的伝統や国を思う意識までも萎《な》えさせて、人びとの口の端からも聞かれなくなり、記憶からも薄れて、そういうことに関わっておれない時代であったということです。

檜隈大内陵という天武・持統合葬陵は、奈良県高市《たかいち》郡明日香村大字野口《のぐち》にあり、古くは字名を王ノ墓といっていたということです。『日本書紀』には大内陵《おおうちのみささぎ》。『続日本紀《しょくにほんぎ》』には大内山《おおうちやまの》陵《みささぎ》、大内東西陵《おおうちとうざいのみささぎ》とされ、『諸陵雑事注文《しょりょうぞうじちゅうもん》』には青木御陵《あおきのみささぎ》とあり、鎌倉時代の藤原定家《ふじわらのていか》の日記『明月記《めいげつき》』には大内山陵と、いろんな表現があるのです。

いろんな表現はあるけども、忘れ去られてしまうということです。明治の初めにはどうなっていたかというと、有名な飛鳥の見瀬《みせ》の丸山《まるやま》古墳が、明治十三年（一八八〇）までは天武・持統天皇合葬陵とされていたんです。

見瀬の丸山古墳は、後円部に石室が開いています。江戸時代から奥の方に石棺が二つあるので、いろんな人が中に入っていたり、学者たちがさまざまな文献を読んで、こういう表現しているからこれだろうと解釈して、見瀬の丸山古墳を天武・持統合葬陵としたわけです。

宮内庁も明治九年頃には、見瀬丸山古墳が天武天皇・持統天皇合葬陵だとして、世間もそう思ってきたわけです。現在の天武天皇と持統天皇陵も文武天皇陵とされていたり、その時代によって変わってます。そういう類《たぐい》は今日でもまだまだあると思います。

『日本書紀』の巻二十九の、天武天皇の朱鳥元年の文章では「丁丑《ひのとうし》の時、天皇體不豫《すめらみことみやまい》のため」とあり、体が具合が悪くなったということで、神々に祈った。あるいは「辛巳《かのとみ》の日に、秦忌寸《はたのいむき》石勝《いわかつ》を遣《や》りて、幣《みてくら》を土左の大神に奉りき」と、四国の土佐の神さまにまでお祈りをしているということがわかります。

このように、いろいろやっているんですけども、「是日、天皇太子《ひつぎのみこ》。大津皇子《おおつのみこ》。高市皇子《たけちのみこ》に各《おのもおのも》四〇〇戸を加え」と、皇子たちに四〇〇戸ずつ封戸を与え、川嶋《かわしま》皇子、忍壁皇子や芝基《しき》皇子、磯城《しき》皇子にも封戸を加えています。

さらに檜隈寺《ひのくまでら》、輕寺《かるでら》、大窪寺《おおくぼでら》や巨勢寺《こせでら》にも封戸を与えますが、「九月 戊戌《つちのえのいぬ》の朔《つきたち》にして辛丑《かのとうし》の日。親王以下、諸臣に至るまでことごとに川原寺《かわはらでら》に集まって、天皇の病《みやま》（病気）のために誓いき」とあります。だけど「丙午《ひのえのうま》の日。天皇の病、遂に不差《いえたまわず》。正宮《おおみや》に崩《かむあがり》ましき」と、宮中の正殿で亡くなったとあります。

それから、「戊申《つちのえさる》の日。始めて殯宮《もがりのみや》を南の庭に建てた。辛酉《かのととり》の日。南の庭には殯して悲しんだ。この時にあたって、大津皇子が皇太子を謀反《かたつけむとす》」とあります。このように天武天皇が病気になり、それが重くなって亡くなっていく時に、宮中や皇室の天皇を支える社会が、どういう状況であったかということが分かると思います。

持統天皇が亡くなった時の記述には、その日、みんな麻の服を着て、東に向かって三度拝み、三度悲しんでいます。

『日本書紀』巻三十の持統天皇元年丁亥《ひのとい》―二年戊子《つちのえね》には「冬十月の朔、壬子《みずのえのね》の日。皇太子《ひつぎのみこ》、公卿百寮人等《まえつぎもものつかさびとたち》ならびて、諸國司《もろもろのくにのつかさ》。國造《くにのみやつこ》および、百姓男女《おおみたからおのこおみな》率いて、始めて大内陵を築《つ》きたまいき。十二月辛卯《かのとう》の朔にして庚子《かのえね》の日。直廣參《じきこうさむ》路眞人《みちのまひと》を新羅《しらぎ》ひとを饗《あえ》たまう、勅使《みかどのつかい》となしたまえき。是年、大歳丁亥《ひのとい》にありき。二年の春正月、庚申《かのえさる》の朔。皇太子、公卿百寮人等を率《い》て、殯宮に適《いで》まして、慟哭《みねたてまつり》たまいき。辛酉《かのととり》の日、梵衆《ほうしたち》も殯宮に發哀《みねたてまつりき》。丁卯《ひのとう》の日。遮無《かぎりな》き大會《おがみ》を薬師寺に設けた。そして壬午《みずのえのうま》の日。天皇の崩《かくれましし》ことを新羅の金霜林《こんそうりむ》等《ら》に奉宣《のたまう》。金霜林等、即ち三發哭《みたびみねたてまつりき》」とあります。

『続日本紀』の巻二に、文武天皇の記載のところに、持統天皇の具合が悪いので、天下に恩赦を施し、一〇〇人の出家を四畿内で金光明経《こんこうみょうきょう》を講ぜさせるが、甲寅《かのえとら》、太上天皇《だいじょうてんのう》がみまかったとあり、「是日、飛鳥の丘に火葬す。大内陵に合葬す」とあります。

六世紀の後半以降の七世紀代の記述は、文献の方の歴史の研究者によれば、実際の出来事と、こういう記述の違いはだんだんとなくなり、真実に近いとされています。持統天皇の亡くなった時に、天皇自身が火葬にするよう、天武天皇と同じ飛鳥の大内陵に合葬するよう遺言したので、荼毘に付したことは信用でき、皇室での火葬は、公的には持統天皇をもって始まると私は理解をしています。

盗掘を詳述する古文書が発見された

京都の栂尾《とがのお》の高山寺《こうざんじ》に秘蔵されていた古文書があり、鎌倉時代の官吏が実際に見聞して書いたとされています。

鎌倉時代の文暦二年（一二三五）の文書で、長さ一メートルくらいの巻紙に書かれて、『阿《あ》不幾乃山陵記《ふきのさんりょうき》』と題があります。阿不幾は地元に青木という地名があり、そのことのようです。だから青木という所にある山陵記。

阿不幾乃山陵記　里号野口

□□□

盗人乱入の事　文暦二年三月廿日・廿□□

両夜に入る云々《うんぬん》、

全文の読み下しは、

「件《くだん》の陵の形八角、石壇一匝《めぐ》り、一町許歟《ばかりか》、五重也、此の五重の峰に森十余株有り、南面に石門有り、門前に石橋有り、此の石門を盗人等纔《わずか》に人の一身の通る許《ばかり》切り開く、御陵の内に内外《ないげ》陣《じん》有り、先ず外陣は方丈間許歟、皆馬脳《めのう》也、天井の高さ七尺許、此も馬脳、継目無く一枚を打ち覆うと云々、内陣の広さ南北一丈四五尺、東西一丈許、内陣に金銅の妻戸有り、広さ左右の扉各三尺五寸七尺、扉の厚さ一寸五分、高さ六尺五寸、左右の腋柱の広さ四寸五分、厚さ四寸、マグサ三寸、鼠走《ねずみばしり》三寸、冠木《かぶき》の広さ四寸五分、厚さ四寸已上《いじょう》金銅、扉の金物六、内小四三寸五分許、大二四寸許皆金、已上の形、蓮花返花の如し、古不《こふ》の形は師子也、内陣の三方上下皆馬脳歟《か》、朱塗也、御棺は張物也、布を以てこれを張る、入角也、朱塗、長さ七尺、広さ二尺五寸許、深さ二尺五寸許也、御棺の蓋は木也朱塗御棺の床の金銅、厚さ五分、牙上《げしょう》を彫り透す、左右に八、尻頭に四、クリカタ四尻二、頭二、御骨、首は普通よりすこし大也、其の色赤黒也、御脛の骨の長さ一尺六寸、肘の長さ一尺四寸、御棺内に紅の御衣の朽《くち》たる少々これ在り、盗人の取り残す物等、橘寺の内に移さる、石御帯《いしのぎょたい》一筋、其の形は銀の兵庫クサリにして、種々の玉を以てこれを餝《かざ》る、石二あり、形連銭の如し、表手石《うわていし》の長さ三寸、石色水精《せきしょくすいしょう》の如し、玉帯に似たり、御枕、金銀珠玉を以てこれを餝る、唐物に似たり、言語に及び難きに依りて、これを注さず、假令《たとえば》、其の形鼓の如し、金銅桶一　一斗を納るる許歟、床に居《す》う、其の形礼盤《れいばん》の如し、鏁《くさり》少々、クリカタ一これ在り、又此の外御念珠一連これ在り、三匝《めぐ》りの琥珀《こはく》の御念珠を銅の糸を以てこれを貫く、而るに多武峰《とうのみね》の法師取り了《おえ》ぬ、又彼の御棺中に銅カケカケ二これ在り、巳上記此の如し」

というものです。

明治十三年（一八八〇）六月十三日に、高山寺の住職、錦小路《にしきのこうじ》証成《しょうせい》から、この文書を見せられた田中教忠《たなかのりただ》は考証を重ねて、この文章が鎌倉時代の文暦二年（一二三五）に、檜隈大内《ひのくまのおおうちの》陵《みささぎ》が盗掘をされた時の実検記であると確証を得たのです。

この頃、宮内省から命令を受けて、天皇家の御陵をめぐって調べる山陵巡拝《さんりょうじゅんぱい》をしていた大《おお》沢清臣《さわすがおみ》、大橋長善《おおはしながよし》の二人に、田中はこういう文章があると報告した結果、翌年二月に、明日香村の野口の〝皇《おう》ノ墓〟が、正式に天武天皇と持統天皇の檜隈大内陵であることは間違いないと決定されたのです。

つまり、檜隈大内陵は、皇ノ墓と呼ばれていた青木の山陵が、本当の天武天皇と持統天皇の墓であって、明日香村の見瀬の丸山は陵墓参考地となったのです。

天皇陵が盗掘されるという前代未聞の大事件は、江戸時代には決して珍しいことではなかったのですが、鎌倉時代の当時では貴族社会といわず、民衆の間でも大きな話題だったのです。その墓泥棒は、記録によれば石室の中から金銅製の火葬骨を入れた桶、骨を入れる骨蔵器を盗み出しているのです。

また藤原定家の日記『明月記』の中にも、文暦二年三月のこの盗掘事件が記されて、火葬骨の入った「銀筥《はこ》」は道端に棄てたとあります。さらに鎌倉時代後期の編者不詳の歴史書『百錬《ひゃくれん》抄《しょう》』には、嘉禎《かてい》元年（一二三五　文暦二年十一月に改元）四月八日の条に「三月二十日に大和国高市郡の天武天皇陵が群盗らにより、金銀など多くの重宝が盗まれた」と記してあります。ところが当時の警察組織の検非違使《けびいし》が徹底的に調べ、『百錬抄』の暦仁《りゃくにん》元年（一二三八）二月七日の条には、天武山陵の盗人等を検挙したとあります。犯人が連行されてくる、京都の都大路の検非違使の役所の門前には、民衆が犯人を一目見ようと、役所の道が黒山の人だかりでふさがるほどだったのです。盗人らの行為はもちろん許されざることです。中世社会のすさんだ民衆の心の果ての所業と思うと慄然《りつぜん》とさせられます。

文久年間に御陵を直す時に、皇ノ墓は天武天皇陵になっていたのですが、明治十四年（一八八一）五月に栗原の塚穴という古墳が、新しく文武天皇の檜隈《ひのくまの》安古岡上陵《あこのおかのうえのみささぎ》と指定替えがあって、同時に、文武天皇陵とされていた檜隈大内陵が、宮内省によって正式に天武天皇と持統天皇の合葬陵と、指定変更されたわけです。

この文章のはじめに「件の陵の形八角、石壇が一匝り、一町許歟、五重也」と書かれており、天武・持統合葬陵の御陵の形が八角形墳だという認識も同時に出たわけです。横穴式石棺室の詳細や、藤原定家の『明月記』等の記載に出てくるように、持統天皇は遺言によって間違いなく火葬にされて、夫である天武天皇の横に葬られたということです。盗人らの取り残した御棺内の副葬品は橘寺に移したとされますが、「御枕　金銀珠玉を以てこれを餝《かざ》る　唐物に似たり」と、きわめて具体的です。

やっぱり天皇陵を盗掘して御棺の蓋を開けると、御骨が累々《るいるい》と見えたと、これは天武天皇のご遺骨ということになります。脛の骨の長さ一尺六寸、肘の長さ一尺四寸、その色赤黒くとか、御棺内に紅の御衣の朽たる少々ありというのは、赤い御衣を着せて納棺されたのか、白い御衣が棺内を赤く塗った水銀朱とかによって赤くなっていたのか、よく分かりませんが、じつにリアルな記録ですよね。

御棺は張物也。布をもってこれを張るとは、麻布に漆をかけて、また布を張って漆をかけてと三〇回くらい繰り返して、厚さ二・五～三センチくらいにした乾漆棺なんです。ただ蓋が木だったということです。

宮内庁の治定している天武・持統天皇合葬陵

例のない豪華な内部

私が学生時代には、亡くなった後藤守一先生が講義の時に、チラッとおっしゃったことは、明治六年（一八七三）に明治政府の宮内省の担当官が、天武天皇・持統天皇合葬陵の入り口を探り当てて、中に入って調べていると言ってました。文暦二年の『阿不幾乃山陵記』の文書は明治十三年に発見ということですから、年代が合わないです。私は明治六年だったと記憶していますが、明治十三年のことかも分かりませんけど、後藤守一先生は帝室博物館の監査官でしたから、おそらく宮内省のそういう情報は得ていたと思います。これは将来、再検討すべき問題でしょう。

担当官が中に入ると、すべて馬脳《めのう》だったとあります。馬脳の石室なんか日本にはないです。私は大理石の石室も聞いたことはないです。凝灰岩とかそういうもので、表面を平滑にして、石室内を酸化鉄や水銀朱で全面真っ赤に塗ってるのは十分にあり得ることなんです。ということは、宮内省が検分していて、『阿不幾乃山陵記』と皇ノ墓の中の状態がぴったり同じだとなったのでしょう。

『阿不幾乃山陵記』の文章の中に、天武天皇を葬ったと思われる御棺が長さ七尺、広さ二尺五寸、棺の蓋は木也とあります。これは高松塚古墳をはじめとして、七世紀の終わりから八世紀の初め頃の古墳で、遺骸を入れる方の棺は張物の乾漆棺だけれど、蓋は漆塗り木棺の例等があります。蓋も乾漆棺という例もありますが、記録によると御棺の蓋は木で、多分、漆塗り木棺だと思うんです。その御棺は、多分、石室の床に直には置いてなかったと思うんです。天皇の御棺ですから。そうすると棺台があったと思うんです。棺台があって、その上に御棺が載っているという想像図があり、扉は観音開きで、その扉に開けたり閉めたりする大きな円い金属製の環が下がっています。下の方には二つ小さな飾り金具が付いていています。『阿不幾乃山陵記』の文書にはその飾り金具の数まで書いてあります。

鼠走《ねずみばしり》とかマグサとありますが、両側の石室の支えの門柱の上に載る石をマグサ（楣）石といいますが、実際にはどんなスタイルか分かりません。そして、先に葬った天武天皇の御棺は石室の奥の棺台の上に置かれています。

その棺台の床は金属が張ってあったような記録が出てます。そしてその棺台の周りの四面には、お寺の経机などに彫ってあるような格狭間《こうざま》状の

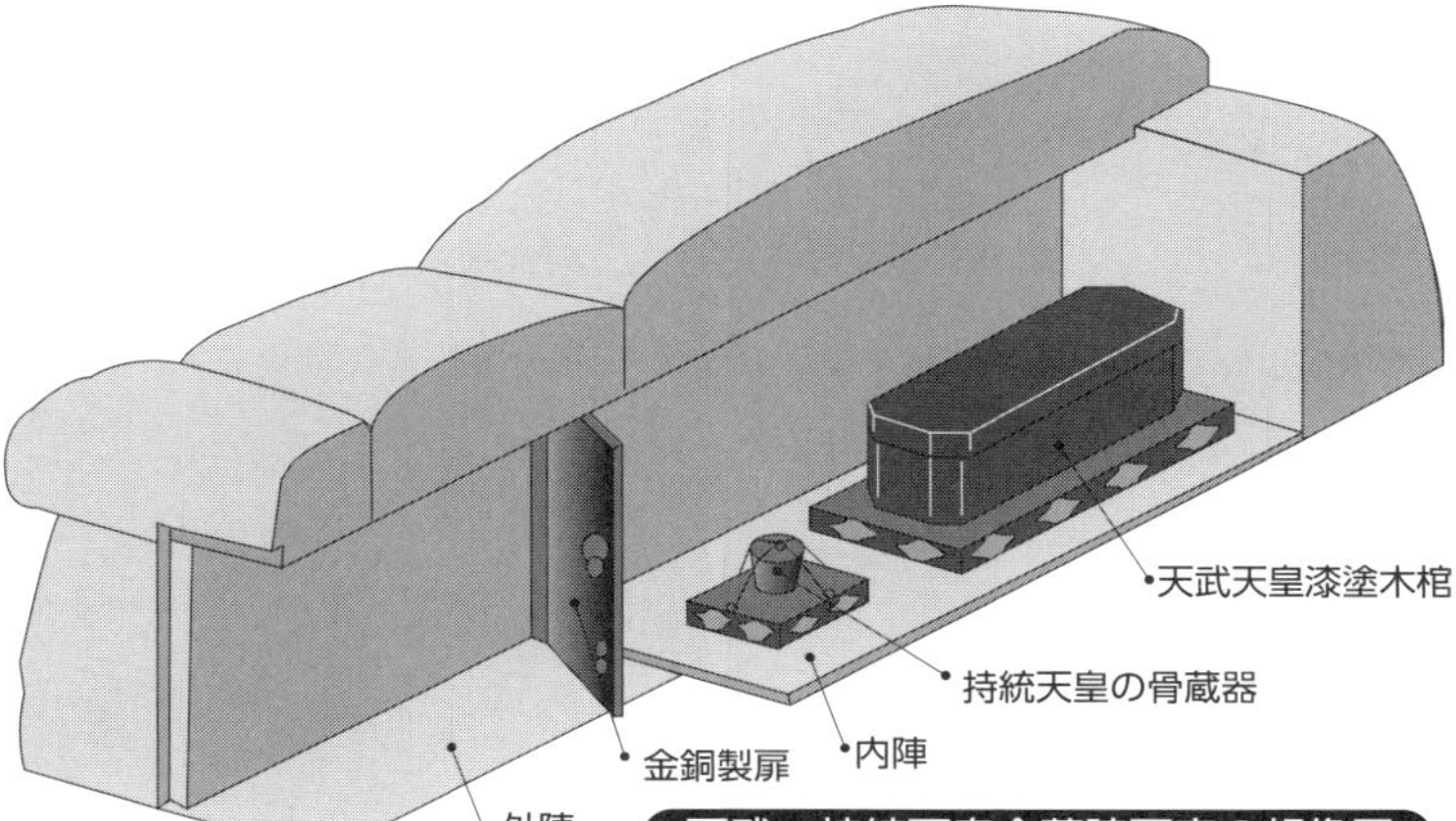

天武・持統天皇合葬陵石室の想像図

『天武・持統陵墓室復元図』を参考にトレース

文様が透かしで彫られて、その上の天武天皇を葬ったと思われる棺桶は、高松塚などの棺桶と違って面取りがされて、丸みをもっています。蓋もちゃんと面取りをしてあって、こういう棺はあんまりないんです。

これは『阿不幾乃山陵記』に書いてある文章の表現を、建築などの専門家が、多分こういう形だろうと描いたもので、じゃあ皇后の埋葬についてはどうだろうかとなると、天武天皇の御棺の手前に礼盤《れいばん》の如しと表現され、四面にも格狭間の透かしがある四角い台があって、その真ん中に金銅の桶が一個あります。この奉献台の真ん中に金銅の桶という記述ですから、骨壷が青銅に金鍍金をして、金ぴかだったというんです。一斗ばかりということですから、茶毘に付した骨は、今日われわれが焼き場で見る骨壷より、ちょっと大きい感じです。そして、鏁《くさり》少々これ在り、クリカタ一これ在りという記述で、これに四方から多分、銀製だと思う兵庫鎖で金銅の桶を留めているということです。

天武天皇は六八六年の崩御。持統天皇は七〇二年の八世紀の初め。つまり、飛鳥の最終段階から奈良時代のごく初めということで、横穴式石室の構造はどうなのかとなると、天武・持統陵の墓室の復元図があります。

最近は高松塚の年代も、七世紀代で収めるか、七一〇年代くらいまで下るんじゃないか。つまり、八世紀の第1四半世紀に食い込むんじゃないかという見解が強いです。関西でこういう時代を研究している白石太一郎さんなどの最近の論文では、高松塚は七一二～三年か一五年くらいという年代まで下がり得る可能性があるとしており、高松塚の横穴式石室の石の組み合わせ方や天井石の天井部分の刳り形とか、六〇〇年代最後の石室と七〇〇年代の石室とでは刻々と変わってくるということです。

復元図にある横穴式石室の棺台や、乾漆棺や、あるいは金銅桶についてては、時代性がはっきりしているけども、この横穴式石室は果たして天武・持統天皇の、この合葬陵の年代をちゃんと表しているのかどうか、ちょっとこれは問題点があるかと思います。

こういう記述を基にして、棺桶の横に持統天皇の御棺を置いている。あるいは天武天皇の御棺の手前の入り口近い南側に置いてあったと見るかについては、実際には分からないんです。

天武・持統天皇合葬陵の復元想像図

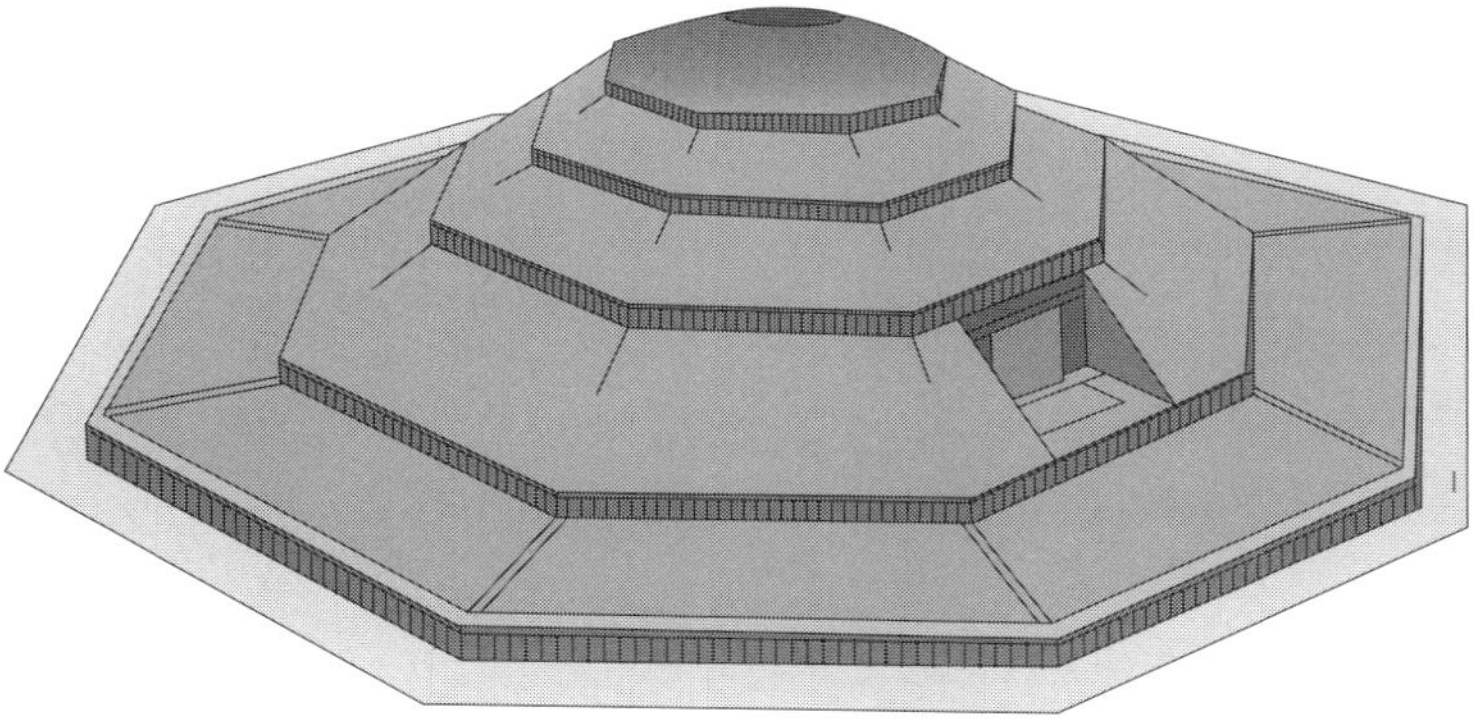

『天武・持統陵墳丘復元図』を参考にトレース

間違いのない天皇陵は天武・持統合葬陵

鎌倉時代の『阿不幾乃山陵記』に、「件の御陵は八角形」と書いてます。その後の調査によっても、この野口の檜隈大内陵は八角形です。ただし、大正十四年（一九二五）くらいのものと思うんですが、宮内省の測量図では八角形の角張った辺もありますが、おそらく帝室林野局の担当官には八角形という認識がなかったようで、もし八角形だという思いがあったなら、もうちょっと八角形らしい図になっていたでしょうが、円墳のような平面図を残しています。

しかし私は数年前に、宮内庁の陵墓委員であった坪井《つぼい》清足《きよたり》さんから「大塚さん、この間、陵墓委員が呼ばれて天武・持統陵に入ってきたよ」と直接聞きました。他にも数人の先生方が入ったようですが、誰も何とも言わない。宮内庁の指定で陵墓委員になって、年に一回ずつ陵墓調査に入る制度があるのです。

坪井さんは、天武・持統陵の墳丘には、八角形に段築状に石が綺麗に廻って見事なもんだと言いましたから、それはそうでしょう。われわれは入ることはできませんし、木も生

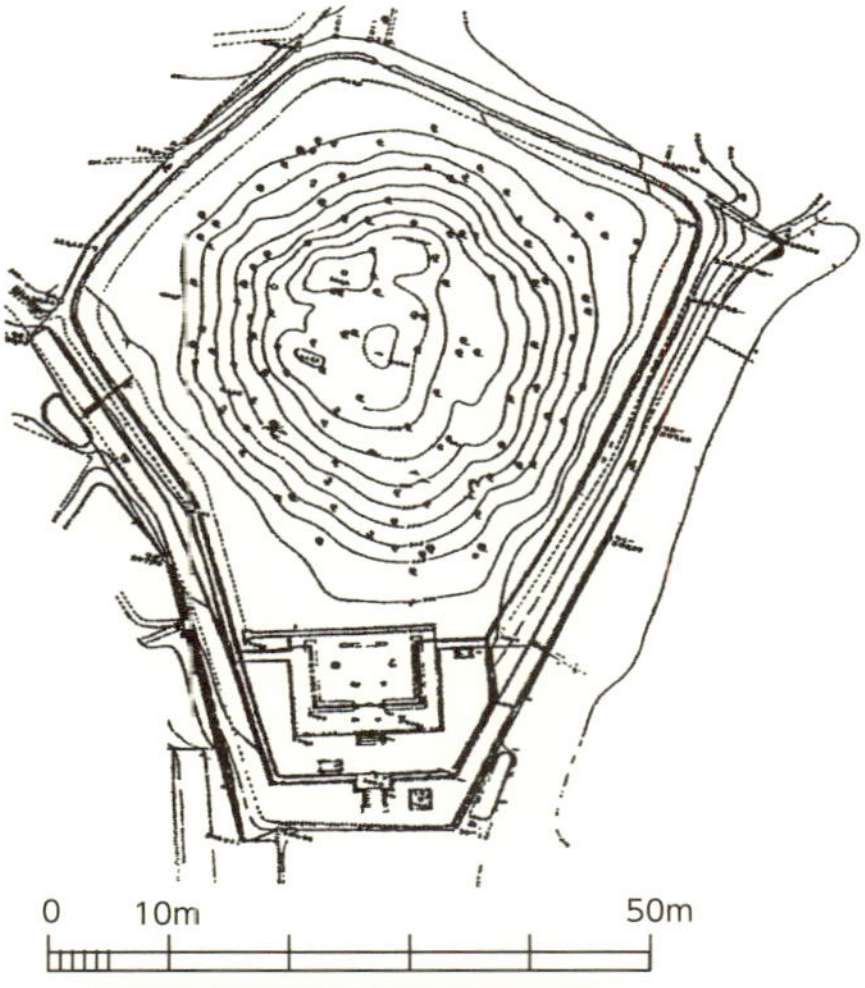

天武・持統合葬陵平面図

えておりますが、八角形は間違いなしでしょう。

これは東西径三八メートル、南北径四五メートル、高さ九メートルという大きさを持った陵墓でして、ただし、この図面のものは、元禄とか文久年間とか明治年間に、徳川幕府や宮内省関係が多額の費用を投じて、天皇陵の修築を行なっていますから、周りの生け垣とか土塀とかの築造当時の形は分かりません。

現在、鳥居があって拝所があるのは墳丘の南側ですから、天武・持統陵の鎌倉時代の盗掘者たちが石室へも入ったのは、この南の方からと思います。

現在は綺麗に整地していますが、坪井さんが、「大塚さん、各段五重也って、これもちゃんと段築があるよ」と、「それも綺麗に裾石が並んでいる」と言うんです。このことは信頼がおけると思うのです。

じつは私は、昭和天皇の御大葬が武蔵丘のあの御陵で行なわれている時に、テレビ番組で草柳大蔵《くさやなぎだいぞう》さんと、陵墓についての対談をしました。その時に草柳さんから、なぜ

段築が現われている墳丘

明治天皇と、大正天皇や昭和天皇が上円下方や八角形なのかという質問を受けました。それは舒明《じょめい》天皇陵の時に初めてこういう八角形を採用し、斉明・天智・天武・文武天皇と七世紀後半から八世紀初めの天皇陵が八角形や上円下方形になったのです。その時代の末世観・宇宙観による墳形の変化だと思うのです。それが孝明《こうめい》天皇から明治・大正・昭和の各天皇陵が全部上円下方になっているんですよという話をしたことがあります。

大正天皇は、盆栽がお好きだったそうです。大正天皇の上円下方墳の御陵の中に盆栽風の木などが植えていたりしてあります。

私は研究者として、昭和天皇がどういう棺かというのを知りたいんです。昭和天皇の長女の照宮成子内親王《てるのみやしげこないしんのう》は三五歳で亡くなられましたが、その時は玉露を袋に入れて棺に入れ、大正天皇は玉露の葉っぱで御棺をいっぱいにしたと聞いています。後藤先生から聞いた話では、明治天皇は腐敗防止ということもあったんでしょうが、棺の中を水銀朱でいっぱいにしたと言われています。

天皇家は明治天皇以降が上円下方墳。天武・持統合葬陵は八角形で、なぜ八角形かということについては、亡くなった関西大学の網干善教《あぼしよしのり》氏などがこの論に絡まって、仏教思想がすでに反映していて、八角形にしたとしていますが、最近の考古学界では、それよりもむしろ古代中国の宇宙観や来世観というものが、すでに七世紀代には日本に入っていて、そうしたことから天皇家の墓を八角形にしたという見解が強いんです。

この頃は群馬県など方々で八角形の古墳が発見されています。上円下方墳も皇室関係だけといわれていたものが、静岡県の沼津《ぬまづ》第二鉄鋼工業団地造成の最中に、愛鷹山《あしたかやま》の麓の林の中から、見事な上円下方墳が発見されています。これは裾石も綺麗に廻っていて、誰が掘っても間違いない上円下方なんです。

天皇家だけといわれていた上円下方墳が、何で沼津にあるんだと思ったら、今度は東京都の府中で熊野《くまの》神社古墳が発掘によって、一辺三二メートルの方形の上に一辺二三メートルの方形墳が載り、その上に直径一六メートルの葺石をもった上円部が載った見事な上円下方墳が確認されました。かと思えば三鷹《みたか》の天文台の構内に、葺石を伴わない上円下方墳が出てきました。福島県の白河《しらかわ》の山の中でさえ、野地久保《のじくぼ》古墳でも石を張った上円下方墳

東京・府中にある上円下方墳の熊野神社古墳

が発見されました。
つまり、七世紀の後半段階の律令国家体制の中で、天皇家などの特殊な地位の者だけではなく、全国各地の政治支配体制下の最高の権力者というか、そういう立場の人が上円下方墳に入ったということでしょうから、終末期古墳というものについても、もう一度再検討をする時期にきてるんじゃないかなと思います。

いま、間違いなく正しい天皇陵はと問われれば、天武・持統天皇の合葬陵である「檜隈大内陵」（野口《のぐち》皇《おう》ノ《の》墓《はか》古墳《こふん》）だと、私は答えます。

平成二十二（二〇一〇）年から話題になっていた、牽牛子塚《けんごしづか》古墳の斉明天皇陵問題と密接な関係があり、隣接する越塚《こしつか》御門《ごもん》古墳をはじめ、陵墓治定《じじょう》の問題は、考古学や古代史研究の進展とともに増加の傾向にあります。近世になって治定した陵墓の中には、考古学的な検証に合致しない例もありますが、これは科学の発展する過程で致し方のないことでしょう。

しかし、誰が見ても年代など根本的な誤りがある場合は、墓誌出土の有無にかかわらず、陵墓治定や変更を英断をもって決することを、関係省庁にお願いしたいと思います。

真実の天武・持統陵を拝する際、歴史を想う私たちの心は清々しい世界に浸るのです。

天皇陵でなくなった五条野丸山古墳

一時は天武・持統天皇の合葬陵とされていた見瀬《みせ》丸山古墳は、奈良県橿原《かしはら》市の五条野《ごじょうの》町、大軽《おおがる》町、見瀬町にかけて存在する大前方後円墳で、古くから見瀬丸山古墳と親しまれてきましたが、墳丘の大部分が五条野町に属しているので、最近では「五条野丸山古墳」と称されています。

この前方後円墳は奈良県下でも最大例で、墳丘長三一八メートル、後円部径一五九メートル、高さ一五メートルの巨大古墳です。

昔から丸山の名が付いたように、後円部だけが円墳と見られていたのですが、昭和二十九年（一九五四）に末永雅雄《すえながまさお》氏がセスナ機から空中撮影した結果、前方部の先端が剣菱形に突出し、墳丘外郭の空堀に沿って〝周庭帯《しゅうていたい》〟と呼ぶ墓域が巡ることを発見したのです。

この五条野丸山古墳の後円部には、日

五条野丸山古墳の前方部から後円部を見る

本最大の横穴式石室が江戸時代から開口しており、本居宣長《もとおりのりなが》をはじめ多くの文人・学者たちが石室内を見学した記録が残っていて、明治五年（一八七二）にお雇外国人として来日した、大阪造幣局の英国人技師ウィリアム・ガウランドは、墳丘や石室の測量図まで残しています。明治二十二年（一八八九）の彼の報告によると、約二七メートル強という長い石室内の奥には水が溜まっていて奥室までは入れず、二個の石棺の棺蓋《かんがい》上面がようやく見えるだけだったといいます。

日本最大の横穴式石室に葬られた人物は誰だったのかという問題は、誰しもが抱いた関心事でした。宮内庁『書陵部紀要』45号の「畝傍《うねび》陵墓参考地石室内現況報告」（一九九四年）によると、五条野丸山古墳の横穴式石室の奥室に家形石棺二基が存在していたので、江戸時代から天武天皇と持統天皇を合葬した檜隈大内陵《ひのくまのおおうちのみささぎ》であるとみなされてきました。

しかし、元禄十一年（一六九八）に、南都（奈良）奉行所は、高市郡野口村の庄屋などの調査報告をうけて、天武・持統天皇合葬陵を高市郡野口村の〝皇ノ墓〟へ変更しています。

次いで、享保二十一年（一七三六）の『大和志』、文化五年（一八〇八）の『山陵志』をはじめ、嘉永元年（一八四八）の『打墨縄《うつすみなわ》』などの諸文献では、天武・持統天皇陵をふたたび五条野丸山古墳に治定しています。だが、明治十三年（一八八〇）に発見された『阿不幾乃山陵記』という古文書の新事実によって、明治政府はこの陵墓治定を変更したのです。

被葬者を確定することは、陵墓の内容と『日本書紀』など陵墓についての記述との一致が重要なことはいうまでもないのです。明治政府が五条野丸山古墳の陵墓指定を取り消して「御陵墓参考地」としたことには、重大な事実の発見があったからです。

五条野（見瀬）丸山古墳は、その巨大さから六世紀の天皇陵にふさわしい姿だと一般的に考えられていました。昭和四十年（一九六五）に森浩一氏は、五条野丸山古墳こそ欽明《きんめい》陵だと『古墳の発掘』で発表しました。それは後期古墳の墳形、石室構造と二基の石棺の特徴が五七一年という欽明天皇の崩御と、推古二十年（六一二）の「欽明妃堅塩媛《きたしひめ》を檜隈大陵《ひのくまのおおみささぎ》に改葬した」という記述と合致すると見たからです。

『日本書紀』と『延喜式《えんぎしき》』によれば、第二十九代欽明天皇陵は「檜隈坂《ひのくまのさか》合陵《あいのみささぎ》」（平田梅山《ひらたうめやま》古墳）です。しかし現在でも、現陵を認める立場と五条野丸山古墳説とに意見が分かれています。その上、五条野丸山古墳

は宣化《せんか》天皇陵ではないかとする古代史研究者も存在します。宣化天皇崩御の五三九年より古い特徴を示しているとするからです。

諸説紛々ですが、陵墓の学術調査が不可能な現段階では決定的な結論は出せないのです。『日本書紀』の欽明天皇三十二年にある「檜隈坂合陵」と、推古紀二十年の「檜隈大陵」、推古紀二十八年の「檜隈陵」の条に語られている諸行事が、実際に治定されている古墳と、いかに対応するかが問題でしょう。

古代の天皇陵が集中している飛鳥の地域で、三〇〇メートルを超える巨大な墳丘をもつ五条野丸山古墳こそ天皇陵としてふさわしいのに、御陵墓参考地として後円部上の石室を含む円状部分のみの治定では、どうにも腑《ふ》に落ちない気がするのです。

五条野丸山陵墓参考地が欽明陵かは現状では決しがたいのですが、檜隈坂合陵（平田梅山古墳）は現欽明陵として、江戸時代から幕府の「諸陵改め」によって、御陵の改修事業が大規模に行なわれてきました。欽明陵は前方部を西に向ける墳丘長一四〇メートルの前方後円墳です。後円部径七三メートル、前方部幅一〇七メートル、高さは前後とも一五メートル、周堀が廻る後期形式の古墳です。

檜隈陵には推古紀二十八年に「墳丘に砂礫《されき》を葺いた」とありますが、平成九年（一九九七）十一月に宮内庁書陵部陵墓調査室が行なった檜隈坂合陵（現欽明陵）の墳丘の裾一六カ所から、良好な状態で遺存していた葺石《ふきいし》が発見されています。

その調査結果を報告した『書陵部紀要』50号（一九九九年三月）によると、本来、葺石を欠く時代の前方後円墳に大量の葺石が遺っており、地点ごとに石質と葺き方に差があるとしています。推古紀にいう「砂礫を葺いた」事実を示すものか、検討が待たれるのです。

明治十三年（一八八〇）に、京都市栂尾の高山寺で偶然発見された一通の古文書から、文書内容の検討と明日香村の野口皇ノ墓古墳の検分によって、当時文武天皇陵であった皇ノ墓古墳が、天武・持統合葬陵であることが確定したのでした。翌年の明治十四年（一八八一）二月一日、宮内省は五条野丸山古墳の天武・持統陵の治定を取り消し、野口の皇ノ墓古墳を檜隈大内陵と正式に認め、現在に至っています。

陵墓ではなくなった五条野丸山古墳は、その後紆余《うよ》曲折《きょくせつ》をへて、一八九五年頃には御陵墓参考地となり、やがて横穴式石室の開口部を閉塞したとされます。この五条野丸山古墳は三一八メートルという大墳丘の後円部墳頂部にこんもりとした森があるので、独特な古墳の姿を示し、飛鳥地方の歴史散歩の定点として多くの人びとが親しんできました。

平成三年（一九九一）五月三十日のこと、地元に住む会社員の男性が、普段遊び場としている子息に教えられ、雑草で見えない墳丘南側斜面の小さな穴から横穴式石室に入り、石棺など三二枚のカラー写真を撮影しました。

この報告を受けた、当時飛鳥資料館学芸室長であった猪熊兼勝《いのくまかねかつ》氏らは「見瀬丸山古墳写真検討会」を立ち上げ、東海大学情報技術センターの協力を得て、映像分析を行なったのです。

宮内庁書陵部陵墓調査室と畝傍陵墓監区事務所は、この小穴をただちに閉塞しました。一方、民間人が撮影した五条野丸山古墳の遺骸を置く玄室の中には、二基の家形石棺の蓋が見え、その形や縄掛突起の特徴から新古二時期が確認できました。

平成三年十二月二十六日に「見瀬丸山古墳写真検討会」はこの事実を公表し、新聞報道では「禁断の石室、カメラがのぞいた、六世紀後半、二基の家形石棺」（読売）と大々的に報じ、「陵墓公開論争に一石」とまで続けました。

宮内庁書陵部陵墓調査室では、翌年八月から約一ヵ月をかけて石室内部の実測と写真撮影を行ない、平成六年（一九九四）の『書陵部紀要』45号で、その成果を報告しています。横穴式石室の長さは二八・四メートルで全国最大の規模を誇り、奥室の二個の家形石棺は奥棺が新しく、前棺の型式が古いもので、欽明天皇と追葬の皇太夫人堅塩媛の棺とする考えが強いのです。

平成四年（一九九二）の調査では、石室内に堆積する約一メートルの土層には、まったく調査がおよんでおらず、欽明天皇合葬墓か、宣化陵かの疑問は未解決なのです。

大塚初重（おおつか・はつしげ）

1926年、東京生まれ。日本考古学界の第一人者。明治大学名誉教授。明治大学大学院文学研究科博士課程修了、文学博士。登呂遺跡（静岡）、綿貫観音山古墳（群馬）など多数の遺蹟の発掘調査に携わり、長らく母校の教授を務めた。日本学術会議会員、日本考古学協会会長、山梨県立考古博物館館長などを歴任し、現在は千葉県成田市文化財審議委員会委員長。著書は多数、近著に『弱き者の生き方』(作家・五木寛之氏との対談。徳間文庫)、『邪馬台国をとらえなおす』(講談社現代新書)、監修書に『東京の古墳を歩く』（祥伝社新書）などがある。

「考古学《こうこがく》」最新講義《さいしんこうぎ》

古墳《こふん》と被葬者《ひそうしゃ》の謎《なぞ》にせまる

平成24年9月20日　初版第1刷発行

著者　大塚初重《おおつかはつしげ》

発行者　竹内和芳

発行所　祥伝社《しょうでんしゃ》

〒101-8701　東京都千代田区神田神保町3-3
☎03(3265)2081(販売部)
☎03(3265)2082(編集部)
☎03(3265)3622(業務部)

印刷　光邦

製本　関川製本

ISBN978-4-396-62089-9 C0021

祥伝社のホームページ　http://www.shodensha.co.jp/